El nuevo orden económico mundial

El nuevo orden económico mundial

EE. UU., China, Europa
y el descontento global

DANIEL LACALLE

EDICIONES DEUSTO

La lectura abre horizontes, iguala oportunidades y construye una sociedad mejor. La propiedad intelectual es clave en la creación de contenidos culturales porque sostiene el ecosistema de quienes escriben y de nuestras librerías. Al comprar este libro estarás contribuyendo a mantener dicho ecosistema vivo y en crecimiento.

En **Grupo Planeta** agradecemos que nos ayudes a apoyar así la autonomía creativa de autoras y autores para que puedan continuar desempeñando su labor. Diríjase a CEDRO (Centro Español de Derechos Reprográficos) si necesita fotocopiar o escanear algún fragmento de esta obra. Puede contactar con CEDRO a través de la web www.conlicencia.com o por teléfono en el 91 702 19 70 / 93 272 04 47.

Queda expresamente prohibida la utilización o reproducción de este libro o de cualquiera de sus partes con el propósito de entrenar o alimentar sistemas o tecnologías de inteligencia artificial.

© Daniel Lacalle, 2025

© Centro de Libros PAPF, SLU., 2025
Deusto es un sello editorial de Centro de Libros PAPF, SLU.
Av. Diagonal, 662-664
08034 Barcelona
www.planetadelibros.com

Diseño de colección: Sylvia Sans Bassat

Primera edición: mayo de 2025
Segunda edición: junio de 2025
Tercera edición: septiembre de 2025
Depósito legal: B. 6.875-2025
ISBN: 978-84-234-3889-1
Composición: Realización Planeta
Impresión y encuadernación: EGEDSA
Printed in Spain - Impreso en España

*A mi familia. Mi orgullo y mi tesoro.
A Patricia. Mi vida.
A mis hijos Jaime, Daniel y Pablo,
que han nacido en una sociedad libre
y la defienden cada día.
A mi hermano David y su maravillosa
familia: Estella, Angela y Juanjo.
A Kilda. Nuestra perrita.
A mis padres. Ángela y José Daniel.
A la Fundación Internacional para
la Libertad. Por su incansable trabajo
defendiendo la libertad.
Al Mises Institute, la Fundación MEMRI,
Heritage Foundation, Fundación Acton Group,
Philadelphia Society, Atlas Network,
IE Business School, IEB Business School
y Fundación Rafael del Pino por la labor
esencial defendiendo la educación,
la cultura y el debate en libertad.
A la asociación Pie en Pared,
por dar la batalla cultural.
A Yanire Guillén, cuyo apoyo en este libro
ha sido esencial, a todo mi equipo de redes
y a los medios con los que colaboro desde hace años
por su apoyo, permisos y generosidad:* El Español,
La Razón, *CNBC*, Fox News, Bloomberg, Hedgeye US,
Mises Wire, Tomorrow's Affairs, Epoch Times,
MEMRI Reports, Zero Hedge, Daily Signal,
BBN Times, Talk Markets.

Todas las dictaduras, de derechas y de izquierdas, practican la censura y usan el chantaje, la intimidación o el soborno para controlar el flujo de información.

Mario Vargas Llosa

Sumario

Introducción 11

Parte I
Cómo empezó todo

1. Estados Unidos no nos necesita 23
2. Trump. El antídoto contra el estatismo *woke* mundial 58
3. China se cierra y empieza a mirar hacia dentro 82
4. La Unión Europea se convierte en el museo del mundo 109
5. Canadá y el Reino Unido. Cuando la política hunde las economías ricas 128
6. La guerra de Ucrania y las sanciones 138

Parte II
Las armas del Estado depredador

7. Todos contra tu dinero 147
8. Dinero infinito. La falacia de la MMT 165
9. Censura. El cambio climático y la salud como arma contra la libertad 174
10. Identidad digital como herramienta de control 194
11. Inteligencia artificial para el control social 202
12. La Agenda 2030 como caballo de Troya del totalitarismo .. 206

13. Redistribución política. Acabar con la propiedad privada.. 211

Parte iii
Libertad contra feudalismo

14. Los BRICS. ¿Amenaza o anécdota?..................... 221
15. El fracaso del socialismo. Latinoamérica y el avance
 de la libertad en Argentina 229
16. El ataque a Occidente usando el antisemitismo 244
17. Elon Musk contra el sesgo del pensamiento único 254
18. ¿Quiénes son los líderes del nuevo orden económico
 mundial?.. 261
19. La energía crea imperios y los destruye................. 270
20. Tecnología para la libertad o para el control social........ 275
21. El dinero como monopolio estatal que debe imponerse.... 280
22. España en el nuevo orden económico mundial 288
23. Lucha. Rebélate contra el Estado depredador 299
24. Cómo luchar pacíficamente........................... 305

Bibliografía 317

Introducción

El avance del Estado depredador

Don't ever wait or hesitate to state the fate that awaits those who try to shake or take you, don't let them break you, you can do anything you want to do.

PHIL LYNNOTT

La envidia fue considerada una vez como uno de los siete pecados capitales antes de que se convirtiera en una de las virtudes más admiradas bajo su nuevo nombre «justicia social».

THOMAS SOWELL

«Bienvenido a 2030. No tengo nada, no tengo privacidad y la vida nunca ha sido mejor.»[1]

¿Qué significa esta frase? La idea es que entregues tu liber-

---

1. Aukn, Ida, «Welcome to 2030. I own nothing, have no privacy, and life has never been better», World Economic Forum, 11 de noviembre de 2016, <https://web.archive.org/web/20161125135500/https://www.weforum.org/agenda/2016/11/shopping-i-can-t-really-remember-what-that-is>.

tad y tu privacidad a cambio de un futuro tecnológico donde lo que necesites te sea proporcionado por el Estado. Ya no tendrás que comprar, sino elegir entre lo que esté disponible; no tendrás propiedades, ni obligaciones ni estrés; serás libre para disfrutar en tu pequeño mundo, en tu pequeña vida circunscrita a una población de la que no necesitarás salir o desplazarte. Una vida sin horizonte ni incentivos, acomodada en la rutina de la tranquilidad, el ocio y la colaboración. Los robots trabajarán por ti y el Estado proveerá.

Por supuesto, hay truco en esta idílica arcadia de ciudad de «quince minutos», en la que todo está cerca y no necesitas pasar horas acudiendo al lugar de trabajo, y en la que el empleo es una anécdota entre las horas de asueto. El truco, obviamente, es que, en una sociedad en la que no tienes nada, estás vigilado (por tu bien, por supuesto) y el Estado te da lo que te corresponde; es el gobernante el que decide tu modo de vida, lo que necesitas y cómo lo empleas. Es el Estado el que te reprimirá si te quejas y, como no tienes nada, podrá ejercer esa represión con total libertad y sin que nadie te ayude ni levante la voz, ya que cualquiera que lo hiciera se arriesgaría a perder su cuota de servicios y bienes esenciales.

Es increíble que haya quien caiga en una trampa tan burda, la de entregar tu libertad a cambio de una seguridad que no recibes. Lo trágico es que, cuando tomas conciencia de la estafa y de que, además, eres infeliz, ya es demasiado tarde para remediarlo. Eres un rehén dependiente, ¡bienvenido a 2030!

«No tengo nada, no tengo privacidad y la vida nunca ha sido mejor», la frase que resuena en la mente de muchos políticos que prometen todo tipo de derechos y un vergel de ocio e irresponsabilidad.

No tendrás que preocuparte por nada, porque hay una entidad, el Estado, que al tener el monopolio de la violencia y de la represión podrá repartir lo ganado por los demás (robar a los demás) para darte a ti lo que necesites.

Si eres uno de los que leen esa frase y les parece una buena idea, piensa por un momento qué es lo que ocurre cuando se pone en práctica. Lo primero es que desaparece el incentivo para crear riqueza, ¿por qué he de esforzarme para crear lo que me van a quitar? Por lo tanto, aunque el Estado prometa repartir la riqueza, lo único que puede hacer es redistribuir la miseria que queda. La pregunta lógica entonces es ¿qué interés puede tener el Estado en empobrecer a sus ciudadanos? ¿No es una estrategia de «tiro en el pie»? ¿Qué beneficio puede tener en este *nuevo orden mundial* debilitar económicamente al país que gobiernas? La razón hay que buscarla en el interés último del gobernante, que no es otro que mantener su posición de poder sin riesgo de competencia. Más vale reinar sobre las cenizas que no reinar. Por eso, convencerte de que el esfuerzo, el trabajo y la ganancia de tu independencia económica no merecen la pena, de que serás feliz viviendo una existencia básica y dependiente, no es una casualidad, es una estrategia; un arancel al progreso y un impuesto que la élite política paga con gusto a cambio de que nadie la desplace del gobierno.

¿Cómo hemos llegado hasta aquí?

Te parecerá increíble ver que, tras décadas de avance de la democracia y de los contrapesos independientes en sociedades libres, de haber vivido un progreso inimaginable, se estén imponiendo lentamente mecanismos de control y represión que creíamos olvidados.

¿Por qué?

La propiedad privada y la libertad económica generan individuos libres y críticos que exigen responsabilidades a sus gobernantes. Pero, cuando no tienes nada de tu propiedad, el gobernante pasa de ser servidor público a señor feudal autocrático dispuesto a usar la represión y la violencia en contra de tus intereses.

En el momento en el que aceptas voluntariamente el robo a los demás como fuente de tu mejora relativa, estás abriendo la puerta a que te roben a ti.

Decía Escohotado que no hay libertad sin responsabilidad, y la propiedad es responsabilidad. En esa libertad, dos activos se convierten en la manifestación más clara de las decisiones vitales de cada persona: su vivienda en propiedad y su vehículo. No debería sorprender, por lo tanto, que aquellos que te quieren quitar la libertad intenten eliminar la propiedad que te permite controlar tu vida.

Tú pensarás que estas cosas no son así porque los gobernantes que más valoras te dicen que van a quitarles el dinero a los ricos para dártelo a ti. Curiosamente, aunque una y otra vez te das cuenta de que esa promesa de robo redistributivo no llega y de que en el proceso te vas haciendo más pobre, crees al siguiente que te promete lo mismo. Sólo entiendes el engaño cuando eres consciente de que el enfrentamiento entre ricos y pobres es una falacia y de que la verdadera desigualdad es la que existe entre políticos extractivos y contribuyentes.

Por otra parte, nadie caería en la trampa del socialismo si entendiera que el Estado no baja los precios, los sube porque necesita la inflación para diluir sus promesas y pasivos en la moneda que emite; y que poca gente hay más rica que los líderes políticos y sus allegados en una dictadura comunista.

Te lo explico. La inflación no es una casualidad, es una política. El Estado promete una serie de cosas en el futuro que va a pagar en la moneda que emite. ¿Por qué necesita la inflación, que es la pérdida del poder adquisitivo de la moneda? Porque así lo que promete lo paga en algo que vale menos cada año y, a la vez, la deuda que acumula, que está emitida en la moneda que el Estado emite, se diluye en valor real. En realidad, es como el timo de la estampita. Te prometen un sobre lleno de dinero que está lleno de recortes de periódico. El Estado necesita la inflación para descargar sus promesas de valor real y convertirlas en lo que son: humo.

La inflación, además, funciona como un impuesto que afecta especialmente a los más pobres. El Estado muchas veces no puede recaudar impuestos de los pobres porque no tienen nóminas ni ahorros, pero sí necesitan comprar. Es más, subir los impuestos a los pobres queda mal políticamente. Pues la inflación es la manera perfecta de crujir con un impuesto a esos pobres y clases medias que los gobiernos fingen proteger, ya que son los rehenes más fáciles de expoliar: pagando los bienes y servicios que necesitan con una moneda a la que el Estado resta valor cada año.

Muchos socialistas te dicen que la inflación perjudica a los rentistas y a los ricos y beneficia a los pobres. Es una de las sandeces más grandes que se han dicho. Un rico puede defenderse de la inflación invirtiendo, sacando su dinero e intercambiándolo por oro o por una moneda que no se devalúe tanto. El pobre recibe un salario que pierde poder adquisitivo y tiene un empleo donde le pagan menos en términos reales y, encima, no se puede escapar financieramente.

La promesa socialista de robo y redistribución no busca acabar con la élite económica, sino hacerte dependiente para que la élite política se enriquezca.

El socialismo nunca redistribuye de los ricos a los pobres, sino de la clase media a los políticos. Por eso muchos de los verdaderamente ricos, los milmillonarios, están encantados con el socialismo y el Estado depredador, dado que elimina la competencia. El día en que te das cuenta, ya eres pobre y dependiente.

Esos derechos que te prometen se pagan y suponen más deuda y, con ello, mayor inflación durante más tiempo. A medida que se acumulan promesas imposibles de cumplir y compromisos irrealizables, a medida que la población se enfada, pasamos del estado de bienestar al Estado depredador.

El estado de bienestar es una consecuencia de la creación de riqueza y la libertad económica que genera el avance de la clase media, el crecimiento económico productivo, la cooperación entre países libres, el comercio y el avance tecnológico. El estado de bienestar es consecuencia del capitalismo, de la riqueza y de un Estado burocrático pequeño, facilitador y responsable. En realidad, el estado de bienestar es un lujo que nos permitimos porque creamos riqueza, y no está garantizado porque la riqueza no es algo estático: o se crea o se destruye. Penalizar a los que crean riqueza y subvencionar a los que la frenan es atacar al estado de bienestar.

El Estado depredador es equivalente al sistema fascista, donde el individuo libre es el enemigo, el pueblo es el Estado y el Estado es el gobernante, sólo que ahora se presenta a sí mismo como ejemplo de lucha contra el fascismo. Por supuesto, si defiendes la libertad individual, el libre mercado y la libertad de expresión, eres fascista, según la definición de los comisarios políticos del Estado depredador. Ya sabemos que no hay mayores fascistas que los que se autodenominan antifascistas y que el comunismo y el fascismo son equivalentes porque rechazan la naturaleza humana, al individuo libre, se centran en la ingeniería social y para ello usan la violencia y la miseria. Como repetía Mussolini, «todo reside en el Estado, y nada que sea humano o espiritual existe, y mucho menos tiene valor, fuera del Estado». El Estado depredador elimina a Dios para deificar una maquinaria burocrática cuyo objetivo no es facilitar la libertad y la actividad de individuos libres, sino convertirse en un comisario que controla la economía y la vida de los ciudadanos.

El Estado depredador no busca el progreso ni la riqueza, sino el control.

¿Cómo se pasa de un estado de bienestar a un Estado depredador? Cuando la maquinaria política es consciente de que sus compromisos sociales no van a poder pagarse y, a la vez, se siente amenazada por el avance de la tecnología.

El Estado depredador es el vehículo de supervivencia de la clase política extractiva, que sabe que no va a cumplir sus promesas y debe reprimir el descontento social, y que es muy consciente de que la tecnología deja en evidencia la irrelevancia del entramado burocrático, por lo que debe intentar frenarla. El Estado depredador no es un concepto que los ciudadanos puedan aceptar con agrado, porque su objetivo es crear una clase dependiente y secuestrada incapaz de rebelarse contra los gobiernos, por eso viene escondido dentro del caballo de Troya del estado de bienestar.

La democracia no tiene como objetivo conceder a los gobiernos todo el poder para darte lo que necesitas. Cuando a un gobierno se le da todo el poder para darte lo que necesitas, algo imposible matemática y estadísticamente, lo que en realidad se le otorga es el poder para quitártelo todo y decidir qué y cuánto es lo que tú necesitas. La democracia es justo lo contrario, es el sistema que limita el poder de los gobernantes a través de contrapesos e instituciones independientes, por eso al Estado depredador no le gusta la democracia. Sin embargo, tiene que usarla para perpetuarse, demoliéndola desde dentro. Todos los que defienden ardientemente este Estado depredador lo hacen desde la arrogancia de creer que sólo ellos saben qué es democrático y, si tú no estás de acuerdo, debes ser cancelado y silenciado.

Para ello, el gobernante autócrata utilizará el miedo, la represión y la propaganda oficial, con el objetivo de perpetuar un control que sería imposible ejercer sobre individuos libres e informados desde fuentes independientes. Se utilizan mecanismos de aparente defensa de la democracia para destruirla desde dentro y se acaba con los contrapesos y limitaciones al poder bajo la excusa de que impiden la consecución de sus imposibles promesas.

Así, la «Neoinquisición» y el nuevo orden mundial se sustentan en varios elementos interconectados:

- La revolución de EE. UU., que se divide en dos. Estados Unidos pasa de ser el mayor importador de petróleo del mundo y policía global a ser independiente en energía y mirar hacia dentro.
- A ello se une el pánico a los gigantes tecnológicos que no dependen de los Estados y que han democratizado el acceso a la información dando poder y mayor acceso a bienes y servicios a la inmensa mayoría de los ciudadanos, y a la vez han demolido las barreras comerciales y de información levantadas por los gobiernos.
- La envidia a China. La élite política en muchos países mira a China con admiración. Es lógico. Pero por las razones equivocadas. En vez de entender que el envidiable progreso económico y social de China se ha dado con la apertura económica y la libertad de empresa, miran al gigante asiático con envidia por su control policial de la población y el uso estatal de la represión.
- El fracaso del modelo politizado de la Unión Europea y las políticas de demanda. Los países desarrollados han entrado en un proceso de declive económico y monetario constante al ignorar aquello que crea riqueza para perpetuar el aumento del peso del Estado en la economía como norma; donde recurrir a planes de mal llamados estímulos es la norma; donde el Estado se convierte en el proveedor de primera instancia, no en el último; y donde todos los agentes económicos están subordinados a que el Estado consuma más y tome más crédito. Con ello se consuma una so-

ciedad basada en la deuda y el gasto y no en la inversión y el ahorro.
- La utilización de la política monetaria para imponer el control, lo cual destruye el poder adquisitivo de la moneda emitida para disfrazar el aumento constante de desequilibrios fiscales. En esencia: una nacionalización de la economía a fuego lento.
- El miedo a los gigantes norteamericanos, la envidia al Estado policial chino y una visión miope de qué genera la riqueza, que asume que ambos gigantes lo son por tener Estados gigantes en vez de por haber alcanzado su poder premiando la riqueza.

Como esos factores generan descontento, la represión se convierte en un arma esencial, bajo la apariencia de «luchar contra la desinformación»... Los mismos que imponen propaganda y mentiras oficiales.

No nos debería sorprender que cierta élite económica y política se apoye en el neomarxismo como peón útil para imponer el control. Es una estrategia brillante, porque nunca han contado con comisarios políticos más enardecidos y proactivos a la hora de imponer la Inquisición, aunque después sean purgados y cancelados.

Tampoco nos debería sorprender que organizaciones aterradoras como el Grupo de Puebla, que reúne a los que blanquean y defienden las dictaduras de Cuba, Venezuela y Nicaragua, aparezcan en el debate político como inocuas, mientras exigen que la izquierda se una a China para tomar instituciones como Naciones Unidas, la Organización Mundial de la Salud (OMS) o el Fondo Monetario Internacional (FMI) para poner a Estados Unidos en una «situación imposible». El enemigo que hay que batir es la democracia liberal y la mejor manera es hacerlo desde dentro y desde unos debilitados organismos internacionales. Mientras te amenazan con el peligro del avance de la ultraderecha, te reprimen con el encumbramiento evidente de la ultraizquierda.

No lo dudes. El gobernante autocrático siempre se presenta

como defensor de la democracia y la libertad y se autocalifica de víctima con el objetivo de acabar con la democracia y la libertad y conseguir la impunidad. Para ello, usa el caballo de Troya de un estado de bienestar en supuesto peligro y una falsa justicia social para imponer el Estado depredador que le garantice el control.

Sin embargo, el Estado depredador no es una consecuencia inevitable del avance del socialismo. Es la evidencia de la debilidad del poder político, porque la libertad avanza y la tecnología diluye las fronteras y destruye la imagen mesiánica de los gobernantes.

Todo empieza por la economía. Estados que prometen cosas mágicas e imposibles que necesitarán monedas digitales para controlarte y vigilarte, cancelación y veto para que no discrepes, ataque a la libertad de empresa y de expresión, convertir a los individuos en amenazas y dividir a la sociedad en colectivos y en supuestas víctimas para garantizar que la burocracia política siga gobernando. Pues bien, todo esto termina también con la economía.

Tú crees que ellos tienen el poder, pero tú tienes la llave que lo impide.

He escrito este libro porque el aparente avance inexorable del totalitarismo, del Estado depredador y de los políticos autocráticos es evitable. En España vemos con resignación cómo el gobierno acapara cada vez mayores espacios y dinamita las instituciones independientes, demoliendo los contrapesos y colocando a comisarios políticos en los puestos clave que limitan las intenciones de poder autocrático del gobierno. Asistimos conformes al avance de un gobierno liberticida que premia a los que ocupan y ataca a los que producen y ahorran, que se perpetúa a través de la coacción y la corrupción, destruyendo a la sociedad civil. Sin embargo, no nos damos cuenta de que el Estado que reacciona intentando destruir nuestra libertad es mucho más débil de lo que creemos, y de que la historia nos demuestra que la libertad gana. No olvidemos lo que se consiguió en los ochenta y en los noventa, cuando se recuperó la libertad económica y se limitaron los gobiernos liberticidas.

En 2024 también hay ejemplos.

De Argentina a Canadá, Estados Unidos, El Salvador, Irlanda y otras naciones, son cada vez más los países en los que avanza la libertad y se demuestra que la sociedad civil tiene más poder de lo que nos creemos, y que el avance del autoritarismo y el expolio no es una fatalidad. De hecho, el avance del Estado depredador es la mayor señal de debilidad y una prueba irrefutable de que la libertad avanza.

Vamos a analizar qué es lo que ha pasado para llegar hasta aquí y por qué ese tramposo nuevo orden mundial, que promete felicidad sin propiedad, esconde miseria sin escapatoria. De hecho, te voy a explicar por qué el verdadero nuevo orden mundial no es un megaestado policial, sino el final de éstos. ¿Me acompañas?

Parte I
Cómo empezó todo

1
Estados Unidos no nos necesita

We all come to look for America.

Paul Simon

El principio del fin de esa anécdota histórica que llamamos globalización puede identificarse con dos eventos históricos. La revolución tecnológica liderada por Estados Unidos y China y el momento en el que Estados Unidos pasa de ser el mayor importador de crudo del mundo a ser el mayor productor global de petróleo. En el camino, la Unión Europea se ha convertido en una máquina de exceso de regulación que asume que el mundo debe plegarse a la visión política de la burocracia. Ese principio del fin de la globalización no se ha dado por casualidad, sino por diseño.

Acabar con la globalización y avanzar hacia el estatismo es un proceso lento que requiere empezar por convencer a la población de que la globalización es mala y de que el Estado es Dios. Craso error. Vamos a explicarlo.

La globalización no fue el sueño de un burócrata o un experimento político. Es una condición necesaria para el avance humano. Globalización es equivalente a libertad económica, libertad de expresión, progreso económico y enriquecimiento. A medida que la tecnología se desarrolla, crece el comercio, las fronteras se diluyen y los habitantes de la Tierra acceden a más y mejores bienes y servicios. Es el motor del progreso.

La globalización es la democratización de la información y el conocimiento. La ruptura de las barreras que separaban a los que saben cómo de los que saben por qué.

Sin embargo, a los gobiernos intervencionistas no les gusta la globalización porque demuestra que ellos no son tan necesarios como te quieren hacer creer. Adicionalmente, tu gobierno no quiere que seas más libre, crítico e independiente. Como explicaba en la introducción, un gobierno intervencionista quiere clientes rehenes en lugar de ciudadanos libres. Por eso, ante el avance imparable de la globalización, la tecnología y la libertad, los gobiernos buscaron la forma de protegerse.

Ante la evidencia del éxito de la globalización, que no deja de ser un proceso socioeconómico a partir del avance en el comercio y la libertad de empresa, se crea el estatismo, que es una ideología cuyo objetivo es convertir al Estado en imprescindible y omnipotente. La globalización puso de manifiesto lo innecesaria que es la burocracia y la fragilidad de los Estados; y el estatismo es el arma que perpetúa las ineficiencias y excesos gubernamentales bajo la excusa de un supuesto bien común.

A ti te dirán que el Estado nos pertenece a todos y, por lo tanto, somos beneficiarios de un proyecto común. Sin embargo, el estatismo utiliza los mecanismos que hemos creado para convivir en sociedad con el objetivo de deificar el gobierno, sea el que sea. La revancha de un socialismo que, tras su fracaso con la caída del muro de Berlín, se reinventa para conquistar el poder perdido.

Tú pensarás que no vivimos en una sociedad socialista porque hay empresas privadas y, aparentemente, libertad de mercado. Estás equivocado. Para entender la equivocación de esa idea, debemos acudir a la correcta definición de socialismo, que es la de Jesús Huerta de Soto: socialismo es «todo sistema de agresión institucional al libre ejercicio de la función empresarial».

¿Y qué tiene que ver el estatismo creciente con el socialismo soviético? Ludwig von Mises se refería al estatismo como una extensión del socialismo. «El marxismo se basa en el juicio infalible de un proletariado lleno de espíritu revolucionario; el estatismo en la infalibilidad de la autoridad reinante. Ambos coinciden en creer en un absolutismo político que no admite la posibilidad de error.»

El estatismo es, en realidad, la manifestación práctica de un socialismo que es igualmente válido para la izquierda y la derecha política. Intercambiable.

¿Cómo se impone el estatismo? Para que la élite política logre sus objetivos de control de la sociedad debe alcanzar varios objetivos previos: desmenuzar la clase media hasta convertirla en un dato estadístico cada vez más empobrecido, dotarse de un tejido económico dependiente y fortalecer las barreras que perpetúan el poder del gobierno.

Para ello, este estatismo necesita de la cooperación de la extrema izquierda, el mejor comisario político posible, siempre dispuesta a imponer mordazas y cercenar libertades por tu supuesto bien. Con la derecha conservadora o el liberalismo no se puede contar a la hora de cercenar la libertad de expresión, la propiedad privada y la libertad económica. Es por ello por lo que la ultraizquierda, disfrazada de nueva Inquisición bajo el falaz término *progresista*, pasa de ser un elemento antisistema y revolucionario a convertirse en el mejor soldado del sistema.

El marxismo cultural es la filosofía que subyace a la tendencia actual hacia el aplastamiento de todas las opiniones disidentes. Según Chris Calton, que bebe de Ludwig von Mises, «la oposición violenta a las ideas disidentes es indudablemente algo que podemos observar en la sociedad moderna, como podemos ver cada vez más en las universidades, con protestas violentas contra conferenciantes políticamente polémicos».[2] Se considera una idea difundida desde el poder político y sus agentes mediáticos más cercanos como una verdad irrefutable y justa y, por lo tanto,

---

2. Calton, Chris, «¿Qué es el marxismo cultural?», Mises Institute, 21 de junio de 2018, <https://mises.org/es/mises-wire/que-es-el-marxismo-cultural>.

el que piense de manera diferente debe ser eliminado civilmente sin piedad. Es la Neoinquisición, que no busca la verdad porque se designa a sí misma como garante de la verdad única y revelada. Por lo tanto, justifica la destrucción de carácter y la cancelación civil del que piensa diferente porque pone en peligro la hegemonía de la idea prediseñada. La verdad que decide la izquierda no puede ser cuestionada, y por eso la derecha y los críticos deben ser eliminados civilmente. Por supuesto, como los inquisidores del pasado y los dictadores, ellos se sacrifican y te silencian y eliminan por tu propio bien.

El marxismo cultural asume la teoría determinista de Marx, que presupone que la sociedad que supere al capitalismo será la socialista, que la razón humana evoluciona hasta confluir en una idea única en la que todos deben coincidir y que esa sociedad socialista, además de ser inevitable y perfecta y de tener valores, ideas y principios comunes a todos los humanos, será mejor simplemente por ser el futuro. De ahí la importancia de la ingeniería social.

Los iluminados que se autodesignan como conocedores de la verdadera razón y la auténtica justicia y que, por ello, saben lo que es el genuino bien común tendrán por lógica la capacidad de moldear a los ciudadanos de tal manera que alcancen la verdad que ellos representan y la asuman de manera voluntaria. De no ser así, y por el bien de la sociedad que ellos deben diseñar, los disidentes deben ser eliminados en un ejercicio de bondad y justicia, de limpieza del virus de la discrepancia. Si el futuro está determinado, es socialismo y debe ser impuesto por el bien de los ignorantes que no han sido iluminados; la muerte civil del discrepante no es un ejercicio dictatorial, sino de bondad y justicia. La violencia contra el disidente no es un delito, sino un arma defensiva.

No es sorprendente, por lo tanto, que muchos políticos, intelectuales, artistas y periodistas encuentren atractiva esta visión determinista y autoritaria de la verdad. Es convertir al hombre cercano al poder en Dios. Muchos de ellos, al analizar su vida profesional, no entienden cómo personas de su aparente calibre intelectual han fracasado y no lideran el mundo mientras otros ciudadanos, que ellos perciben como inferiores o menos preparados, tienen más éxito o más popularidad. El marxismo cultural les otorga el poder moral para establecerse como ganadores por decreto e inquisidores que corrijan ese supuesto error de la historia. Les permite ganar el liderazgo que la sociedad libre les arrebata. Ellos tienen la verdad y la razón. Por lo tanto, el resto debe ser convencido, sometido o eliminado por el bien de la humanidad y para ganar el futuro.

Ese marxismo cultural y político es el peón perfecto para que el estatismo se imponga. A cambio, participan del poder en una sociedad equívocamente llamada capitalista y se enriquecen como parte de la élite que extorsiona a la clase media y a los empresarios creadores de valor como si fueran cajeros automáticos.

El estatismo diviniza al máximo exponente del Estado, el gobierno, por encima del resto de los agentes económicos y, disfrazándose bajo el manto de las políticas sociales en una economía de aparente libre mercado, avanza en su intento de acaparar todo el poder, utilizando de manera conveniente algunos ciclos económicos para esclavizar a la población a través de dos herramientas letales: la deuda y los impuestos.

La apariencia de libre mercado y capitalismo es esencial porque, cuando las políticas de intervención fracasan, tú siempre le echarás la culpa al «capitalismo» y entregarás más parcelas de tu libertad a cambio de una seguridad que ni te pueden dar ni te darán.

Efectivamente, el estatismo ofrece un barniz de libertad para que el ciudadano crea que vive en una sociedad abierta y, ante cualquier empeoramiento en sus condiciones de vida, pida más a un Estado que le va a devolver su falazmente generoso compromiso en una moneda cada vez más depreciada. Acabar con la globalización es esencial para el avance del estatismo y su máximo exponente, el Estado depredador.

Pero ¿no es cierto que la globalización ha traído deuda, precariedad y desempleo? Muchos de tus amigos consideran la globalización como algo negativo, una amenaza, hasta que se dan cuenta de que el verdadero enemigo es el estatismo, porque tiene la maravillosa cualidad de esconderse perfectamente detrás de discursos de izquierda socialdemócrata o derecha socialcristiana.

Criticar la globalización no tiene sentido cuando entiendes que el mundo es un solo agente económico y social y que las barreras artificiales que se imponen no dejan de ser un constructo político que facilitaba la convivencia y, poco a poco, ha pasado a crear herramientas de agresión a la cooperación entre empresas e individuos libres. Es por ello por lo que algunos utilizan el término *globalismo* como la expresión de ese intento de crear un superestado intervencionista que decida todo por nosotros. Sin embargo, el término *globalismo* puede llevar a error, ya que en algunos casos incluye una visión todavía más estatista e intervencionista, la de un nacionalismo falazmente autárquico que reniega de la cooperación global y de la libre empresa tanto como el socialismo. Muchas de las ideas que permean el ataque al «globalismo» desde la derecha más conservadora persiguen el mismo fin que el estatismo global, un Estado omnipotente, pero en su zona geográfica.

Globalización es cooperación. Estatismo es imposición.

Por eso, el principio del fin de la globalización tenía que gestarse en dos polos opuestos: China, el gigante vigilante; y la tierra de la libertad, Estados Unidos.

Gráfico 1.1. Crecimiento del PIB (2000-2023)

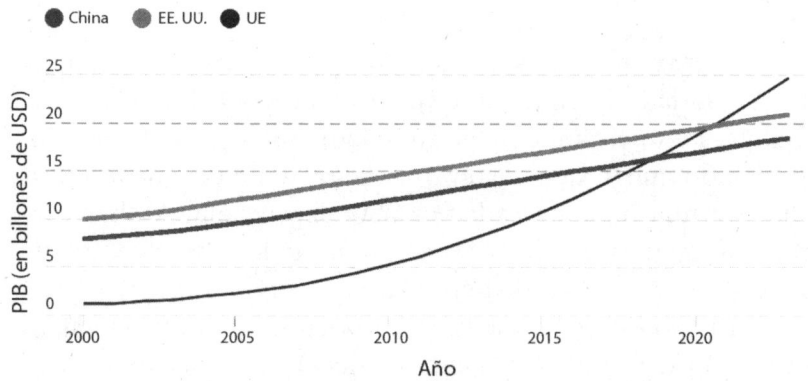

Fuente: Banco Mundial

En 1976, el presidente Jimmy Carter se dirigió a la nación con un mensaje contundente: «El mundo se quedará sin petróleo en 2011». Para ello contaba con la información y las previsiones de todo un elenco de científicos cuyas estimaciones eran infalibles, según *The New York Times*. En junio de 2024, la producción de petróleo global alcanzaba los 102 millones de barriles al día y Estados Unidos producía más petróleo que Arabia Saudí o Rusia.[3]

El gran éxito de Estados Unidos en energía es una gran lección para el mundo. No sólo pasó de ser el país más dependiente en términos energéticos a uno de los más independientes, sino que lo ha conseguido en menos de quince años.

¿Cómo ha conseguido ese cambio histórico? Las claves para entender el impresionante avance de Estados Unidos en todas las tecnologías y cómo se ha convertido en líder en renovables y en petróleo y gas se encuentran en los siguientes factores:

1. Premiar la creación de riqueza. Estados Unidos es líder en petróleo, gas natural, energía nuclear y renovables porque las administraciones ponen la propiedad privada y el premio a la creación de riqueza como pilares fundamentales para incentivar la inversión. No es casualidad que grandes líderes industriales españoles y europeos encuentren en Estados Unidos su vector de crecimiento más rentable. La regulación está orientada a facilitar e incentivar la inversión y repartir los beneficios con la comunidad. Mientras tanto, en la Unión Europea se penaliza la creación de riqueza, se regula contra el que crea empleo e invierte y se encarece la factura al consumidor con una batería de impuestos que hace la economía menos competitiva. Pero ya hablaremos de la Unión Europea y su desastroso historial.
2. Defender la propiedad privada. Su protección inequívoca es un factor esencial para entender el éxito sin precedentes de Estados Unidos en su proceso de independización

---

[3]. «United States produces more crude oil than any country, ever», EIA, 11 de marzo de 2024, <https://www.eia.gov/todayinenergy/detail.php?id=61545>.

energética, que podríamos considerar el más rápido y exitoso de las grandes economías en los últimos cien años. La revolución renovable y del petróleo del país no se habría dado si no fuese por el incentivo de particulares y comunidades que han ganado centenares de miles de millones con la inversión energética. Sí, en Estados Unidos, un granjero o pequeño agricultor puede hacerse multimillonario explorando petróleo o instalando paneles solares y rotores eólicos. Es, además, un beneficio exponencial para la comunidad, que recibe cantidades ingentes en impuestos al atraer riqueza y grandes fortunas. Mientras en otras sociedades se echa al que tiene éxito, y sólo parece plausible invertir allá donde hay un ministerio cerca, en Estados Unidos es fácil encontrar multimillonarios en pueblos a los que jamás imaginarías que iría la gente a invertir.

Premiar la riqueza y defender la propiedad privada son factores necesarios, pero no suficientes para ganar la batalla energética, que no es muy diferente de la tecnológica que analizaremos más tarde. Hace falta reconocer la importancia de la destrucción creativa.

Los pilares del progreso son la propiedad privada, la defensa inequívoca de los contratos, el premio a la riqueza, la destrucción creativa y la competencia. Sin ellos no hay innovación.

Un momento... ¿He dicho destrucción creativa? ¿No había que subvencionar y rescatar?

No hay riqueza sin riesgo y no hay progreso sin destrucción creativa. El éxito siempre es el resultado de aprender de fracasos previos. Lo que nos destruye como sociedades y nos estanca como economías es penalizar el éxito y demonizar el fracaso.

Estados Unidos es líder en renovables, nuclear y petróleo porque no rescata empresas en dificultades desde el control estatal para convertirlas en zombis dependientes del regulador estatal. Estados Unidos ha visto miles de pequeñas empresas solares y de exploración petrolífera quebrar, reestructurarse y cambiar de propietarios, y el sector en su conjunto sale reforzado y más eficiente.

Explicaba Chris Rock, el comediante, en un especial de Netflix que «no se pueden sacar diamantes abrazando rocas de carbón, hay que apretar». El liderazgo energético de Estados Unidos está íntimamente ligado a la importancia de la destrucción creativa, que ha hecho a las empresas más eficientes, rentables y grandes. De hecho, el liderazgo tecnológico y energético de Estados Unidos es el resultado de un camino lleno de quiebras, fracasos y mucha meritocracia. Es, además, un perfecto ejemplo de cómo las empresas pequeñas y eficientes empujan a innovar y en muchos casos desplazan a las aparentemente inexpugnables grandes corporaciones con décadas de historia.

Yo tuve la oportunidad de conocer al exvicepresidente norteamericano Dick Cheney. Una de las frases más importantes que pronunció fue esta: «El éxito de la política energética de Estados Unidos ha sido no tener política energética».

Efectivamente, el liderazgo en solar y eólica, gas y petróleo de Estados Unidos es el resultado de la unión del talento inversor de esos que nuestros intervencionistas reaccionarios llaman «especuladores» con la capacidad técnica de ingenieros que abandonaron puestos aburridos en dinosaurios semiburocráticos para lanzarse a la verdadera ley del progreso: innovar, arriesgar y ganar si lo haces bien. Ganar mucho y muy merecido.

Especuladores. Maravillosos especuladores que apostaron por pequeñas explotaciones, por cambios tecnológicos disruptivos que ningún gran banco y ningún político se atrevían a financiar. Propiedad privada, premio a la riqueza, talento, mérito y destrucción creativa financiada por fondos de inversión privados, con los que los gestores ganan mucho cuando lo hacen bien y sus clientes crecen.

Desde los originadores de la financiación hasta los ingenieros que desarrollan la innovación, el adhesivo que lo une todo es reconocer la importancia del cálculo económico. Costes y beneficios. Cuando se ignora o rechaza el cálculo económico y se introduce la política, se destruye la riqueza.

Cuando se valora la creación de riqueza y se premia al que la genera, se crea la maravillosa cooperación que hace que todo funcione mejor.

Estados Unidos, líder tecnológico por mérito

El liderazgo tecnológico de Estados Unidos es también, como el energético, fruto de la destrucción creativa, la innovación y la iniciativa privada.

Cuando te cuenten que el liderazgo tecnológico de EE. UU. es gracias al Estado, debes saber que es una falacia repetida con frecuencia por los intervencionistas europeos.

Se repite que la falta de liderazgo tecnológico es por déficit de gasto público, porque es el discurso que le interesa al estatismo. Es falso. La UE, el mastodonte global del gasto público, ni siquiera se ha presentado como un contendiente serio en la carrera tecnológica a pesar de encadenar milmillonarios «planes» del mal llamado estímulo, desde el Plan de Crecimiento y Empleo hasta el innombrable, el Plan Juncker, o el atroz Next Generation EU. A finales de 2023, menos del 4 % de la capitalización bursátil del STOXX 600 provenía de la tecnología, en comparación con el 25 % del S&P 500. Es difícil creer que el cambio radical en innovación y tecnología provenga de un gran plan de estímulo dirigido por los gobiernos y centrado en el cambio climático y la sostenibilidad desde una perspectiva política y no empresarial.

Muchos hacen su apuesta de futuro apoyándose en el falso concepto del «Estado emprendedor» defendido por la economista italiana Mariana Mazzucato. A los gobiernos y partidos socialistas les encanta esta idea que les hace creer que las empresas tecnológicas gigantes como Apple, Google o Amazon lo deben todo al gasto gubernamental y al sector público. El problema es que esa fantasía ha sido completamente desmontada por la realidad. La UE, campeona en gasto público mundial, está rezagada en alcance tecnológico global. En *El mito del Estado emprendedor*, Alberto Mingardi y Deirdre McCloskey desmienten el cuento de hadas de que el sector público está a la vanguardia de la innovación y el progreso tecnológico.

Como explica Mingardi, «la financiación militar contribuyó a generar beneficios indirectos para el desarrollo de la internet comercial, al no intentar controlar estrictamente los proyectos, al alentar la amplia difusión de los resultados de las investigaciones y al financiar pequeñas empresas privadas».[4] Es decir, no hubo direccionalidad orientada a la misión detrás de la creación de internet, ni mucho menos planificación pública.

«Mazzucato simplemente supone que, si algo sale bien, el gobierno debe ser responsable. Pero en el mundo real, la mera existencia de dinero público no explica los diferentes matices de las instituciones. El dinero público canalizado a través de un entorno competitivo puede tener efectos muy diferentes a los del dinero público gastado siguiendo una lógica estrictamente jerárquica y de arriba hacia abajo», afirma Mingardi. Es más, un gobierno o conglomerado cercano al poder político jamás entenderá la importancia de la destrucción creativa y de la privatización para conseguir el liderazgo. Los gigantes tecnológicos lo son por desplazar a otros gigantes y por estar sujetos, trimestre tras trimestre, al veredicto de los inversores ante sus decisiones.

La historia de los gigantes tecnológicos de Estados Unidos es distinta a la que te vende el estatismo. Es la historia de cientos de *hedge funds* financiando empresas innovadoras en su proceso inicial, exigiendo resultados y tomando el riesgo cuando desaparecen. El éxito de Google no sólo viene de la gradual pérdida de poder de Yahoo!, sino que ambos son dos ejemplos de éxito entre miles que quebraron y desaparecieron. Eso no lo entiende nunca un burócrata, aunque sea un burócrata del sector privado.

La historia del liderazgo de los campeones norteamericanos es la de premiar el éxito y reconocer los errores, además de la segunda y tercera oportunidad. En una Europa donde se demoniza el fracaso y se subvenciona la ineficiencia mientras se penaliza el éxito, jamás lideraremos. ¿Te acuerdas de Philips, de Nokia? El sistema económico socialdemócrata, además de ser una ruina económica, es una ruina moral al eliminar el cálculo económico y el premio al éxito como elementos esenciales para alcanzar la gloria.

Sin el sistema de financiación privada, competencia máxima, destrucción creativa y premio al éxito, jamás habrían nacido los

---

4. Mingardi, Alberto, *A critique of Mazzucato's entrepreneurial state*, Cato Institute, Estados Unidos, 2015.

campeones tecnológicos que hoy conocemos y, desde luego, si fueran estatales serían zombis. China se dio cuenta de eso rápidamente y por ello el sector tecnológico adoptó sistemas similares al norteamericano. En el momento en el que el Estado empezó a meter sus intervencionistas garras en las empresas tecnológicas porque hacían sombra al poder político, empezaron a perder posiciones en la carrera tecnológica.

Ningún estatista jamás entenderá ese proceso. El dirigismo siempre ahoga la innovación porque asume que un grupo de supuestos expertos elegidos por el poder político van a decidir qué es el futuro. Si la innovación y la tecnología estuvieran en manos de decisiones de un comité dirigido por políticos, hoy estaríamos todavía debatiendo sobre si tenemos que usar VHS o Betamax y Netflix habría sido aplastado por la regulación y la fiscalidad.

El poder político no debe escoger ganadores y perdedores, y no tiene la información que le permita saber qué es lo que necesitan los ciudadanos ni mucho menos lo que va a ser el futuro. De hecho, el poder político es excepcionalmente malo cuando elige ganadores y todavía peor cuando identifica a los perdedores. El ejemplo más evidente está en el fracaso sin precedentes en política energética y tecnológica de naciones aparentemente líderes en industria como Alemania o Japón cuando han tomado decisiones impuestas desde el poder político en vez de dejar actuar a la competencia, a la destrucción creativa y al libre mercado.

El libre mercado da miedo porque es más cómodo pensar que el Estado te va a subvencionar si tu *start-up* es una ruina que darse cuenta de que alcanzará el nivel de un gigante multinacional si es rentable y eficiente.

La diferencia entre Estados Unidos y el resto del mundo es que el ecosistema empresarial no prefiere la miseria compartida al éxito de un líder. En ello tienen mucho que ver una cultura y una Constitución que se ha creado de abajo arriba, que percibe al Estado como un posible enemigo cuando tiene demasiado poder y que la Constitución te protege de su exceso.

En los países europeos nunca se aceptarán la destrucción creativa y la importancia de que quiebren miles para que nazca un líder independiente. O lo controla el Estado, sea accionarial, regulatoria o fiscalmente, o no lo queremos.

Los gigantes tecnológicos no crecieron gracias al Estado, sino a pesar de él.

Financiar innovación e investigación no significa ser responsable de su resultado, ni mucho menos ser responsable de su misión y proceso. Es más, financiar investigación no sirve para nada cuando ese dinero no genera patentes y esas patentes no generan empresas con beneficios. En el momento en el que se elimina el incentivo para crear riqueza, para generar beneficios y para competir a cambio de un supuesto objetivo «no economicista» (un término imbécil que escucharás de vez en cuando), lo único que se consigue es el fracaso más estrepitoso.

Los gigantes tecnológicos no han crecido «creados» por un Estado emprendedor, sino en un Estado facilitador que reconoce que no sabe nada, incentiva la creación de riqueza y no se inmiscuye en el proceso.

El gasto en I+D+I, sea público o privado, es muy poco útil si no se traduce en patentes comerciales y, con ellas, empresas. Por supuesto, el gasto en investigación sin rentabilidad económica es perfectamente aceptable, pero la idea de que el sector público va a liderar el proceso tecnológico con un grupo de altos directivos de conglomerados semiestatales y cercanos a los gobiernos es simplemente hilarante.

Si crees que vamos a crear gigantes tecnológicos líderes mundiales desde la iniciativa de los que han financiado estudios sobre la «bicicleta en Andalucía», la «polarización afectiva en democracias avanzadas», la «desmercantilización de la vivienda» o el «urbanismo de la no ciudad», lo llevas claro.

Ya antes de la crisis, por cada patente nacida en la Unión Europea, en Estados Unidos se registraban más de veinte y en Japón diez. Si vamos al número de empresas creadas con esas patentes, es para llorar. La conversión de patentes en empresas en Europa es prácticamente nula.

En términos absolutos, Europa está por detrás en patentes y también está por detrás de Estados Unidos en cuanto al número de pequeñas y medianas empresas que desarrollan tecnologías de la Cuarta Revolución Industrial. Mientras que Estados Unidos tiene 6.517 pequeñas empresas que patentan dispositivos inteligentes conectados, la Unión Europea tiene menos de la mitad de esa cifra, con 2.634.[5] Es más, la inmensa mayoría de esas empresas no alcanzan un tamaño sostenible y muchas emigran a otros entornos que sean fiscal y burocráticamente más favorables.

Es típico en nuestra sociedad mirar el liderazgo de Estados Unidos o China y pensar que debe ser gracias al Estado, ya que vivimos en una propaganda estatista constante que hace que gran parte de la población no pueda imaginar ningún cambio o innovación si no lo ha decidido el gobierno.

Por supuesto, el gobierno se aprovecha del miedo a lo desconocido.

El ciudadano medio quiere progreso, pero tiene miedo al cambio. No le gusta que haya procesos disruptivos, aunque tenga la certeza de que vayan a ser positivos a largo plazo. Así, aparece un grupo de políticos que te prometen que te van a proteger y dar seguridad regulando e interviniendo. Y con ello ya te han engañado.

Un ejemplo típico es el del famoso informe Draghi,[6] que toma una instantánea de la situación actual de Estados Unidos y China y parte de la premisa de que el desafío que enfrenta Europa radica en una insuficiencia de inversión y gasto liderado por el sector público y un grupo económico de élite.

Es muy habitual en Europa leer que el liderazgo tecnológico se sustenta en un descomunal gasto público y una extensa intervención estatal; factores que, en realidad, limitan sus posibilidades de crecimiento. Estados Unidos y China no se han convertido en potencias mundiales por su enfoque en la planificación

---

5. «New report: Despite impressive patent activity, Europe's small deep tech businesses lag behind their US counterparts», European Investment Bank, 2022, <https://www.eib.org/en/press/all/2022-208-new-report-despite-impressive-patent-activity-europe-s-small-deep-tech-businesses-lag-behind-their-us-counterparts>.

6. *The future of European competitiveness Part A | A competitiveness strategy for Europe.*

central o por invertir grandes sumas de dinero público, sino más bien por su capacidad para reconocer y recompensar el éxito, así como por fomentar un ambiente propicio para la innovación, la creatividad y el espíritu emprendedor, lo cual ha sido fundamental en la generación de riqueza y desarrollo económico en ambos países.

Es un gran error asumir que una mayor centralización de recursos y un incremento significativo y apremiante —aún más arriesgado— de capital tanto público como privado dirigido hacia las grandes corporaciones resultará en una inversión más eficiente. Imagina por un momento que en Europa se hubiese tomado la decisión estratégica de centralizar y concentrar la política de inversión en sectores clave como la tecnología y la energía en 1999. Hoy, la Unión Europea no se encontraría en una situación de estancamiento. Estaría completamente sumida en el desastre.

Esas prestigiosas élites políticas y económicas que el estatismo sitúa en la vanguardia de la apuesta estratégica por la innovación y la tecnología jamás apostarán por la innovación disruptiva y la tecnología que rompe esquemas del pasado porque a su vez rechazan la destrucción creativa y tienen como objetivo esencial mantener todo aquello que la tecnología cambia, desde empleos improductivos hasta empresas no competitivas.

¿Por qué sabemos que los gobiernos y las empresas «estratégicas» nunca van a generar los líderes tecnológicos del futuro? Porque esos líderes tecnológicos son una amenaza para las empresas mal llamadas estratégicas y porque la tecnología disruptiva desmonta la necesidad del entramado burocrático estatal. Los gobiernos nunca van a apostar por algo que les quite control. Buscarán regular e intervenir siempre, además de penalizar a las empresas que amenazan al incumbente cercano al gobierno.

No lo dudes, una de las razones por las que en Europa no tenemos campeones tecnológicos ha sido la política explícita de sostener a toda costa a los mal llamados campeones nacionales, que serían desplazados por los nuevos entrantes.

¿De verdad crees que una élite cercana al poder político estatal va a invertir en innovación y en crear líderes tecnológicos?

Pues bien, todas esas corporaciones europeas cercanas a los gobiernos eran grandes corporaciones con un acceso preferencial a los mercados financieros hace aproximadamente tres décadas, y ninguna de ellas se aventuró, ni siquiera a través de operaciones de adquisición, a invertir en las compañías que en la actualidad se han convertido en gigantes tecnológicos en Estados Unidos. Ninguno de esos gobiernos participó en la financiación o apoyo a la investigación y las plataformas que cambiaron el mundo tecnológico para siempre. Los pocos que lo hicieron desplazaron con una fiscalidad confiscatoria y con su regulación a los pocos que se crearon en Europa.

Los destacados líderes empresariales europeos se burlaban abiertamente del progreso imparable de las empresas tecnológicas estadounidenses cuando éstas aún se encontraban en sus etapas iniciales de desarrollo. El presidente de una prestigiosa empresa de telecomunicaciones europea se refería despectivamente a sus ejecutivos como «jóvenes inexpertos vestidos con vaqueros que carecen de conocimiento alguno».

No debemos olvidar que algunas de esas empresas europeas han dejado pasar la oportunidad de subirse al tren de la tecnología, ya que han priorizado mantener su posición como líderes nacionales invirtiendo cantidades exorbitantes en adquisiciones que han resultado ser contraproducentes, impulsadas por ambiciosas aspiraciones supranacionales sugeridas desde las esferas del poder político.

Suponer que esas compañías van a competir con Estados Unidos mediante la unión de políticos y empleados de alto rango es simplemente una fantasía irrealizable.

¿Por qué me fío más de Elon Musk que de un grupo de «expertos» escogidos cuidadosamente por los gobiernos entre sus allegados? Porque Musk se juega su fortuna y su prestigio, y el grupo de supuestos expertos se juega tu pequeña fortuna y tu prestigio.

Nunca tendrás plataformas como Netflix o Amazon si un selecto grupo de líderes políticos canaliza la inversión.

Europa no se encuentra rezagada en términos de liderazgo tecnológico debido a su baja inversión en defensa, sino más bien a la falta de incentivos y de un sistema de recompensas y sanciones, que se encuentran obstaculizados por un entramado político que impide la emergencia de figuras como Zuckerberg o Musk.

Invertir más recursos en tanques y armamento podría considerarse como una medida necesaria en tiempos de incertidumbre; sin embargo, es importante tener en cuenta que la distribución equitativa de los recursos es fundamental para garantizar el bienestar de la sociedad en su conjunto. Por lo tanto, es crucial cuestionar quiénes son los responsables de tomar estas decisiones y asegurarse de que exista transparencia y rendición de cuentas en todo momento. Netflix nunca habría logrado evolucionar más allá de ser simplemente un servicio de envío de DVD por correo, ni Amazon habría alcanzado su actual estatus como un gigante de la venta de libros en línea si el complejo sistema europeo de poder político y económico estuviera a cargo de su regulación y desarrollo.

Invertir una mayor cantidad de recursos en defensa es una condición indispensable debido a diversos factores relacionados con la seguridad; sin embargo, por sí sola no resulta ser suficiente para posicionarse como líder en el ámbito tecnológico. Israel lo entiende perfectamente. En el preciso instante en el que surge una patente o una idea innovadora revolucionaria, las entidades investigadoras optan por privatizar y posteriormente lanzar a la Bolsa de valores el proyecto. Eso, definitivamente, no ocurriría en ningún país europeo ni en las más remotas fantasías.

En Israel se apoya la investigación y el desarrollo no para aparecer en los rankings, sino para crear empresas, empleo y prosperidad. En Israel, el 90 % de la inversión es para aplicación empresarial real basada en analizar necesidades de los consumidores. El gobierno tiene activos decenas de programas-puente con universidades, instituciones de investigación y empresas. La financiación de empresas se hace a cambio de *royalties*. Y la universidad israelí tiene el mayor porcentaje de creación de empresas de la OCDE, empresas que salen a Bolsa, creando valor, y no se quedan en la facultad o en el comité ejecutivo de un partido.

El éxito de Estados Unidos en energía y tecnología no se entiende sin analizar los miles de empresas de exploración, renovables y tecnología que han caído y cerrado mientras las mejores recogían esos activos y los convertían en rentables.

Sólo seremos líderes en tecnología cuando dejemos de envidiar a Elon Musk o a Jeff Bezos y empecemos a pensar qué los ha hecho campeones. Y no. No ha sido «el Estado».

No existe liderazgo cuando se niega el darwinismo económico y el premio a la riqueza. Cuando el Estado decide que todos deben empezar desde el mismo lugar y terminar en el mismo lugar, el destino es la mediocridad y la miseria.

El dólar, la moneda global que todos envidian

Estados Unidos tiene una importante ventaja adicional que, hoy, es también su talón de Aquiles.

El dólar es la moneda de reserva del mundo. Sin embargo, la irresponsabilidad fiscal de los gobiernos hace que ese privilegio se ponga en peligro.

Una moneda no es necesariamente dinero. Para que la moneda emitida por el Estado sea dinero, debe cumplir tres requisitos: ser reserva de valor, unidad de medida y método de pago generalmente aceptado. Algunos te dirán que es dinero si se pueden pagar impuestos con esa unidad, pero eso es un constructo político y una falacia. Más del 50 % de las monedas emitidas por Estados del mundo no son dinero para sus propios ciudadanos, que no la ven como reserva de valor ni como unidad de medida.

Ernest Hemingway explicaba que «la primera panacea para una nación mal administrada es la inflación de la moneda; la segunda es la guerra. Ambas traen prosperidad temporal; ambas traen ruina permanente. Pero ambas son el refugio de oportunistas políticos y económicos».

La deuda federal de Estados Unidos se disparó desde 22 billones de dólares cuando entró la administración Biden-Harris hasta 37 billones en 2024. En menos de un año, el gobierno federal aumentó su deuda en 1,9 billones de dólares. Nunca se había aumentado la deuda a este ritmo en tiempo de paz y sin recesión. Lo más alarmante es que esto ocurrió durante años de ingresos fiscales récord y crecimiento económico. Las estimaciones del Tesoro de Estados Unidos para el período 2024-2034 asumían 16 billones más de deuda a pesar de esperar un crecimiento sólido, ninguna recesión, empleo creciente e ingresos fiscales al alza.

Probablemente, cuando leas esto, la deuda seguirá creciendo de manera casi imparable.

Aumentar la deuda pública es imprimir moneda, y, cuanto más se emite, mayor riesgo hay de que se pierda la confianza en la moneda estatal. La inflación, que es la pérdida del poder adquisitivo de la moneda, es la manifestación de la pérdida de confianza en el dinero fiat emitido por el Estado.

La inflación es el equivalente a un *default* o impago implícito, lo que ocurre cuando el mundo deja de confiar como antes en el emisor de deuda-moneda. Igual que el bono de una empresa con dificultades de solvencia pierde valor, la moneda que emite el Estado se deprecia a medida que la confianza en la capacidad crediticia del emisor se evapora.

Cuando entiendas que la inflación es una forma de impago indirecta en la que el gobierno transfiere sus desequilibrios a quienes reciben sus salarios en la moneda que emite, sabrás por qué no deberías dar nunca más poder económico a esos gobiernos. Es la forma más regresiva de tributación, que afecta principalmente a los más pobres. Cuando los gobiernos ignoran la demanda real del dinero que emiten, la confianza en la moneda desaparece. Efectivamente, los países en desarrollo no emiten deuda en moneda extranjera porque sean estúpidos o estén locos, sino porque no hay demanda internacional de su moneda local.

Todos los imperios de la historia han caído por su moneda. Los gobernantes piensan que siempre van a poder transferir sus desequilibrios fiscales a los ciudadanos vía inflación porque creen que su poder político les garantiza la demanda eterna y creciente de la moneda que emiten. Y siempre se equivocan.

Esta vez no va a ser diferente.

Los candidatos presidenciales ya ni se molestan en discutir un plan para equilibrar el presupuesto. Obama se presentó a las elecciones diciendo que la deuda pública era una emergencia nacional y dejó la presidencia con el doble de deuda. Los políticos sólo cuentan la vieja falacia de que los impuestos a los ricos y a las grandes empresas pagarán el aumento de gasto, dos cosas que han demostrado no hacer nada jamás para reducir la deuda creciente y que ni siquiera comienzan a arañar el insostenible déficit anual.

De hecho, la mentira de los impuestos a los ricos y a las grandes empresas es sólo un engaño político cuyo objetivo es acudir a los más bajos instintos de envidia y revancha para, posteriormente, subir los impuestos a todos, especialmente el más vil de los impuestos, la inflación. El impuesto escondido del que nadie se escapa.

Los políticos son maestros a la hora de mentir a sus votantes y la mejor manera de continuar el engaño es el enfrentamiento entre aparentes ricos y pobres mientras los que se enriquecen son los políticos. Como siempre digo, la verdadera desigualdad es la que hay entre políticos y contribuyentes, no entre ricos y pobres.

Sin embargo, la envidia y la revancha funcionan electoralmente. Te cuentan la mentira de que la economía es un juego de suma cero y si tú eres pobre es porque alguien te ha quitado tu oportunidad, y los mismos que se benefician del impuesto monetario, la inflación, se presentan como la solución. En el momento en el que el votante acepta que robar a alguien por ser rico y exitoso es aceptable, abre el portón para que le acaben robando a él mismo. Cuando aceptas que una medida injusta no importa si les afecta a pocas empresas o a un grupo reducido de personas, abres el grifo a que te la apliquen a ti.

La mejor manera de convertirte en cliente rehén dependiente es prometer billones en el futuro con una moneda que cada vez vale menos. El Estado y su cohorte de palmeros te dirán que no pasa nada, que la deuda pública no importa y que eso es el uso social de la moneda. La realidad es que es el truco para esclavizarte, expropiar tu salario y tus ahorros y hacerte dependiente.

Muchos analistas te dirán que el aumento de deuda no es relevante si se da en un período de crecimiento. Sin embargo, si ajustamos la acumulación de deuda gubernamental de Estados Unidos, de 2021 a 2024 fueron los peores años de crecimiento ajustados por dicha acumulación de deuda desde los años treinta.

Te daré un ejemplo del argumento falaz que afirma que aumentar la deuda pública no es un problema. La economista Claudia Sahm afirma que no hay que preocuparse por la deuda. «La deuda no es intrínsecamente buena ni mala. Como tal, la pregunta no es cuál es el nivel adecuado de endeudamiento, sino más bien cuál es el rendimiento económico del endeudamiento o los objetivos sociales que promueve.» Sigue diciendo que «el gobierno puede pagar fácilmente su deuda debido a su autoridad impositiva ilimitada y a su capacidad para emitir más títulos del Tesoro de Estados Unidos para pagar los títulos que vencen».[7] Ahora es cuando debes preocuparte. Y mucho.

Empecemos con la idea buenista de «rendimiento económico del endeudamiento y objetivos sociales». La evidencia de Estados Unidos indica que el rendimiento económico es extremadamente bajo. El gasto en derechos sociales no ha fortalecido la senda del crecimiento económico y la deuda sigue aumentando más rápido que el PIB. Es cierto que la deuda no es intrínsecamente mala, pero el endeudamiento improductivo sí lo es. Es una transferencia masiva de riqueza del sector productivo al hinchado Estado burocrático. Además, los objetivos sociales no pueden ser ilimitados. El gobierno debe administrar y no sólo agregar gastos a los gastos anteriores, en particular cuando no hay un análisis realista del éxito o el fracaso de los programas gubernamentales.

La idea de que un programa gubernamental parezca beneficioso no es suficiente para agregarlo al presupuesto sin reducir otros gastos. Ni siquiera una visión buenista del gasto público

---

7. «La deuda de Estados Unidos es ahora de 34 billones de dólares. No se preocupen. En serio.», *Daily Camera*, 16 de enero de 2024, <https://www.dailycamera.com/2024/01/17/opinion-claudia-sahm-the-us-debt-is-now-34-trillion-dont-worry-seriously/>.

como la de Sahm puede justificar que cada partida de gasto público hoy sea esencial y sólo pueda crecer. Además, debemos entender que los gobiernos no dan dinero gratis. Gravan al sector productivo y te endeudan, lo que significa imprimir una moneda que pierde poder adquisitivo constantemente. Por lo tanto, el gobierno no está promoviendo objetivos sociales al emitir deuda improductiva; está implementando una política profundamente regresiva que crea una subclase dependiente y hace cada vez más difícil que la clase media prospere.

Es falso que el gobierno tenga capacidad impositiva «ilimitada» y eterna demanda de su deuda, es decir, de su impresión de moneda. El gobierno tiene límites económicos, fiscales e inflacionarios.

Primer límite: el financiero. El mundo demanda menos deuda estadounidense

La deuda estadounidense en manos de inversores extranjeros es una clara señal de la pesadilla fiscal de Estados Unidos. Desde enero de 2021 hasta 2024 la deuda nacional aumentó en 7,3 billones de dólares y, sin embargo, la deuda gubernamental estadounidense en manos de extranjeros sólo aumentó en 1,2 billones de dólares. Es decir, la demanda extranjera de deuda norteamericana se situaba en 2024 en el nivel más bajo con respecto a las emisiones netas desde que se tiene registro. Este dato ya debería generar preocupación en las altas esferas. No nos debe sorprender que Donald Trump incluyese en su programa de 2024 la misteriosa promesa de «mantener el dólar como moneda de reserva del mundo». Trump ya era consciente de la amenaza.

La demanda extranjera de títulos del Tesoro ha caído del 90 % de las emisiones netas en 2005 al 10 % en el período 2021-2024, según la Oficina de Presupuesto del Congreso, y también estaba sustancialmente por debajo de la media de 2019 a 2016, que se acercaba al 50 %.[8]

8. Lacalle, Daniel, «The looming U.S. debt crisis warning signals», *Tomor-*

Además, el estatus de los bonos del Tesoro estadounidense como el activo de menor riesgo ha disminuido significativamente. Entre 2008 y 2009, la demanda de inversores extranjeros superaba el 100 % de las emisiones netas. Apenas llegó al 80 % en las crisis recientes, incluida la pandemia de 2020, y se situó en el 20 % en el último dato de octubre de 2024.

Los bancos centrales y los inversores de todo el mundo tienen menos confianza en la deuda, es decir, en la moneda, y en la responsabilidad fiscal y solvencia del gobierno de Estados Unidos.

Yo recuerdo perfectamente cuando tener bonos del Tesoro de Estados Unidos era una obligación para cualquier inversor global. Te protegían contra la inflación, te daban seguridad frente a la moneda de tu país y generaban rentabilidad con poco riesgo.

No podemos negar que estamos muy lejos del nivel de riesgo que indicaría que el bono de Estados Unidos desaparecería como activo de riesgo. El dólar estadounidense se mantiene como moneda de reserva del mundo porque las alternativas son peores.

Efectivamente, la política monetaria no es un juego de a ver quién gana, sino de a ver quién pierde primero. Todos los gobiernos y bancos centrales, por independientes que sean, buscan diluir los compromisos fiscales estatales con una moneda que pierda valor poco a poco, la famosa «inflación objetivo». Cuando se disparan los desequilibrios monetarios y fiscales, que son dos caras de la misma moneda, el dólar suele ganar en términos relativos porque el resto de las monedas son mucho peores.

La decreciente demanda global de bonos estatales es una señal de alarma de la pérdida gradual del valor de reserva de la moneda, y la erosión de la confianza ha sido constante y sostenida, incluso con una Reserva Federal obstinada en disfrazar el riesgo del endeudamiento imprudente del gobierno y un sistema monetario mundial que todavía utiliza el dólar estadounidense como una garantía relativamente segura.

---

row's *Affairs*, 7 de octubre de 2024, <https://tomorrowsaffairs.com/the-looming-u-s-debt-crisis-warning-signals>.

Segundo límite: el económico. La deuda pasa de acompañar al crecimiento a entorpecerlo

Si observamos el multiplicador fiscal de la deuda estadounidense, es simplemente atroz. En el período 2000-2024, cada nuevo dólar de deuda gubernamental rindió menos de 50 centavos del PIB nominal, según el Bank of America.

Muchos suponen incorrectamente que la producción de la economía en su conjunto aumenta en un múltiplo del aumento del gasto del gobierno, consumidores y empresas. El profesor Frank Shostak desmonta admirablemente la falacia del multiplicador fiscal. Es el ahorro lo que aumenta la producción, no el gasto. El ahorro «ocioso» no existe cuando entiendes la realidad de la economía. Todo ahorro es una inversión en la economía productiva.

> Lo que permite la expansión de la oferta de bienes de consumo es el aumento y la mejora de los bienes de capital. El aumento del ahorro, a su vez, permite el aumento y la mejora de la estructura de producción. Necesariamente, un aumento del consumo está limitado por el aumento de la producción. De esto también podemos inferir que un mero aumento de la demanda de los consumidores no hace que la producción aumente en el múltiplo del aumento de esta demanda. El aumento de la producción es resultado del ahorro que permite la demanda de los consumidores como tal y no está limitado por ella.[9]

El aumento constante de la deuda improductiva, del gasto corriente gubernamental, siempre supone más impuestos, más inflación y menos crecimiento de la productividad a medio plazo. Es un grillete más en las piernas del sector productivo.

Cuando se impone el gasto corriente como un derecho y el gasto gubernamental como inamovible, se está empobreciendo a medio plazo a los que fingen defender, a la clase media y a los más pobres.

9. Shostak, Frank, «The Keynesian multiplier fairy tale», Mises Institute, 10 de julio de 2024, <https://mises.org/mises-wire/keynesian-multiplier-fairy-tale>.

Más impuestos llevan al estancamiento y a más deuda; los gastos se consolidan y anualizan, mientras que los ingresos fiscales son cíclicos. De hecho, los impuestos altos no son una herramienta para reducir la deuda; son una excusa para justificar la creciente indisciplina fiscal.

El crecimiento de la productividad se resiente y, con ello, los salarios reales. La deuda, además, consume un porcentaje creciente del presupuesto en intereses. En Estados Unidos, a cierre de 2024, el segundo concepto más elevado en el presupuesto era el coste de la deuda. En países como Japón, el coste de la deuda se eleva a un 25 % del presupuesto, aunque los tipos a los que se emite se depriman a través de la represión financiera del banco central.

El límite económico de la deuda pública es muy evidente en Estados Unidos, pero especialmente alarmante en Francia o España. La deuda pública se convierte en una herramienta de estancamiento y represión del sector privado productivo.

Tercer límite: el fiscal. Se suben los impuestos y no se reduce la deuda

Cualquier análisis serio de política fiscal debe tener en cuenta la reducción de los desequilibrios. Una de las maneras de disfrazar la mala administración de las cuentas públicas es la de analizar la deuda pública sobre PIB nominal. El denominador se infla con más gasto público, más deuda y más inflación y, ¡oh, sorpresa!, la ratio no es tan negativa.

En Estados Unidos se han alcanzado niveles de recaudación récord y el déficit no se reduce, ni mucho menos la deuda.

Los impuestos no se fijan para financiar los inacabables hábitos de gasto del gobierno. Los impuestos deberían fijarse de acuerdo con la realidad económica de una economía. La falacia de los impuestos a los ricos y a las corporaciones ni siquiera aborda el creciente déficit y erosiona el crecimiento económico y la inversión productiva.

Cuando alguien te dice que no se preocupa por una deuda récord, deberías preocuparte muchísimo. Cuando dicen que el gobierno tiene recursos ilimitados, quieren decir que tú pagarás empobreciéndote con más impuestos, más inflación, menor crecimiento o las tres cosas a la vez.

Cuando te dicen que 37 billones de dólares de deuda son una miseria en comparación con los 145 billones de dólares de riqueza estadounidense, están diciendo que el gobierno estará encantado de confiscar la riqueza de la economía. Tú pagas.

Estados Unidos, tras aumentar los ingresos fiscales a nivel récord y, según las estimaciones del Tesoro, mantener ingresos fiscales crecientes hasta 2034, aumentará su deuda en más de 16 billones de dólares. Es decir, según el Tesoro, con una economía creciendo, creando empleo y con ingresos récord, el déficit anual no se reduce por debajo de los 1,6 billones de dólares, y el coste de la deuda pasará a ser el mayor gasto del presupuesto aunque los tipos bajen. Eso es el límite fiscal.

Cuando te dicen que el problema es que no hay suficientes impuestos, se parte de la idea de que el sector privado es un cajero automático a disposición de los gobiernos. Los recortes de impuestos no reducen los ingresos, así como los aumentos de impuestos no los aumentan eternamente.

Los recortes de impuestos ajustan la base imponible a la economía real para estimular más inversión y crecimiento. Los recortes de impuestos no son una pérdida para el gobierno. Es devolver parte de su dinero al que lo genera. Son una ganancia para la economía. Es simplemente una devolución de fondos a quienes los han ganado.

No lo olvides. La idea de que los fondos están mejor en manos del gobierno que en los bolsillos de quienes los ganaron es confiscatoria. Es ridículo pensar que el gobierno sabe mejor que el sector privado dónde y cómo gastar el dinero. Además, es una locura creer que el gobierno no malgastará los fondos y aumentará su gasto administrativo. Sorprende, por otro lado, que no se indignen ante el creciente despilfarro en gasto político. Como dice Thomas Sowell en esta célebre cita: «Es difícil imaginar una forma más estúpida o peligrosa de tomar decisiones que poner esas decisiones en manos de personas que no pagan ningún precio por equivocarse».

Si a Sahm u otros economistas les preocupan los rendimientos económicos y los avances sociales, deberían abogar por la contención del gasto burocrático y por que el sector privado retenga una mayor parte del dinero ganado, ya que lo destinará a las inversiones más ventajosas.

Economistas como Sahm y Kelton[10] suponen que el dólar estadounidense tendrá una demanda eterna e ilimitada y, como tal, el gobierno estadounidense tiene potestad ilimitada de exportar inflación al resto del mundo a través de la pérdida del poder adquisitivo de la moneda que emite. Sin embargo, los bancos centrales globales están reduciendo sus activos en dólares estadounidenses (bonos del Tesoro estadounidense). La demanda internacional está disminuyendo y los límites son evidentes.

Cuarto límite: el inflacionario

Con una inflación acumulada del 20,4 % en período de crecimiento (2021-2024), un déficit gubernamental anual de 2 billones de dólares con récord de ingresos fiscales y una creciente factura de gastos de intereses que supera la marca del billón de dólares, Estados Unidos está haciendo sonar todas las campanas de alarma de la sostenibilidad de la deuda: los límites económico, fiscal e inflacionario de la acumulación de deuda.

El límite inflacionario es especialmente obsceno. La gasolina subió un 40 % entre 2021 y 2024, a pesar de que Estados Unidos se convirtió en el mayor productor de petróleo del mundo, con 14 millones de barriles al día. El precio de los alimentos subió en ese período más de un 35 %, los alquileres un 30 %, la comida para animales un 40 %, los servicios esenciales un 50 % y los bienes no reemplazables y de salud un 50 %.

Los gobiernos, por supuesto, culpan de la inflación a cualquier cosa excepto al gasto público descontrolado que es imprimir moneda y destruir su poder adquisitivo.

---

10. Kelton, Stephanie, *The Deficit Myth*, PublicAffairs, Estados Unidos, 2020, <https://www.amazon.com/Deficit-Myth-Monetary-Peoples-Economy/dp/1541736184>.

Sin embargo, la inflación no es una casualidad ni una fatalidad. Es una política. Los gobiernos pueden reducir la inflación cuando lo deseen, eliminando gasto y cercenando el déficit, pero no lo hacen porque el mayor beneficiario del aumento constante de los precios agregados es el gobierno. Recauda más al aplicar el mismo tipo impositivo a precios superiores y diluye sus compromisos fiscales en una moneda cada vez más depreciada.

Conviene recordar que el IPC no es «la inflación». Es una medida de inflación. La inflación es la pérdida del poder adquisitivo de la moneda.

Por supuesto que el gobierno y sus propagandistas te intentarán convencer de que la subida de los precios es causada por todo y cualquier cosa, excepto por aumentar masivamente la cantidad de dinero muy por encima de la demanda del sector privado. Sin embargo, lo único que puede hacer que los precios agregados suban, consoliden ese aumento y sigan subiendo, aunque sea a menor ritmo, es la destrucción del poder adquisitivo de la moneda que emiten los Estados por la emisión de mucha más de la que demanda el sector privado.

El intervencionismo más abyecto te dice que la inflación muestra que hay un déficit de producción y que no viene por aumento de la cantidad de moneda. Es una falacia de tal calibre que no debería ser ni debatida.

El Estado emite una cantidad enorme de moneda y, aunque la producción aumentase, no puede evitar que todo aquello que importamos, desde componentes hasta materias primas, nos cueste mucho más medido en la moneda local. No. Un aumento generalizado de la producción no elimina la inflación si el Estado sigue consumiendo nuevas unidades de moneda para aumentar artificialmente su peso en la economía. Sin embargo, los defensores del inflacionismo culpan a las empresas y supermercados porque es la mejor manera de disparar el peso del Estado y absorber los recursos creados por el sector productivo pagados con una moneda que cada vez vale menos.

La historia del intervencionismo monetario siempre es la misma:

1. Decir que hay que combatir un inexistente «riesgo de deflación». Imprimir.
2. Decir que no hay inflación, aunque se disparen los activos de riesgo y los inmuebles y aunque los precios de los bienes no reemplazables suban más que el IPC. Imprimir más.
3. Decir que la inflación es por el efecto base. Imprimir más.
4. Decir que la inflación es transitoria. Imprimir más.
5. Culpar a los comercios y empresas. Imprimir más.
6. Culpar a los consumidores por «acaparar» y no saber comprar. Imprimir más.
7. Repetir.

El factor monetario es clave para entender el alza continuada de muchos precios a la vez. Un enorme estímulo monetario destinado en su integridad a fuertes planes de gasto corriente estatal.

Mucho de lo que nos venden como «ruptura de cadenas de suministro» o efectos de coste de insumos no es más que mucha más masa monetaria dirigida a activos relativamente escasos. Más cantidad de moneda dirigida al mismo número de bienes.

El profesor John B. Hearn lo explica en sus estudios. Ante la falacia de que «todos los procesos inflacionistas de los últimos cien años son inducidos por subidas de costes», John B. Hearn lo explica así:

> Por mucho que queramos creer que los precios del petróleo, la electricidad, los aumentos salariales y la supuesta avaricia de las empresas pueden causar inflación, simplemente no es lógico. Por definición, todas las inflaciones se definen por más unidades de dinero utilizadas en el mismo número de transacciones. Todo lo anterior puede cambiar los precios unitarios relativos, pero ninguno de ellos puede aumentar la cantidad de unidades de dinero en la economía y ninguno de ellos puede hacer que la inmensa mayoría de los precios suban a la vez. Por tanto, existe una sola causa de la inflación y es la acción de un Banco Central

que, en una economía moderna, gestiona el stock y el flujo de moneda en esa economía.[11]

Efectivamente, un bien o servicio puede subir de precio por un efecto coyuntural, pero no puede ser el caso de una subida generalizada y al unísono de la inmensa mayoría. El profesor Batten en un artículo de la Reserva Federal de San Louis explica esto:

> La teoría de la inflación de costes ve la inflación como el resultado de los costes de producción en continuo aumento, costes que aumentan unilateralmente, independientes de las fuerzas del mercado. Tal hipótesis (1) confunde los cambios en los precios relativos con la inflación, que es la subida generalizada y continua de precios, y (2) oculta el papel que la oferta de dinero ejerce en la determinación del precio global. La idea de que las empresas codiciosas o la mano de obra y los sindicatos pueden causar un aumento continuo de los precios no se sostiene por la evidencia empírica. Alternativamente, la hipótesis de que la inflación es causada por un crecimiento excesivo de la masa monetaria está bien soportada.[12]

¿Por qué no había inflación hace unos años?

Primero, sí la había. Masiva inflación en activos de riesgo, pero también constante inflación en precios inmobiliarios, costes de bienes y servicios esenciales y no replicables. Y gran cantidad de países del mundo han estado sufriendo la inflación por destrucción de poder adquisitivo de la moneda en ese período de falsa «no inflación».

Segundo, el aumento de masa monetaria en la eurozona o Estados Unidos era menor que la demanda de crédito y dinero

---

11. Professor John Hearn, LinkedIn, «MMT/MMTers: mistake 1 — cause of inflation and hyperinflation», 8 de julio de 2019, <https://www.linkedin.com/pulse/mmtmmters-mistake-1-cause-inflation-hyperinflation-john-hearn/>.

12. Batten, Dallas S., «Inflation: the cost-push myth», Review, Federal Reserve Bank of St. Louis, vol. 63, junio, pp. 20-27, <https://ideas.repec.org/a/fip/fedlrv/y1981ijunp20-27nv.63no.6.html>.

en términos agregados, puesto que son monedas de uso y demanda global. Es decir, aunque aumentaba mucho la masa monetaria, no se trasladaba a los precios de manera abrupta porque esa cantidad y exceso de masa monetaria se quedaba en el sistema financiero, gracias al mecanismo de freno inflacionario que tiene la expansión cuantitativa, que es la demanda real de crédito.[13]

Estados Unidos está mostrando su límite financiero, económico, fiscal e inflacionario.

Decir que nada sucederá si la deuda sigue aumentando y los déficits continúan disparados por la política gubernamental es como decir que un alcohólico debería beber más vodka porque la cirrosis aún no lo ha matado.

El dólar estadounidense es el crédito de la economía estadounidense. Si el gobierno estadounidense pierde su credibilidad, los agentes nacionales comenzarán a reducir el uso del dólar estadounidense, mientras que los agentes internacionales rechazarán la moneda debido a su constante exceso fiscal y su tendencia a empujar los límites de la paciencia global.

Bitcoin. ¿Amenaza u oportunidad?

Si un gobierno o un banco central tuviera el objetivo inequívoco de mantener o fortalecer el poder adquisitivo de la moneda que emiten, nunca temería al bitcoin ni a ninguna otra competencia independiente. No tendría sentido.

La moneda estatal tiene todas las cualidades para ganarse el favor de la gente y aumentar la demanda si su valor económico se mantiene a lo largo del tiempo. Sin embargo, cuando los bancos centrales y los gobiernos expresan su temor al bitcoin y exigen su prohibición, están revelando su falta de compromiso con la defensa del valor de su moneda.

---

13. Lacalle, Daniel, «Inflación persistente, fenómeno monetario», *Daniel Lacalle*, 23 de enero de 2022, <https://www.dlacalle.com/inflacion-persistente-fenomeno-monetario/>.

Una moneda fuerte da la bienvenida a la competencia. Una moneda débil la teme.

Sin embargo, el BCE y la Reserva Federal de Minneapolis han publicado documentos que deberían infundirnos mucho miedo.[14]

Los dos informes[15] piden sin pudor la represión fiscal y la prohibición directa del bitcoin porque puede suponer una amenaza para el deseo interminable de los gobiernos de tener déficits elevados y destruir el poder adquisitivo de la moneda que emiten.

Según los autores del artículo,[16] el gobierno puede tener déficits eternos y obligar a los ciudadanos a aceptar la deuda en constante aumento si la moneda emitida se impone y no se puede cambiar por una alternativa. Dado su control sobre las reglas del juego, esto le daría poder al gobierno para empobrecer arbitrariamente a los ciudadanos y sacar de control la deuda. Da miedo leer la defensa descarada que hace el artículo de la represión, la coerción y el uso político del dinero para aumentar el tamaño del gobierno.

Sin embargo, el gobierno se vería obligado a ejecutar un presupuesto equilibrado si existiese una alternativa de reserva de valor, como el bitcoin, al que llaman un pedazo de papel inútil porque no sirve al gobierno en su búsqueda de disolver sus compromisos financieros en términos reales.

Los autores admiten claramente que los gobiernos estarán encantados de tener déficits eternos y usar la moneda para imponer políticas inflacionarias, pero un activo independiente como el bitcoin pone en peligro esta estrategia, por lo tanto, exi-

---

14. Lacalle, Daniel, «Central Banks only want to ban bitcoin because they Will destroy money», *Tomorrow's Affairs*, 28 de octubre de 2024, <https://tomorrowsaffairs.com/central-banks-only-want-to-ban-bitcoin-because-they-will-destroy-money>.

15. Amol, Amol y Luttmer, Erzo G. J., «Unique Implementation of Permanent Primary Deficits?», Federal Reserve Bank of Minneapolis, Working Paper 807, 17 de octubre de 2024, <https://researchdatabase.minneapolisfed.org/concern/publications/4x51hj27z?locale=en>.

16. Ibídem.

gen «una prohibición legal contra Bitcoin» para restablecer la «implementación única de déficits primarios permanentes».

Es simplemente delirante. Bitcoin puede ser prohibido, pero, si los gobiernos continúan destruyendo la confianza en su solvencia y responsabilidad fiscal, la moneda que emiten será demolida y su uso desaparecerá tarde o temprano.

Si no es bitcoin, será oro o cualquier otro medio de pago que siga siendo una reserva de valor. Desprecian el bitcoin porque expone la falacia de las expectativas poco realistas de una expansión perpetua del gobierno en la economía.

El artículo del BCE[17] sigue una línea de pensamiento similar. Incita a creer que el uso social del dinero fiduciario está relacionado únicamente con la estrategia de expansión presupuestaria del gobierno. Asumen que la moneda debe ser impuesta, o el gobierno se verá obligado a ser fiscalmente prudente. Con él, admiten que no tienen intención de mantener el valor del euro y, por lo tanto, quieren prohibir el bitcoin utilizando la ridícula excusa de que los primeros usuarios se hicieron ricos.

Imagínate un artículo supuestamente serio que sugiera que, si compraste acciones de Amazon durante la IPO, deberías enfrentar sanciones debido a su dramático aumento de precio, que los compradores actuales no están recibiendo. De manera similar, si invertiste en oro hace una década, deberías enfrentarte a fuertes impuestos.

Éstos son dos ejemplos de represión socialista disfrazados de estudio aparentemente serio. Además, no se reconoce el hecho de que las ganancias de capital de Bitcoin están sujetas a impuestos estándar. Y no son casualidades. Esto es lo que muchos estatistas desean: represión e imposición.

Ambos artículos quieren prohibir o gravar Bitcoin porque ven que los gobiernos pueden perder el monopolio del dinero y la capacidad de erosionar el poder adquisitivo de sus monedas. En el caso del BCE, los autores tratan de advertir de un mundo malvado donde los primeros compradores de bitcoin se benefician y

---

17. Bindseil, Ulrich y Schaaf, Jürgen Günter, «The distributional consequences of Bitcoin», 2 de noviembre de 2024, <https://papers.ssrn.com/sol3/papers.cfm?abstract_id=4985877>.

el resto pierde, algo tan ridículo que implicaría que la economía es un juego de suma cero, y no lo es.

La gente no se empobrece hoy porque las acciones emitidas hace años estén en máximos históricos. Sucede lo contrario.

Si el bitcoin aumenta de valor y genera su propia liquidez, beneficiará a todos los involucrados porque está diseñado para mantener su condición de reserva de valor.

La idea de que hay que prohibir o gravar un activo porque puede aumentar sustancialmente es puro estatismo y socialismo.

Lo que encuentro intrigante de estas dos piezas de intervencionismo plasmadas en el papel es que ambas reconocen indirectamente que los gobiernos no tienen intención de defender el poder adquisitivo de la moneda que emiten.

Además, admiten que las grietas están empezando a aparecer y que la confianza en los emisores soberanos y en su moneda está disminuyendo.

Si el bitcoin fuera un pedazo de papel inútil, como dice el documento de la Fed de Minneapolis, no deberían preocuparse. Algunos inversores perderían su dinero y aprenderían de la experiencia, como ocurre todos los días en los mercados.

Si el bitcoin no tuviera ninguna contribución productiva, tampoco deberían preocuparse por él, porque nunca alcanzaría el estatus de moneda mundial, ya que nadie tomaría préstamos o haría inversiones en él.

Si el bitcoin fuera un activo de inversión especulativa inútil y no tuviera capacidades productivas, no debería preocupar a nadie en la Fed ni en el BCE.

Si el BCE y la Fed fueran serios en el cumplimiento de su mandato y defendieran el estatus de la moneda como reserva de valor y medio de pago generalizado, no tendrían que preocuparse en absoluto por el bitcoin.

No se trata de que la Reserva Federal y el BCE estén librando una guerra contra el bitcoin. Los autores están librando una guerra contra los mercados libres y tu dinero.[18]

---

18. Lacalle, Daniel, «Central Banks only want to ban bitcoin because they Will destroy money», *Tomorrow's Affairs*, 28 de octubre de 2024, <https://

Pensar que el dólar estadounidense nunca perderá su condición de moneda de reserva es simplemente imprudente e ignora la historia. Estados Unidos se separa del resto del mundo, pero su aparato político entra en pánico ante la evidencia de que la tecnología erosiona su poder y el mundo deja de tomar el dólar como si fuera oro.

El principio del nuevo orden económico mundial llegó con la reacción, como un gato amenazado, de ese Estado que se enfrenta al riesgo de perder poder con la tecnología y, a su vez, el monopolio de la moneda. Ante esa amenaza, el ataque a la libertad de expresión y la represión fiscal y financiera se convierten en armas esenciales para que la burocracia extractiva no pierda su privilegio... Con la excusa de que es por tu bien.

Deberías estar muy preocupado cuando alguien dice que el gobierno tiene recursos ilimitados para subir impuestos e imprimir moneda. Significa que tiene formas ilimitadas de hacerte más pobre.

---

tomorrowsaffairs.com/central-banks-only-want-to-ban-bitcoin-because-they-will-destroy-money>.

2

Trump. El antídoto contra el estatismo *woke* mundial

El estatismo liberticida tomó el movimiento *woke* en Estados Unidos como una oportunidad adicional para imponer el caballo de Troya del totalitarismo. ¿Qué es eso de *woke*? Según el diccionario de Oxford, es la «alerta ante la injusticia en la sociedad, especialmente el racismo». Efectivamente, el movimiento *woke* empezó como algo legítimo y que todos aceptamos, como casi todas las causas que el totalitarismo infecta. Nadie está en contra de dar voz a las personas que sufren racismo ni de luchar contra la injusticia. Eso sí, de nuevo, el marxismo cultural lo ha cooptado para imponer la tiranía de la cancelación y la ideología de género liberticida, y para generar un clima de odio y división en el que el concepto de lo «políticamente correcto» se convierte en el dogma único con el que se debe silenciar al discrepante. Muchas universidades norteamericanas pasaron de ser centros de libertad, conocimiento y discusión a centros de imposición ideológica bajo amenaza constante de asesinato de reputación. El avance del antisemitismo es una de las consecuencias directas de esa anticultura y totalitarismo, y se dejó que germinara por miedo a que las represalias de los totalitarios llevaran a los responsables a perder su empleo.

La clave es ésa. No se trata de permitir todas las ideas y debatirlas libremente, fortaleciendo la diversidad y la libertad, sino de establecer una opinión única que no puede ser ni siquiera discutida, bajo amenaza de destrucción civil y profesional. Esta segunda parte es esencial. Introducir el miedo a que tu vida, tu salario, tu familia y tus ahorros sean destruidos por cuestionar lo que impone una minoría.

Lukianoff y Schlott explican que «la cultura de la cancelación es sólo un síntoma de un problema mucho mayor: el uso de tácticas retóricas baratas para "ganar" discusiones sin ganarlas realmente». «Después de todo, ¿por qué molestarse en refutar a tus oponentes cuando puedes simplemente quitarles su voz, su plataforma o su carrera?»[19]

Su libro *The Canceling of the American Mind* alerta de este riesgo y ofrece pasos concretos para recuperar una cultura de la libertad de expresión para garantizar los valores estadounidenses esenciales de individualidad, libertad, fortaleza y mentalidad abierta.

Así, la cultura *woke* pasó de ser algo positivo y edificante a, rápidamente, convertirse en un monstruo que cercena la creatividad, amedrenta al discrepante, silencia y mata civilmente al que no está de acuerdo y adopta la terrible «cultura de la cancelación», imponiendo la censura explícita y la autocensura. Hollywood fue infectado enseguida, y empresas emblemáticas como Disney se embarcaban en una política de adoctrinamiento que, bajo la excusa de la diversidad, imponía la uniformidad. Es difícil conseguir hundir una franquicia del calibre de *Star Wars*, pero casi lo consiguieron con *The Acolyte*, en la que se incluían temas tan fascinantes como una comuna de semibrujas, todas mujeres, que funciona con principios comunistas y en la que los hombres no sólo no están, sino que son el enemigo; y la fuerza no es la fuerza de George Lucas, sino «el hilo». Añadan una Blancanieves que no es blanca y unos enanitos que no pueden ser personas de carne y hueso para no ofender, y con ello se niega a siete actores de baja estatura una excelente oportunidad de

---

19. Lukianoff, Greg; y Schlott, Rikki, *The Canceling of the American Mind: Cancel Culture Undermines Trust and Threatens Us All—But There Is a Solution*, Blackstone Publishers, Estados Unidos, 2023.

trabajo. Estas idioteces pasaron de ser anécdotas divertidas a la norma en un período muy corto, y el que las criticaba o se quejaba era cancelado. De ahí salió la expresión *Go woke and go broke* («hazte *woke* y vas a la bancarrota») cuando la gente empezó a reaccionar rechazando la estupidez corporativa, que abrazó el wokismo ante el miedo a sufrir la ira de los activistas totalitarios. ¿Un *influencer* transgénero debe ser la imagen de la cerveza favorita de Estados Unidos? ¿*Star Wars* tiene que ser feminista, transgénero, anticapitalista y adoctrinada? ¿En la película de terror de turno ya no puede morir el personaje LGBT por no ofender? En el Reino Unido tenemos eso de *trans inclusive conversion therapy ban*, según el cual se prohíbe discrepar sobre las terapias de «reafirmación sexual». En la Universidad George Washington se daban cursos para hombres para aprender a no violar.[20] ¿Cursos de terapia para blancos? Todo esto pasó de anécdotas divertidas, incluso ideas interesantes para que se normalizase la diversidad, a ser una obligación acompañada de la censura y la cancelación. Prohibir la conversación y destruir civilmente al que no lo acepte. Profesores universitarios despedidos, turbas de estudiantes que imponen la censura y la cancelación en un mundo al revés que nos recuerda más a la Revolución Cultural de China o la represión de los jemeres rojos de Camboya que a Estados Unidos.

Bill Maher, comentarista de izquierdas (*Real Time with Bill Maher*), identificaba en 2020 el momento en el que la locura *woke* se convirtió en un huracán y cómo el Partido Demócrata desde su izquierda más radical lo promovió como una política. Un arma perfecta para destruir civilmente al oponente y, además, destruir la confianza en el sistema y la ciencia. «Hay cosas que tienen que ver con el género, la raza y la libertad de expresión, y esas ideas que afirman que puedes estar sano con cualquier peso, que el género es siempre un constructo social, que tal vez deberíamos darle otra oportunidad al comunismo, que tal vez deberíamos deshacernos del capitalismo, eliminar el control fron-

---

20. Effects of Mandatory Sexual Misconduct Training on University Campuses, <https://journals.sagepub.com/doi/full/10.1177/23780231221124574>.

terizo, derribar las estatuas de Lincoln y deshacernos de la policía. No es que me haya hecho viejo, es que vuestras ideas son estúpidas, ¿de acuerdo?»[21]

Teal Swan, autora de varios libros esenciales, lo define perfectamente: «Lo que era un movimiento social impulsado por la empatía, la compasión y el deseo de generar un cambio positivo [...] se ha convertido en una ideología política y social radical que coquetea con el autoritarismo y que se viste con una máscara de virtud».

«No se equivoquen. La tendencia actual del "despertar" (*wokeness*) no es un despertar genuino. No refleja una conciencia genuina, ni siquiera inteligencia [...]. Es una manipulación. Es algo disfrazado de lo opuesto de lo que es. Es inconsciencia disfrazada de conciencia. Es señalamiento disfrazado de preocupación por los demás. Es inmoralidad disfrazada de moralidad. Es prejuicio disfrazado de justicia social. Es un ataque contra la salud disfrazado de medidas sanitarias. Es racismo disfrazado de antirracismo, ego primitivo disfrazado de estado evolucionado, daño adicional a personas traumatizadas disfrazado de ayuda, un paso atrás disfrazado de avance.»[22]

El país de la libertad de expresión se convertía en el país con la mayor amenaza a la diversidad de opiniones de la historia, y vino a través del miedo a ser señalado, como todos los totalitarismos. El mal sólo se impone cuando los buenos lo permiten con su silencio.

La incultura de la cancelación pasó de ser una anomalía a la norma en Estados Unidos con una rapidez inusitada a partir de 2020. ¿Por qué? El estatismo depredador no quería que volviese Trump a la Casa Blanca y aceleró la máquina del adoctrinamiento, el miedo y la autocensura. Y se volvió en su contra.

---

21. Ul Abedin, Zain, «Bill Maher fires back: "I haven't changed, your ideas are stupid"», *Celeb Tattler*, 27 de mayo de 2024, <https://www.msn.com/en-us/news/opinion/bill-maher-fires-back-i-haven-t-changed-your-ideas-are-stupid/ar-BB1n93GV?ocid=ems.display.welcomeexperience>.

22. <Swan, Teal, «The truth about "wokeism" and today's woke society», Teal Swan, <https://tealswan.com/resources/articles/wokeism/>.

En el documental *Am I Racist?* de Matt Walsh, la activista Regina Jackson afirma no ser racista después de haber comparado a todos los blancos con los nazis. Me parece que es un resumen perfecto de lo que es el wokismo. Totalitarismo disfrazado de justicia social.

Van Jones, autor de *Beyond the Messy Truth*, lo explicó así el 6 de noviembre de 2024: «Si los "progresistas" tienen como política que todos los blancos son racistas, todos los hombres son tóxicos y todos los millonarios son malvados, es difícil tenerlos de tu parte». «Si echas a la gente de tu partido, no te quejes de que se vayan.»[23]

En 2024 se vivieron las elecciones más importantes de la historia de Estados Unidos. Por un lado, se presentaba Kamala Harris, una candidata que, como su compañero de *ticket* Tim Waltz, se vanagloriaba de decir que necesitan más *woke*, no menos, y que «no puede haber libertad de expresión para la desinformación»; el típico truco para eliminar la libertad de expresión y punto. Una candidata que abrió las fronteras hasta cuadruplicar el número de inmigrantes ilegales, seis millones de personas en cuatro años, y que es la personificación del estatismo antes mencionado. De hecho, su lema de imponer la equidad sobre la igualdad de oportunidades «no es sólo que todo el mundo empiece en el mismo sitio, sino que el tratamiento equitativo significa que todo el mundo termine en el mismo sitio».[24]

Cualquiera que entienda la complejidad de la economía sabe que se trata de un concepto ridículo. Sin embargo, puede resultar atractivo para los desinformados. Aquellos que sienten que sufren una desventaja debido a sus orígenes humildes pueden encontrar que la igualdad de oportunidades no es suficiente, considerando las dificultades sociales y económicas que han soportado. Sin embargo, quienes encuentren atractivo este mensaje deberían pensarlo dos veces, porque esas políticas son las que más los perjudican.

---

23. Comentario de Van Jones en Real Time with Bill Maher, 2024 <https://x.com/TheRabbitHole84/status/1850235544124756292>.

24. Kamala Harris [@KamalaHarris], X, 1 de noviembre de 2020, <https://x.com/KamalaHarris/status/1322963321994289154>.

Empezar y terminar en el mismo lugar sólo ocurre si todos son más pobres, excepto aquellos en el gobierno que deciden cómo debe empezar y terminar cada uno. Esos políticos se vuelven obscenamente ricos.

Empezar en el mismo lugar es injusto. Terminar en el mismo lugar es catastrófico. La imposición política hace que las familias que han ahorrado para sus hijos pierdan todos sus ahorros ganados con tanto esfuerzo cuando empiezan de nuevo. Puede pensarse que el gobierno le dará a cada niño lo que necesita. Sin embargo, cuando se le otorga al gobierno el poder suficiente para satisfacer sus necesidades, también determina cuáles son sus necesidades reales. Al destruir los incentivos para ahorrar y prosperar, también se destruye la riqueza creada para llevar a cabo políticas sociales. Cuando el gobierno puede imponer puntos de partida y medidas de resultados iguales, tiene todos los incentivos para mantener la mayor cantidad posible de riqueza en la élite política. A medida que la riqueza y la prosperidad disminuyen, todo lo que el gobierno redistribuirá es miseria.

Cuando Kamala Harris pronunció esas palabras («No es sólo que todo el mundo empiece en el mismo sitio, sino que el tratamiento equitativo significa que todo el mundo termine en el mismo sitio»), demostró su apoyo a la ideología neomarxista.[25] El capitalismo y los mercados libres no pueden existir cuando el gobierno decide los puntos de partida y de llegada.

Mediante una simplificación clásica, el neomarxismo promueve el concepto de equidad, que implica puntos de partida y de llegada iguales. Si ambos comienzan desde el mismo punto, ambos estarán incentivados a llegar al mismo lugar, que es más próspero para ambos y, por lo tanto, justo. Si ambas personas comienzan en el mismo nivel y se dan cuenta de que sus acciones las igualarán, ¿cómo reaccionarán? Dándose por vencidas. Ningún atleta intentaría ganar si supiera que todos terminarán en la misma posición. Eliminar la posibilidad de perder también des-

---

25. Lacalle, Daniel, «Beware of Kamala Harris neo-marxist idea», *Zero-Hedge*, 13 de octubre de 2024, <https://www.zerohedge.com/political/beware-kamala-harris-neo-marxist-idea>.

truye la posibilidad de ganar y anula el progreso. La teoría neomarxista utiliza este ejemplo para argumentar que, como mínimo, comienzan en el mismo momento y lugar. Sin embargo, eso también es una falacia. Los atletas que comenzaron la carrera llegaron allí mediante un proceso de eliminación, que requirió un enorme talento y esfuerzo y, ciertamente, ninguna igualdad desde el principio.

La igualdad es injusta. La equidad es imposible. Cuando exiges cualquiera de las dos, el resultado siempre es peor para ti. Imponer la equidad destruye toda motivación para mejorar y progresar, elimina la meritocracia e impone la peor desigualdad, que es el resultado del privilegio político.

Permitir que los gobiernos decidan los puntos de inicio y fin para todos los ciudadanos es tiranía. Es simplemente suicida pensar que los políticos saben exactamente qué necesitas, cuándo tienes que empezar y dónde terminar. Los políticos no tienen más ni mejor información sobre las necesidades de toda la economía y menos aún sobre los requerimientos de todos. Por lo tanto, cuando el gobierno se enfrenta al inevitable descontento, siempre recurrirá a la violencia y la opresión... por «tu propio bien».

Esta fábula de ingeniería social de completa igualdad de resultados es, por supuesto, imposible en una sociedad libre y, por lo tanto, requiere un Estado tiránico y represivo que controle todos los aspectos de la vida de los ciudadanos.

Más mercados libres, mayor competencia y más mérito y recompensa por el éxito son lo que Estados Unidos necesita para fomentar la prosperidad. La verdadera desesperación del pueblo estadounidense sale a la luz cuando deciden experimentar con la ingeniería social y el socialismo neomarxista para ver cómo funciona. Este pensamiento tonto sólo puede surgir del privilegio y la ignorancia.

Por el otro lado, se presentaba de nuevo Donald Trump, un candidato que el estatismo consideraba acabado y amortizado. Desde el momento en el que ganó las elecciones en 2016 y se convirtió en el presidente número 45, la maquinaria del estatismo se lanzó a hundirlo y destruirlo. Se empezó con las teorías de la conspiración diciendo que las elecciones habían sido manipuladas, algo que parece curioso cuando la candidata demócrata, Hillary Clinton, contó con muchísimos más recursos económicos y con el apoyo incondicional del 98 % de los medios tradicionales norteamericanos. El estatismo totalitario siempre considera que la culpa de perder las elecciones es porque no les apoyó el 2 % de los medios restantes. Contra Trump se ha utilizado el ataque legal, mediático y corporativo como no se ha visto en décadas.

Trump se presentaba a las elecciones de 2024 con todos los golpes a su espalda y un mensaje: «Hacer América grande de nuevo». Sus ases en la mano eran cuatro: la inmigración ilegal; el hartazgo con el wokismo y la cancelación; un enfado generalizado con el estatismo socialdemócrata reinante; y una inflación creada por el exceso de gasto público de la administración Biden-Harris que, recordemos, llegó al poder ya en período de fuerte recuperación, en enero de 2021.

Oficialmente, las elecciones de 2024 fueron las más sesgadas en los medios de comunicación de la historia. El 98 % de los medios de comunicación tradicionales estaba a favor de la candidata demócrata. El 78 % de la cobertura fue positiva con la candidata Harris, mientras sólo un 16 % con el candidato Trump. En porcentaje de noticias negativas comparadas con positivas, el 85 % de las noticias de la televisión eran negativas con Trump y el 78 % positivas con Harris.[26]

La campaña de Harris contó, además, con más de 2.000 millones de dólares de fondos de donantes y empresas, lideradas por las grandes tecnológicas. Harris gastó aproximadamente 1.370 millones de dólares en anuncios, mientras que los republicanos asignaron 913,9 millones de dólares.[27]

---

26. Noyes, Rich, «It's oficial: 2024 campaign news coverage was the worst ever!», *Media Research Center*, 5 de noviembre de 2024, <https://www.newsbusters.org/blogs/nb/rich-noyes/2024/11/05/its-official-2024-campaign-news-coverage-was-worst-ever>; y Noyes, Rich, «TV hits Trump with 85 % negative news vs. 78 % positive press for Harris», *Media Research Center*, 28 de octubre de 2024, <https://www.newsbusters.org/blogs/nb/rich-noyes/2024/10/28/tv-hits-trump-85-negative-news-vs-78-positive-press-harris>.

27. «US Polls 2024: Kamala Harris campaign spends nearly $1.4 Billion on ads in failed election bid against Donald Trump», *mint*, 7 de noviembre de

Y Trump ganó por amplísima mayoría, arrasando en el voto popular, ganando el Senado y el Congreso y obteniendo mayoría en todos los *swing states* o estados indecisos. Trump consiguió casi 77 millones de votos y el 50,8 % del voto popular. ¿Qué hizo que estas elecciones fueran una victoria sin precedentes?

La animadversión a Trump en los medios tradicionales es un factor clave. Igual que ocurre con el wokismo, el votante reacciona mal cuando se le trata como un adolescente y se le intenta adoctrinar. Los medios consideran que, si repiten machaconamente cosas contra el adversario político, no se va a notar el sesgo. Por ello, es normal que los ciudadanos norteamericanos y de todo el mundo elijan medios independientes y redes sociales para informarse. Lo que el estatismo llama desinformación es precisamente lo que promueve en sus medios afines, y los ciudadanos reaccionan de manera negativa.

Cuando la prensa tradicional veta, cancela y silencia a los que considera incómodos, sólo les da mayor capacidad de llegar a la gente, y por eso quiere acabar con los medios independientes, porque pierde el control del relato.

Permíteme darte diez posibles razones por las que los votantes eligieron a Trump:[28]

1. El Partido Demócrata ha dejado de defender la libertad económica, si algún día lo hizo. En la segunda legislatura de Obama, y especialmente tras la derrota de Hillary Clinton contra Trump en 2016, el Partido Demócrata empezó a comprar sin complejos la mercancía averiada del socialismo. Ya no se trataba de ser un partido socialdemócrata defensor de la libertad económica, sino de atacar la libre empresa, ir contra el libre mercado y de-

---

2024, <https://www.livemint.com/news/us-news/us-polls-2024-kamala-harris-campaign-spends-nearly-1-4-billion-on-ads-in-failed-election-bid-against-donald-trump-11730945491707.html>.

28. Lacalle, Daniel, «Diez razones por las que un demócrata elegiría a Trump», *La Razón*, 30 de junio de 2024, <https://www.larazon.es/economia/diez-razones-que-democrata-elegiria-trump_202406306680a67c855de9000164334d.html>.

fender las peores políticas fiscales, animado por el ruido generado por activistas neomarxistas en universidades y parte de la academia, que vieron la oportunidad de imponer el intervencionismo ante un partido que perdía referentes moderados. Biden, histórico defensor del centro liberal, pero avejentado y debilitado. Kamala Harris, socialista que se presentó en 2020 como la alternativa de izquierdas superando a Warren o Sanders. El dúo Biden-Harris ofreció la ocasión perfecta para acelerar la ingeniería social que adora el marxismo cultural.

2. El Partido Demócrata pasó de defender a Israel y los valores de Occidente a abrazar el antisemitismo y la equidistancia entre teocracias liberticidas, que difunden el odio a Estados Unidos, y la única democracia de Oriente Próximo. El partido ha sido, tristemente, un valedor de la ola antisemita que ha tomado las universidades antaño más prestigiosas del mundo, apoyando a grupos de activismo radical.

3. El Partido Demócrata no sólo ha defendido la ideología *woke*, sino que la ha difundido incitando a la cancelación y el veto del disidente y atacando la base de la democracia liberal, la libertad de expresión y la familia. La ingeniería social, la destrucción de la identidad y la ideología totalitaria e identitaria que reduce a los individuos libres a una pieza de ajedrez en un colectivo predeterminado asfixian una sociedad que se vanagloriaba de ser libre y abierta y que ya amordaza hasta a los comediantes. La imposición, la censura y el amedrentamiento impuestos por la secta de la nueva Inquisición del pensamiento único.

4. La política inflacionista ha asfixiado a la clase media y a las pequeñas empresas. La injustificada política mal llamada expansiva de Biden y Harris llevó a Estados Unidos a un nivel de inflación que ha ahogado a las familias y ha disparado el déficit y los impuestos. La cuña fiscal a los norteamericanos ha aumentado en dos puntos, el impuesto inflacionario ha hecho que los salarios reales se estancaran y los precios subieran más de un 20 % en cua-

tro años. Dejan una deuda sin precedentes en tiempos de bonanza y un déficit inmoral de casi dos billones de dólares anuales con ingresos fiscales récord.

5. Biden y Harris empobrecieron a una enorme parte de la población en medio de la recuperación. Llegaron con la recuperación a toda marcha en enero de 2021. No tuvieron que lidiar con el encierro ni con el impacto económico de la pandemia. Estados Unidos se recuperó más rápido y mejor que Europa al no haber utilizado un nivel de gasto público tan obsceno como el europeo. El PIB cayó menos en 2020 y se recuperó antes. Por tanto, Biden llegó a la Casa Blanca con una economía en rebote espectacular. Biden y Harris tuvieron todo el viento de cola de la recuperación poscovid, todo el impulso fiscal y un gigantesco estímulo monetario a su disposición y, sin embargo, la deuda subió a máximos históricos, los impuestos aumentaron, la ratio de empleo sobre población no se recuperó a niveles precovid y la ratio de participación laboral tampoco, y encima los ciudadanos sufrieron una inflación creada por el exceso monetario y fiscal. El paro era muy bajo, pero el empleo a tiempo completo llevaba doce meses estancado. Los salarios reales crecieron por debajo del 1 % anual en su mandato, casi un tercio del período de Trump. La deuda por tarjetas de crédito se disparaba a niveles récord y las familias sufrían el impuesto inflacionario y las subidas de impuestos, que recayeron en su gran parte en la clase media (como siempre con el socialismo), según la Tax Foundation.

6. Biden, crítico con la política exterior de Trump, lo hizo mucho peor. No es sólo su falta de compromiso con la libertad y con Israel o su posición débil con Irán, es que Biden pasó años atacando la mal llamada «guerra comercial» de Trump (los aranceles son una política negativa, pero no podemos olvidar que son la respuesta a la política proteccionista de la UE y China) y, en un ejercicio de gran hipocresía, la aceleró. La guerra comercial no paró, Biden y Harris aceleraron esa guerra. Los aranceles no se eliminaron, Biden y Harris los mantuvieron.

7. Una política imprudente con respecto a la inmigración ilegal. Era curioso ver a Biden presentarse como el que ha sido más duro contra la inmigración ilegal en el debate con Trump y a la vez verlo a él y a su vicepresidenta defender lo contrario. La realidad es que eliminaron todas las ordenes ejecutivas y quitaron financiación a la protección de la frontera, de manera que durante el mandato Biden-Harris se disparó la inmigración ilegal a seis millones de personas.
8. El efecto Kamala Harris fue uno de los mayores fiascos de la maquinaria demócrata. El nivel de popularidad de la vicepresidenta era atroz y, además, muy bajo entre la comunidad afroamericana. Maneras forzadas y un palmarés de intervenciones desafortunadas. Que las alternativas a Biden y Harris sean todavía más *woke* y más socialistas es desesperante.
9. Crisis de opioides. Viajar a Estados Unidos y ver las calles de Los Ángeles, San Francisco y tantos otros baluartes demócratas repletas de zombis vivientes, miseria, delincuencia y drogadicción demuestra cómo las políticas socialistas pueden hundir hasta un paraíso como era California. Las políticas importan y si una de las alternativas a Biden y Harris es Gavin Newsom, que ha hundido California en un erial, imagina qué haría como presidente.
10. Una política orientada a la agenda de los multimillonarios que olvida los problemas de la clase media. Atacar la independencia energética de Estados Unidos, poner como prioridad las políticas impuestas por multimillonarios enamorados de la ingeniería social, olvidarse de las clases medias, de las pymes... ha sido una constante en el socialismo global de las dos últimas décadas. Anteponer la ingeniería social y el dirigismo a la prosperidad y la libertad.[29]

Decenas de millones de ciudadanos norteamericanos no recuerdan al Trump que vemos en los medios de comunicación

---

29. Ibídem.

tradicionales, sino al que consiguió la menor tasa de desempleo entre afroamericanos y latinos en décadas y el mayor aumento de los salarios reales.

Lo más importante de las elecciones de 2024 es que las mentiras de los medios contra Trump no funcionan cuando los ciudadanos saben lo que hizo como presidente durante cuatro años, y las promesas vacías no funcionan cuando la gente sabe lo que hizo la vicepresidenta y candidata Harris durante cuatro años.

La candidata del «cambio» era un bluf y los ciudadanos norteamericanos eligieron mayoritariamente a alguien que, por fin, intentara reconvertir Estados Unidos en la tierra de oportunidades y libertad de expresión que era.

Según la CNN, Trump obtuvo el apoyo de aproximadamente el 13 % de los votantes afroamericanos y el 45 % de los votantes hispanos. En las elecciones de 2020, Trump había ganado sólo el 8 % y el 32 % respectivamente. Trump ganó entre los hombres hispanos con un 54 %. Ganó con el 20 % de los votantes afroamericanos masculinos y redujo el diferencial con las votantes afroamericanas en casi dos puntos. Ganó entre la clase media trabajadora con un 55 %, el voto joven y el voto de los primeros votantes. No entender que los ciudadanos de Estados Unidos reaccionaron contra la imposición, la división, el pensamiento único y el ataque a la libertad de expresión promovido por el Partido Demócrata es querer engañarse.

Trump se presentó, de manera inteligente, como el antídoto contra el socialismo empobrecedor del que los hispanos han huido durante décadas, contra la división y odio del wokismo que impone la ingeniería social y la destrucción de jóvenes, hombres y mujeres que no callen ni toleren la imposición.

Harris afirmó: «Todo el mundo tiene que ser *woke*, mantenerse *woke* y ser más *woke*, no menos». Luego intentó moderar esa afirmación. Pero 77 millones de ciudadanos norteamericanos dijeron basta. Basta a la autocensura, a la cancelación, a no poder opinar en el puesto de trabajo, a callar y asentir cuando te obligan a hacer un curso de «diversidad», a morderte la lengua cuando te dicen que eres un violador potencial y que debes ser reeducado, que no eres mujer si un grupo de izquierdas no te valida, que si eres afroamericano te tienes que callar y asentir ante lo que te diga el Partido Demócrata, que si eres asiático no cuentas y si eres hispano eres un ignorante porque huyes del socialismo. Un partido demócrata tomado por paternalistas, condescendientes y clasistas. Se acabó. Si el partido demócrata no lo entiende, desaparecerá.

Setenta y siete millones de votos, el voto popular, el Congreso, el Senado y todos los estados bisagra. Todos. A cierta arrogante y condescendiente clase política española hay que recordarle que Trump ganó las elecciones por una mayoría a la que ninguno de ellos aspirará ni en sueños.

Los estadounidenses, los europeos y los españoles en particular debemos estar agradecidos por algunas de las órdenes ejecutivas del presidente Trump que nos evitarán grandes problemas en el futuro:

- **Prohibición de las monedas digitales de los bancos centrales en el territorio y mercado estadounidense.** Los ciudadanos libres de todo el mundo debemos agradecer a Trump haber frenado la medida más liberticida y peligrosa de las últimas décadas, un método para imponer la tiranía de los Estados y la vigilancia y control social disfrazado de moneda. Trump no sólo prohíbe esta excusa para imponer el control social, sino que prohíbe el uso de cualquier moneda digital de banco central emitida por cualquier país. Tú no lo sabes, pero te ha librado del mayor experimento liberticida, inflacionista y de control social de los últimos cincuenta años y dinamita las opciones del euro digital del BCE.
- **Implementar un departamento de eficiencia gubernamental.** Nos hemos acostumbrado a que todo lo que decida gastar el gobierno hay que aceptarlo y callarse, mientras se despilfarra el dinero de los contribuyentes. Este departamento, que tiene coste cero para el gobierno federal, ya ha identificado en menos de dos semanas miles de millones de dólares despilfarrados. Esto es lo que necesita tu país.

- **Restaurar la libertad de expresión y acabar con la censura federal.** En junio de 2024, el Tribunal Supremo de Estados Unidos dictaminó que el gobierno federal podía obligar a las empresas de redes sociales a eliminar el contenido que el gobierno considerase. Eso que los mismos que mintieron sobre la COVID, los encierros, los delitos de Hunter Biden y la guerra de Afganistán llaman «desinformación». El Congreso de Estados Unidos certificó que se canceló y censuró a personas por difundir información que se ha demostrado que era real. La libertad avanza. Esto te afecta a ti también en tu país.
- **Acabar con el despilfarro en gasto público en «diversidad, equidad e inclusión».** El equipo de Trump encontró más de 1.000 millones de dólares anuales directos y 10.000 indirectos dedicados a gastar en lo que llamaban programas de diversidad que se han utilizado para imponer la ideología de género, el enfrentamiento racial y la normalización de la sexualización y mutilación de niños. La inclusión y la diversidad no necesitan de gastos millonarios para adoctrinar, silenciar y reprimir. Esto es esencial para ti también.
- **Acabar con el envío indiscriminado de dinero estadounidense a organizaciones supranacionales.** ¿A quién le parece mal que se audite y detalle el dinero que se envía a organizaciones extranjeras? Sólo al que lo quiere utilizar para otros fines. El dinero de los estadounidenses se ha canalizado a través de ONG aparentemente inocuas a las manos de gobiernos que financian terrorismo, también en tu país. ¿A quién le parece mal que se denomine a los carteles de tráfico de drogas, armas y personas «organizaciones terroristas»? Sólo al que los usa para imponer el socialismo, como hace el régimen de Maduro y el de Ortega.
- **Defender a las mujeres del extremismo de la ideología de género y devolver la verdad biológica al gobierno federal.** Trump debería pasar a la historia como el mayor defensor del feminismo. Eliminar la ideología *woke* del gobierno federal y la imposición de una doctrina de género es un factor clave.

- **Prohibir a las personas de sexo masculino participar en las competiciones de mujeres.** Demoler la imposición de arbitrariedades de géneros inventados en la contratación y administración federal.
- **Recuperar el potencial energético de Estados Unidos.** Eliminar las barreras a la inversión en energía y relanzar el potencial energético de Estados Unidos nos beneficia a todos. Dependeremos menos de la OPEP, su socio Rusia o de China. Además, Trump abandona las limitaciones impuestas por políticos miopes bajo la excusa del clima que han terminado hundiendo a Alemania y disparando su consumo de carbón. Todos ganamos.
- **Recuperar la cordura en la lucha contra la inmigración ilegal.** Es curioso, la obispa episcopal de Washington, Budde, que tanto le gusta a alguno, nunca dijo nada cuando Biden deportó a cuatro millones de inmigrantes ilegales, Obama a tres millones y Clinton a doce millones. Esa obispa, que habla del «miedo de niños gais, lesbianas y transgénero»[30] sexualizando a los niños, y pide misericordia con los ilegales, se negó a condenar a los responsables del incendio terrorista de la iglesia de St John's y no pidió misericordia con los miles de ciudadanos a los que robaron y quemaron sus negocios en las protestas que ella blanqueaba. La política de Trump con la inmigración ilegal es la misma que llevaron a cabo Obama y Clinton y la que defienden los partidos serios en Europa. Defender a los que llegan legalmente y acabar con el chollo de los cárteles de tráfico de personas. Lógica.

Todos nos beneficiamos con estas medidas y otras aprobadas. El líder del mundo recupera la lógica, elimina la ideología que más ha dividido y reprimido la libertad de expresión, y todo ello te beneficia a ti directa e indirectamente. El centro reformista tiene dos posibilidades. Unirse a la ola de libertad que avanza

---

30. <https://www.dailysignal.com/2025/01/24/partisan-episcopal-bishop-lecturing-trump-shows-why-mainline-protestantism-is-dying/>.

en el mundo o perecer. Puede perecer si continúa empecinado en que el mundo vuelva a 1993, y desaparecerá si sigue arrodillándose ante el altar del fracasado pensamiento único liberticida y el socialismo que sólo deja podredumbre moral, estancamiento, inflación y deuda. El centro reformista tiene que darse cuenta de que la amenaza para la democracia no es lo que llaman «el ogro naranja»,[31] sino el ogro rojo, el virus cancerígeno de esa burocracia y ultraizquierda antilibertad que nuestros conservadores y socialdemócratas han permitido que se inocule en las venas de las instituciones europeas. Todos deberíamos dar las gracias a Trump por defender la abundancia energética, la libertad económica y la libertad de expresión y acabar con la financiación del cáncer de ideología que perjudica a las mujeres y emponzoña a nuestros niños y jóvenes. El problema del mundo no es la derecha. Es la ultraizquierda que, por comodidad o miedo, ha sido normalizada y blanqueada por nuestros conservadores pensando que sería el tonto útil que los mantendría en el confort de su poder burocrático.[32]

Aranceles para equilibrar la balanza geopolítica

Muchos critican las medidas arancelarias anunciadas por el presidente Trump, sin embargo, callan ante la evidencia del proteccionismo de otros países.

- Los países con más barreras arancelarias y trabas al comercio son India, Rusia, Indonesia, junto a la Argentina kirchnerista, China y Brasil.[33] Estos países imponen enormes ba-

---

31. <https://www.lasprovincias.es/opinion/esteban-gonzalez-pons-obispa-quiero-20250126000015-nt.html?ref=https%3A%2F%2Fwww.lasprovincias.es%2Fopinion%2Festeban-gonzalez-pons-obispa-quiero-20250126000015-nt.html>.
32. <https://www.dlacalle.com/las-ordenes-ejecutivas-de-trump-que-todos-debemos-agradecer/>.
33. International Trade Barrier Index 2023 <https://www.tradebarrierindex.org/>.

rreras al comercio y usan la gigantesca entrada de moneda estadounidense por exportaciones para estabilizar sus monedas débiles y, en algunos casos, financiar actividades de desestabilización contra Occidente, Estados Unidos y los gobiernos liberales.
- La Unión Europea impone muchos más aranceles a los productos de Estados Unidos[34] que el gobierno estadounidense a los productos europeos.

La decisión de Trump de imponer aranceles no es proteccionista, sino una estrategia geopolítica, especialmente en lo que respecta a México y Canadá, países con los que existe un gran contencioso sobre inmigración, drogas y tráfico de personas que cuesta decenas de miles de millones a Estados Unidos. Si estos países adoptaran políticas más estrictas en estos temas, los problemas se resolverían rápidamente. Por otro lado, la Unión Europea es responsable de muchas más barreras a la importación de productos estadounidenses, y utiliza además excusas regulatorias, fiscales y mal llamadas medioambientales.

Muchos países ven el libre comercio como el derecho a exportar libremente a Estados Unidos mientras cierran sus mercados a los productos norteamericanos. Los aranceles son una medida geopolítica para equilibrar la balanza y contrarrestar los intentos de algunos países de socavar el sistema de democracia liberal estadounidense usando los dólares que reciben por exportaciones.[35]

La Unión Europea no es la campeona del libre comercio que nos intentan vender desde la propaganda de la burocracia. Las enormes trabas al comercio y a las empresas estadounidenses en automoción, agricultura y ganadería se esconden bajo la excusa regulatoria, medioambiental y fiscal. Mientras las empresas europeas y estadounidenses se enfrentan a la inabarcable telaraña burocrática y las excusas medioambientales que asfixian a pro-

---

34. ING effectively applied tariffs on goods EU vs USA, <https://think.ing.com/articles/eu-us-trade-strategy/>.
35. <https://www.youtube.com/watch?v=HplIQqbIg9s>.

ductores nacionales y extranjeros, la Unión Europea pone la alfombra roja y subvenciona los productos que llegan de Marruecos y otros países.

Los mayores aranceles a la industria, agricultura y ganadería europeas los impone la propia Unión Europea con leyes, impuestos y trabas que han destruido la competitividad de nuestros sectores.

Von der Leyen no se puede quejar de Trump ni de su forma de negociar. La Comisión Europea ha sido un ejemplo elocuente de imposición e inflexibilidad, y por eso la eurozona se encuentra en estancamiento secular y la competitividad de nuestras empresas ha sido aniquilada por políticos miopes y activistas integristas.

La Unión Europea puede aprovechar esta oportunidad para eliminar sus trabas al comercio y la industria y a la vez evitar los aranceles. Trump ha demostrado que los aranceles son la única arma que tiene Estados Unidos para equilibrar el tablero de juego, y los usa para negociar. Además, ha demostrado en su primera administración que la negociación acaba en acuerdos que benefician a todos.

Lo que entiende el presidente Trump y cualquiera que no viva obnubilado por la burocracia de Bruselas es que la UE saldría ganando si acerca posiciones con Estados Unidos y que sólo seguirá perdiendo si se obstina en mantener el intervencionismo y la burocracia. Si nos preocupa la oligarquía, preocupémonos por la Comisión Europea.

El presidente Trump ofrece una nueva oportunidad a la Unión Europea para que invierta en Defensa y reduzca sus trabas regulatorias, fiscales y mal llamadas medioambientales.[36]

Por supuesto que Trump no es perfecto. Es una consecuencia, no una causa. Trump es la consecuencia de asaltar las libertades individuales, la libertad de expresión, la libertad económica y todo lo que hizo de los Estados Unidos de América el país más envidiado del mundo.

---

36. <https://www.dlacalle.com/los-aranceles-a-la-union-europea-deberian-servir-para-eliminar-nuestras-barreras/>.

La inmensa mayoría de los norteamericanos no se pueden permitir las prioridades que algunos intelectuales imponen. Tienen que poner en marcha su negocio y pagar las facturas de su familia. Y quieren un país libre con todas sus consecuencias, no un campo de pruebas de ingeniería social.

Estados Unidos no se creó para contentar a académicos y burócratas, sino para defender a los ciudadanos de los excesos gubernamentales. Si el Partido Demócrata hubiese defendido sin complejos los valores de la libertad económica y de expresión y un gobierno facilitador, tal vez habría ganado. Desafortunadamente, ante la derrota, decidió doblar la apuesta por el socialismo empobrecedor y culpar de la derrota a todo menos a sus políticas.

Recuerda los pasos sobre los que el estatismo depredador quiere imponer el nuevo orden económico mundial: aislar las economías incentivando la mentira del enemigo exterior, presentar al gobierno como la solución a los problemas que ellos crean, cercenar la libertad de expresión para callar y destruir al discrepante y eliminar la libertad monetaria y económica para mantener a los ciudadanos sometidos y obedientes.

Acompáñame a China, donde el estatismo encuentra la panacea para protegerse mientras ignora lo que ha llevado al gigante asiático a convertirse en líder global.

Trump y su posición respecto a Ucrania

¿Tiene Trump razón con la negociación de la guerra de Ucrania?

Cuando hablamos de la guerra de Ucrania, estoy de acuerdo en el apoyo al país invadido. Que quede clara mi posición. Pero para entender la del presidente Trump, debemos tener en cuenta varios factores.

Primero: Rusia está ganando la guerra, aunque no me guste. A principios de 2025, el ejército ruso controlaba alrededor del 18 % del territorio de Ucrania. Añadió 1.500 millas cuadradas en el transcurso de 2024, casi el doble del tamaño de la ciudad de Londres.

Segundo: las sanciones a Rusia han fracasado. Yo soy el primero que las defendí, pero avisé que, si no se unía Asia, iban a ser fallidas. Entre 2022 y 2024, el superávit comercial de Rusia ha alcanzado más de 600.000 millones de dólares.

Tercero: la posición de la Unión Europea con Estados Unidos no puede ser de indignación cuando mantiene lazos crecientes con China, el socio y aliado de Rusia, o hablan de Putin como si fuera un dictador asesino, pero le tratan como a un socio incómodo.

La Unión Europea no puede rasgarse las vestiduras con Trump. La UE excluyó la importación de gas natural licuado ruso de las sanciones. En 2024, las importaciones de la UE de gas proveniente de Rusia alcanzaron un récord de 7.000 millones de dólares. Francia, España y Bélgica suponían el 85 %. España ha importado más de 8.900 millones de dólares de gas natural licuado ruso desde el comienzo de la guerra y la UE, cerca de 21.000 millones de dólares.

Cuarto: casi el 18 % de la población de Ucrania es rusa (unos 8,4 millones de personas).

Quinto: la posición del presidente Trump sobre Ucrania no es una sorpresa reciente. La explicó en febrero de 2024 y fue repetida durante toda la campaña. Los líderes de la Unión Europea, en su arrogancia infinita, asumieron que no iba a ganar las elecciones por amplísima mayoría y que, si las ganaba, no cumpliría sus promesas. La guerra de Ucrania les ha costado a los contribuyentes estadounidenses más de 350.000 millones de dólares, y en Estados Unidos no se percibe esta guerra como la vemos muchos en Europa.

No olvidemos que sus «expertos» nos contaron que la guerra duraría poco, que Ucrania la ganaría sin duda y que las sanciones iban a llevar a la retirada, y que el pueblo ruso, con la ayuda de los oligarcas, echaría a Putin del poder. Pues bien, tres años después, nos tienen que explicar varias cosas.

¿Cuál es la «posición de la Unión Europea»? Apoyo incondicional a Ucrania, pero mantener las compras de miles de millones de dólares de gas natural licuado ruso y relaciones privilegiadas con el socio estratégico de Rusia. Su posición es no hacer nada, que lo pague Estados Unidos y quejarse porque no se les tiene en cuenta.

Es más, si la posición de la Unión Europea es que la única solución es una victoria contundente de Ucrania, los actos de sus países les delatan. Si la UE quiere una victoria inapelable, no vale esperar que los medios se olviden y corran un tupido velo.

¿Saben que la victoria total de Ucrania sólo se daría con un enfrentamiento bélico y económico continental absoluto contra Rusia y China?

«Los dirigentes europeos están enfadados por no haber sido incluidos en las negociaciones sobre Ucrania. Consideran que su perspectiva de no tener propuestas ni ideas ni acuerdos sobre cómo proceder, pero con muchos clichés, sería una parte valiosa de las negociaciones», explica con toda la razón Byron York.

La posición firme e inequívoca de la Unión Europea es que esta guerra se enquiste, se deje de hablar de ella y lo pague Estados Unidos. Fascinante.

El presidente Trump cumple con el mandato de las urnas. Setenta y siete millones de votos, todos los estados bisagra, el Congreso y el Senado. Los votantes de Trump y muchos de Harris no ven esta guerra como algo que deba financiar el contribuyente. ¿Por qué? Porque los mismos actos de la UE niegan la imagen apocalíptica que nos transmiten.

Los líderes europeos hablan de Putin como si fuera Hitler, pero se comporta con él como si fuera Breznev. Y esa narrativa no se la tragan los americanos. De hecho, los políticos que acusan a Trump de dar alas a Putin, algo que no ha ocurrido, se callan ante la evidencia de que ellos sí le dan alas y alerones con sus sanciones dúctiles.

«Europa está ahora en pánico porque se ha acostumbrado a la comodidad que le brinda Estados Unidos en materia de seguridad, no ha prestado atención a lo que Trump ha estado diciendo y no se ha preparado adecuadamente para su segunda presidencia. Las consecuencias de este error de cálculo estratégico están empezando a quedar claras», afirma el exdiplomático británico John Foreman.

El presidente Trump no ve a Putin como una amenaza, pero sí a China, y, por lo tanto, sabe que es esencial parar la sangría de dólares del contribuyente destinados a una guerra en la que la UE se pone de perfil, para así dedicarlos a fortalecer EE. UU. con respecto a China en otros ámbitos y llegar a un acuerdo en Ucrania antes de que la evidencia acabe con el país como lo conocemos. De hecho, Trump reconoce la realidad y hace un favor a la UE. Además, no se engaña y sabe que no llegar a una negociación significará un desastre para Europa a medio plazo. La posición de Rusia está blindada por el apoyo chino. Ese «pequeño» detalle no lo dicen los indignados líderes europeos que a la vez se abrazan a China.

«Si Europa está obcecada en retroceder hasta la irrelevancia a través de su totalitarismo local, estancamiento económico o meterse en una guerra continental, los contribuyentes americanos no están obligados a ayudarles», dice, con toda la razón, Connor O'Keefe en Mises.

El presidente Trump no ha concedido nada ni ha regalado nada. Lo que ha hecho es despertar a la burocracia oligárquica y ofrecer una puerta a una solución de paz realista. La alternativa era la nada. Esa negociación será compleja, dura y, por supuesto, o será buena para Ucrania o no será. La alternativa es la condescendencia, incompetencia e inacción actual. Si la Unión Europea quiere pensar que está ganando la guerra y que es relevante metiendo la cabeza en un agujero, haciendo otra cumbre de burócratas, o que China es un socio amable que pasa por ahí, es su problema. Pero no se lo van a pagar los americanos.

Conclusiones

- Estados Unidos se convierte en un líder global en tecnología y energía, y cada vez necesita menos a sus socios tradicionales y a los países productores de petróleo.
- Desde 2020, el gobierno de Estados Unidos empieza a favorecer las políticas de represión de la libertad de expresión y la expansión del tamaño del gobierno en la economía.

- La política de la cancelación, el veto y la imposición del pensamiento único coincide con una situación fiscal insostenible. Se requiere imponer la uniformidad, el silencio y la obediencia; el asalto fiscal coordinado con otros países y la represión monetaria: el inflacionismo.
- En 2024, la llegada de Trump y su segundo mandato desmontan el plan de uniformidad, control gubernamental global coordinado y censura. La política se centra en la economía nacional y en demoler el *deep state*, el Estado profundo y depredador. ¿Lo conseguirá? ¿A costa de qué?

3

China se cierra y empieza a mirar hacia dentro

Mi primer viaje a China fue en medio del proceso de apertura y expansión. Una economía que parecía condenada al estancamiento y la pobreza empezó a florecer gracias a la apertura económica, la propiedad privada y el premio al éxito.

El número de millonarios en China se disparó a seis millones en 2024, y las estimaciones avanzaban un crecimiento del 97 % en dos años y un aumento exponencial en el número de personas con una fortuna de más de un millón de dólares creciendo casi un 100 % anual.

Es curioso, pero muchos de los que alaban a China como un país de economía planificada y comunista en realidad están aplaudiendo el ejemplo más evidente de lo que llaman equivocadamente en Occidente «capitalismo salvaje» y que, en realidad, es lógica económica.

China entendió que el progreso y la eliminación de la pobreza sólo pueden venir del crecimiento empresarial, la inversión y el empleo. Por eso las cotizaciones obligatorias a la seguridad social que el empresario paga a sus empleados pueden considerarse gastos salariales razonables y, por tanto, deducibles del impuesto de sociedades.[37] El sistema de seguridad social de China está

---

37. Zhou, Qian, «Explicando el sistema de seguridad social chino», *China*

centrado en seguros ligados a contratos individuales de trabajo. El paso de un sistema garantista y estatal a uno ligado al empleo es una de las claves del éxito del sistema chino. No pone como pilar de su política social el gasto público, sino el empleo, y, para ello, la empresa es el centro del sistema social. Así, cuanto más grandes, rentables y exitosas son las empresas, se dan más beneficios sociales para todos.

El sistema sanitario chino también está orientado a la eficiencia en el gasto y centrado en el empleo. Se ofrece una cobertura casi universal a través de un seguro médico básico financiado por las contribuciones de los asegurados y sus empleadores que se complementa con seguros privados que ofrecen servicios de valor añadido con un coste asequible gracias a la competencia entre proveedores.

Si miramos los datos del seguro de desempleo, de nuevo encontramos que el sistema está centrado en maximizar el acceso a puestos de trabajo y en que la ayuda por desempleo sea un gasto mínimo que no compita con un puesto de trabajo. El gobierno chino ha implementado importantes iniciativas para garantizar la cobertura del seguro de desempleo a los trabajadores siempre desde la perspectiva de que sea un dispendio transitorio mientras se encuentra un empleo. Por ello se ha optimizado el mecanismo de vinculación entre el empleo, el seguro de paro y las pensiones de subsistencia. Es normal que la tasa de paro sea muy baja, alrededor del 4 %, y la de paro juvenil, 14 %,[38] significativamente inferior a la de países donde no se pone como centro a las empresas.

En 2023, 7,3 millones de desempleados de todo el país recibieron beneficios por seguro de desempleo según los datos oficiales. Dos claves nos reflejan por qué el sistema de desempleo incentiva a que empleadores y empleados lleguen a acuerdos y por qué la tasa de actividad y de empleo es elevada y creciente. No todos los trabajadores desempleados reciben un seguro,

---

Briefing, 14 de febrero de 2024, <https://www.china-briefing.com/news/explicando-el-sistema-de-seguridad-social-chino/>.
    38. Datos de 2024.

aunque son la inmensa mayoría. Además, el montante del seguro de desempleo mensual per cápita fue de 1.814 yuanes en 2023, unos 250 euros, según datos oficiales. Es decir, el seguro de desempleo, como el sistema de seguridad social y salud, tiene como objetivo que se incentive y maximice el empleo. Si China tuviese un sistema como el de España o los países europeos, no sólo entraría en graves dificultades presupuestarias, sino que perdería su ventaja competitiva y el incentivo a la creación de puestos de trabajo. No olvidemos otro factor. En 2023, los ingresos del fondo nacional del seguro de desempleo alcanzaron los 180.700 millones de yuanes, mientras que los gastos registraron 148.500 millones de yuanes.[39] Es un sistema en superávit, no un sistema peligrosamente deficitario como el español.

Lo mismo ocurrió con el sector tecnológico y el fuerte impulso económico de China en las últimas décadas. La iniciativa empresarial privada es el elemento esencial de la política social, una política centrada en premiar el mérito, reconocer la importancia de la destrucción creativa y centrarse en eliminar la pobreza, no en igualar, porque igualar habría supuesto llevar a 1.500 millones de ciudadanos chinos a la miseria.

Es lógico. Cuando el gobierno chino se dio cuenta de que iba a necesitar muchos más recursos para atender el aumento de la población y una clase media creciente, entendió que su prioridad sólo podía ser crear riqueza desde el sector privado.

Esa política ha convertido a China en el principal motor de crecimiento global junto a la India.

Cuando miramos a China y los políticos la consideran una amenaza, suelen utilizar varias mentiras. La más típica es que si China crece un 4-5 % anual es porque tiene planificación central y un gobierno monolítico. «Tienen un plan a largo plazo» es una frase muy repetida. Sin embargo, esa frase incluye la trampa del estatista, que es engañar sobre la causalidad. No es lo mismo tener una estrategia que una planificación central. No es lo mismo

---

39. «Seguro de desempleo de China cubre a 245 millones de personas, dice ministerio», *Xhinhua*, 7 de octubre de 2024, <https://spanish.news.cn/20241007/f36348f2ced44bdfa187123e3acba25b/c.html>.

tener objetivos a largo plazo que hiperregulación y burocracia. De hecho, si podemos identificar debilidades en el crecimiento económico de China, éstas vienen precisamente de aquello que se ha planificado de manera central: la expansión inmobiliaria y el lento avance de las empresas de control estatal.

Si China es una amenaza porque produce bien, barato y con calidad, la respuesta no puede ser producir mal, caro y aumentar las medidas proteccionistas. Acusar a China de apoyar con subvenciones a sectores como el del vehículo eléctrico es profundamente hipócrita, sobre todo cuando llega de una Unión Europea que subvenciona todos los sectores que considera «estratégicos» y pone más aranceles que nadie usando la excusa medioambiental.[40]

Parte de ese avance del estatismo que hemos comentado en la introducción es la de buscar un enemigo, un chivo expiatorio, que nos permita presentar al Estado propio como la salvación a los problemas creados por los gobiernos.

El uso de China como amenaza es perfecto para el nuevo orden mundial. Por un lado, te intenta convencer de que lo que da fuerza y crecimiento a China es tener un gobierno monolítico y autoritario que usa la tecnología para el control. Por el otro, intenta vender la idea de que hay que copiar a China en aquello que cercena las libertades individuales y no en lo que ha convertido al país en un líder económico y tecnológico. Y, finalmente, ante la evidencia de la falta de competitividad de los países europeos, presentar el Estado como la defensa de los sectores impactados, proponiendo más regulación y más proteccionismo.

Nadie va a negar que China subvenciona a muchos sectores y los apoya, pero que la Unión Europea se queje de subvenciones y trabas es alucinante. Hay empresas que se quejan de que las empresas chinas que venden en nuestros países no tienen los mismos impuestos, cargas burocráticas y exigencias que sufren los sectores locales.

---

40. Von der Burchard, Hans; Barigazzi, Jacopo; y Oroschakoff, Kalina, «Here comes European protectionism», *Politico*, 17 de diciembre de 2019, <https://www.politico.eu/article/european-protectionism-trade-technology-defense-environment/>.

Me parece bien. Exijamos que se eliminen nuestros grilletes, no que se los impongan a China.

Pensar que China es una amenaza es una visión reduccionista y estatista de la economía. Todo el mundo se beneficia del crecimiento de la clase media y del enriquecimiento de China. Nosotros exportamos mucho más, recibimos muchísima mayor demanda de nuestros productos y además nos beneficiamos con un crecimiento del turismo que nos enriquece a todos.

Nosotros no podemos pedir que en China asuman las trabas burocráticas y fiscales que nosotros sufrimos. Por ello, la idea de que la solución de un sector es ponerle las mismas trabas a otro país es simplemente falaz.

Ninguna economía avanza y mejora llevando a cabo una política de empeorar las condiciones a otros países. Al intentar contrarrestar el avance de China con más intervencionismo y proteccionismo, se añade leña al fuego de la separación del mundo en bloques.

En vez de entender que el proteccionismo de un país se combate facilitando la competitividad del nuestro y reduciendo impuestos y cargas burocráticas, lo que hacen nuestros políticos es dispararse en un pie y esperar que en China hagan lo mismo.

No olvidemos que el avance de China como fábrica del mundo ha sido incentivado por los mismos países desarrollados que hoy se quejan.

En vez de entender que todos ganamos si la clase media y los millonarios chinos siguen creciendo, aparecen políticos que esperan que haciendo daño al competidor mejoremos nosotros. No ha ocurrido jamás, especialmente porque los problemas de competitividad de Europa han sido autoinfligidos por una regulación y una fiscalidad destructoras.

Un gran factor del creciente aumento de la brecha entre Estados Unidos y China viene de la batalla tecnológica que están ganando ambos como líderes mundiales, y tiene raíces más profundas que la llegada de Trump a la Casa Blanca.

El germen de este nuevo orden mundial que pone la represión como pilar del Estado depredador aparece con una especie de envidia por parte de los políticos del mundo libre a la creación gradual de un Estado policial en China, que utiliza parte de su liderazgo tecnológico para ejercer un control social exhaustivo.

Como explica el Dr. Xiao Qiang en *Global Policy*: «China es el Estado de partido único más grande y poderoso de la historia, y también tiene algunas de las tecnologías digitales más desarrolladas y sofisticadas del mundo. Contribuye a la represión digital global a través de su censura nacional y control de las empresas tecnológicas, exportando tecnologías de vigilancia y esfuerzos para dar forma al orden y a las reglas internacionales».[41]

«El gobierno chino utiliza la tecnología digital, especialmente la inteligencia artificial, para establecer un sistema de vigilancia masiva en el país en nombre de la construcción de una "sociedad segura", "ciudades inteligentes" y "vigilancia inteligente". Las agencias gubernamentales usan reconocimiento facial, biometría, cámaras de vigilancia y análisis de *big data* para perfilar rápidamente y clasificar a las personas, rastrear la actividad, predecir sus movimientos y tomar medidas preventivas contra cualquier amenaza percibida para el poder estatal.»[42]

La pregunta que nos hacemos todos es ¿y en qué se diferencia esta actividad del gobierno chino de la utilización de los medios de comunicación, las agencias tributarias y las agencias de espionaje en nuestros países?

En muchas ocasiones se nos vende la amenaza de un supuesto Estado enemigo omnipotente para intentar convencernos de que lo que debemos hacer es lo mismo que implementa esa amenaza gigante para infligirla a nuestros ciudadanos.

Imaginemos por un momento que China usa su tecnología para reprimir a sus ciudadanos e influir en la virgen mente de nuestros jóvenes y en los procesos electorales vía redes sociales. ¿De verdad nos creemos que la solución es hacerles lo mismo a

---

41. Qiang, Xiao, «China's role in global digital repression», *Global policy*, 28 de marzo de 2023, <https://www.globalpolicyjournal.com/blog/28/03/2023/chinas-role-global-digital-repression>

42. Hillman, Jonathan E. y Mccalpin, Maesea, «Watching Huawei's 'Safe Cities'», *CSIS Briefs*, noviembre de 2019, <https://csis-website-prod.s3.amazonaws.com/s3fs-public/publication/191030_HillmanMcCalpin_Huawei SafeCity_layout_v4.pdf>.

los nuestros? ¿De verdad nos creemos que el Estado en el que vivimos no utiliza todos los medios y más para perpetuarse y difundir eso que llaman ellos verdad?

El estatismo siempre utiliza el enemigo exterior como la herramienta ideal para imponer el miedo y presentarse como la solución. Y así elimina nuestra libertad.

La llamada desinformación y la propaganda son herramientas usadas por los Estados desde tiempos ancestrales. Cuando te intentan vender que el Estado chino u otro tiene un poder mágico y desproporcionado para influir sobre nosotros que no está utilizando al mismo tiempo nuestro Estado, te están engañando. Cuando Hillary Clinton se quejaba amargamente de que perdió las elecciones por el supuesto efecto de unos *hackers* rusos, lo único que estaba diciendo es que no le valió con contar con el apoyo del 95 % de los medios de comunicación y los servicios de inteligencia de su país, el más poderoso e influyente del mundo; y que no fue suficiente con tener todas las plataformas tecnológicas privadas a su servicio e invertir centenares de millones de dólares mensuales en publicidad. Claro.

Si lo piensas, lo que te intentan decir son dos cosas. Primero, que hay que silenciar y eliminar cualquier medio que no sea el que les sirva a sus intereses. Segundo, que les encanta la idea conspirativa de poder decidir unas elecciones desde unos cuantos ordenadores siempre que estén a su servicio.

Si nos preocupa que China utilice la tecnología para reprimir a sus ciudadanos y difundir mensajes incómodos, tenemos la tecnología para contrarrestarlos. El avance de la libertad es inevitable. Como se combate el riesgo de desinformación y propaganda es con más libertad y mayor cantidad de medios independientes.

Sin embargo, lo que subyace en el uso del enemigo chino por parte de los Estados es otra cosa. El intento de silenciar a cualquier discrepante. De hecho, la propia definición de lo que es desinformación nos lo explica: «Dar información intencionadamente manipulada al servicio de ciertos fines». No hay mayor generador de desinformación que el gobierno. Por supuesto, para tu gobierno lo que diga yo es desinformación, y para otro gobierno lo que difunde el Estado competidor es sospechoso. Bien, entonces la solución es mucha más prensa libre.

Ya en los años setenta se acusaba al gobierno de EE. UU. o a la Unión Soviética de intentar influir en los procesos electorales, incluso de derrocar gobiernos. ¿Qué te crees que ha cambiado? Ahora es mucho más difícil que una potencia tenga éxito en sus intentos de influencia política y mediática, precisamente porque la tecnología le ha quitado la capacidad de convertirse en fuente monopolística de la información.

Que un Estado tenga como objetivo difundir desinformación y propaganda no debería ser una sorpresa. Que te creas que el tuyo no hace lo mismo es lo que sorprende.

Lo que no entiende el político intervencionista que mira a China con envidia por tener un Estado cuasipolicial es que ésa no es la cualidad que la hace un líder, sino la mayor traba que le impide alcanzar un mayor liderazgo global. Tampoco se dan cuenta de que el Estado depredador que utiliza la tecnología para subyugar y reprimir a sus ciudadanos introduce, sin darse cuenta, el caballo de Troya de la libertad. Una simple red privada virtual (VPN, por sus siglas en inglés) puede eliminar gran parte de las restricciones del supuesto Estado omnipotente. Por eso tú y yo tenemos hoy información puntual y clara que nos dice qué es lo que pasa en otro país, aunque lo intenten esconder.

Tú me dirás que eso ha cambiado con la inteligencia artificial; sin embargo, es al revés. Los miles de inteligencias artificiales en competencia hacen que se sepa instantáneamente si un Estado ha creado una imagen o un vídeo de manera artificial. En menos de un par de segundos, cientos de inteligencias de otros países saben si esa propaganda es real o falsa.

La brecha entre las grandes potencias empezó mucho antes de que EE. UU. lanzara una política de aranceles y llegara Trump al gobierno. Es la reacción de dos Estados que antes eran casi inexpugnables a la hora de controlar el mundo de la información y que ven que pierden cada día su poder.

La ruptura definitiva entre las dos megapotencias se hace evidente cuando el gobierno de China afianza dos políticas que Occidente no esperaba: intensificar el control de capitales limitando al máximo la salida de dólares y divisas del país y aumentar la lista de empresas y páginas web prohibidas; dos acciones que se han intensificado entre 2010 y 2024.[43]

Las dos potencias de Occidente, Estados Unidos y la UE, esperaban que el avance del comercio e inversión con China llevara a la adopción de las mismas prácticas financieras y tecnológicas. Y no ocurrió. Eso sí, en vez de verlo como una oportunidad para desarrollar sociedades más libres, a algunos políticos les entró una especie de envidia del Comité Central del Partido Comunista de China. Sólo tienes que escuchar y leer los mensajes repetidos una y otra vez en la Convención Demócrata de EE. UU. de 2020 y las cosas que se han dicho en las elecciones de 2024.

Para los socialistas intervencionistas, todo oponente y discrepante es una amenaza a la democracia, porque no conciben la democracia de otra manera que no sea estando ellos en el poder. Por eso hablan de la amenaza de China, pero en realidad lo que envidian es el sistema de partido único del gigante asiático.

Así, la guerra comercial empieza como parte de esa respuesta del estatismo que esconde un interés totalitario.

Entre 2004 y 2018, Estados Unidos presentó cuarenta y una quejas en la Organización Mundial del Comercio contra China, en veintisiete áreas diferentes. La inmensa mayoría de las resoluciones de la OMC no se cumplen.[44] La política de mirar hacia otro lado y esperar que la economía china se abriese poco a poco se encontraba con la realidad de que el intervencionismo aumentaba.

El experimento que se puso en marcha es similar al de la Guerra Fría y constituye un pilar fundamental para entender la polarización creciente y el intento de implementar un Estado depredador usando al enemigo exterior.

A mediados de 2016 existían dos opiniones enfrentadas en la

---

43. Strittmatter, Kai, *We Have Been Harmonised*, <https://www.amazon.com/We-Have-Been-Harmonized-Surveillance/dp/0063027291>.

44. Webster, Timothy, «Paper Compliance: How China Implements WTO Decisions», *Michigan Journal of International Law*, 2014, <https://repository.law.umich.edu/mjil/vol35/iss3/2/>.

Casa Blanca. La primera afirmaba que comenzar una guerra comercial hundiría el dólar, dispararía los tipos del bono de EE. UU. y lanzaría a la economía a una recesión, dada la fuerte codependencia entre Estados Unidos y China en el terreno financiero. China atesoraba en el balance de su banco central billones de dólares en bonos soberanos y era el mayor comprador extranjero de bonos del Tesoro.

La segunda estimaba que el riesgo para la economía norteamericana era pequeño y asumible. Con la rentabilidad del bono a diez años de EE. UU. contenida, la demanda (*bid-to-cover*) de sus emisiones que superaba en más del doble la oferta y un dólar que mantenía confortablemente su posición como moneda de reserva del mundo, los halcones se fortalecían añadiendo unos datos de empleo, salarios y crecimiento económico muy sólidos. El dólar norteamericano fortalecía su posición como moneda de reserva del mundo (aumentando su utilización, según el BIS).

Mientras tanto, los defensores de un yuan «respaldado por oro» se encontraban con un banco central chino que continuaba con una política expansiva en la que el aumento de la masa monetaria era superior al de EE. UU.[45] Las reservas totales de oro de China no llegaban a un 1 % de su masa monetaria. La idea de un yuan que sustituyese al oro como reserva global o que se erigiese como la moneda global respaldada por reservas de oro se desvanecía.

El gobierno de China jamás dio la más mínima señal de que tuviese intención de «armar» el yuan o amenazar el dólar. Ésa nunca fue su estrategia. Tampoco, como veremos más adelante, iba a renunciar a su moneda para unirse a devaluadores recurrentes. Su objetivo cambió tras el exceso monetario del período 2000-2020 y el banco central empezó a separarse del consenso keynesiano que siempre pide más gasto público.

Muchos afirmaron que China podía vender sus bonos de EE. UU. o amenazar a la hegemonía norteamericana con las llamadas tierras raras, esenciales para la fabricación de equipos

---

45. Han, Qian, *et al.*, «Monetary transmission and government investment in China», *ScienceDirect*, 2023, <https://www.sciencedirect.com/science/article/abs/pii/S1043951X23001347>.

tecnológicos. Sin embargo, China no es el mayor tenedor de bonos de EE. UU. del mundo, ni de lejos. Son los propios norteamericanos. Ni siquiera es el mayor tenedor extranjero, puesto que corresponde a Japón. De hecho, la decisión del banco central de China de reducir el porcentaje de bonos del Tesoro de EE. UU. responde a una estrategia lógica por parte de muchos bancos centrales de diversificar y añadir oro.

China sabía que no podía utilizar su posición en deuda de EE. UU. como arma porque se quedaría sin reservas y hundiría su propia moneda, el yuan. Al eliminar las reservas, bonos de EE. UU. que dan estabilidad al banco central chino, el impacto negativo en la moneda nacional es enorme. Por ello, la estrategia desde entonces ha sido añadir oro como reserva clave. China sabe que, si vendiese sus reservas de dólares, no tendría un impacto significativo sobre la moneda norteamericana. Entre dos grandes *hedge funds* de EE. UU. pueden comprar toda su posición en un día. Ése no es el objetivo.

China es consciente de que, si quiere una moneda estable y demandada a nivel global, necesita reservas como el oro o el dólar que den fortaleza al balance del banco central. Además, sabe que, si quiere que la utilización del yuan aumente a nivel global, necesita un sistema financiero abierto, libertad de capitales e instituciones independientes. Eso ya es más difícil.

No nos debería sorprender que lo que busque China no sea suplantar al dólar, sino fortalecer el uso de su moneda a través de su política de afianzar relaciones con países socios como Rusia, la India, Brasil o Sudáfrica. Para China, eliminar su control de capitales y dejar flotar el yuan con libertad es prácticamente imposible sin un mercado global que acepte su moneda de manera generalizada. Levantar el control de capitales llevaría a una devaluación enorme que conduciría al país a una espiral de problemas monetarios que tendría que cubrir con más emisión de unos yuanes que no se utilizan mundialmente y cuya demanda es baja.[46] O recesión o crisis financiera.

46. La utilización global del yuan no llega al 5 % <https://www.bis.org/statistics/rpfx22_fx.htm>, mientras que la deuda total supera el 279 % <https://

Esta realidad llevó a China a reorientar su estrategia para que la moneda local fuera más utilizada globalmente.

La crisis de Rusia tras la guerra de Ucrania y la demanda desesperada de crédito de países con regímenes autocráticos o del socialismo del siglo XXI añadida a la campaña de préstamos de la Iniciativa de la Nueva Ruta de la Seda han permitido a China que su posición financiera como prestamista de urgencia se dispare. Así, ha aumentado el uso del yuan en transacciones globales, aunque a veces ha sido a costa de un fuerte aumento de los impagos de deuda de países con dificultades crediticias que pensaron que recibir crédito de China era una solución fácil. El ascenso del gigante asiático como financiador internacional se ha dado especialmente con países en los que «ha estado acompañado de acusaciones de que participa en la llamada diplomacia de la trampa de la deuda».

La expresión se originó en 2017 para describir un acuerdo por el cual Pekín recibió un contrato de arrendamiento por noventa y nueve años para el puerto de Hambantota en Sri Lanka después de que el país se retrasara en el pago de la deuda. Desde entonces se ha aplicado más ampliamente a cualquier proyecto chino que entre en conflicto con los intereses occidentales, especialmente aquellos en el marco de la Iniciativa de la llamada Nueva Ruta de la Seda (Belt and Road Initiative, BRI).[47] Una gran cantidad de estos préstamos se convirtieron en fallidos.

Muchos países con un historial de dudosa calidad crediticia y episodios frecuentes de impago asumieron, equivocadamente, que iban a recibir financiación preferencial por parte de China con condiciones muy flexibles y que ello les permitiría escapar de la supuesta garra del FMI. No fue así. Muchos de los proyectos de la BRI se convirtieron en una gran masa de préstamos de difícil cobro, con colaterales de valor decreciente y un problema para el sector financiero chino que llegó a acumular miles de mi-

---

www.bloomberg.com/news/articles/2023-05-08/china-s-debt-to-gdp-ratio-rises-to-record-279-7-on-credit-boom?embedded-checkout=true>.

47. Clark, Nadia, «The rise and fall of the BRI», Council on Foreign Relations, 6 de abril de 2023, <https://www.cfr.org/blog/rise-and-fall-bri>.

llones de yuanes en pérdidas latentes y destrucción del valor del activo. Así, tras el desastre inicial, el gobierno de China cambió la estrategia. Más de diecinueve países vieron una caída del 100 % en proyectos de la BRI.[48]

Desde el punto de vista de mejorar la utilización del yuan y de la posición global como prestamista de China, la Nueva Ruta de la Seda fue un éxito. Desde el punto de vista financiero, fue un fracaso similar al que sufrió Estados Unidos cuando implementó una política similar de originar fuertes inversiones en países con gobiernos de cuestionable fiabilidad crediticia.

No caigamos en el error de pensar que China ha abandonado la BRI. De hecho, se ha adaptado a una realidad más tozuda. Los proyectos son menores, las condiciones son más exigentes y la financiación es mucho más estricta. Sin embargo, China se ha dado cuenta de que la famosa teoría de que prestar a cambio de infraestructuras y materias primas es buen negocio no deja de ser un mito completamente falso en el que han caído con frecuencia muchos países, incluida España.

Lo que es indudable es que la pesada carga de las pérdidas por el fracaso de estos proyectos se ha absorbido con relativa tranquilidad en el sistema financiero. Y ahora entendemos, entre otras cosas, por qué China no quiere desbancar al dólar. Si hubiera tenido un sistema financiero abierto y libertad de capitales, el agujero patrimonial de la BRI, igual que el de las empresas inmobiliarias, habría desencadenado una crisis mucho mayor.

China continúa prestando y financiando proyectos de la BRI aprovechando la debilidad de muchos de estos países ante el resto del mundo. El caso más evidente es Rusia tras la guerra de Ucrania, que ha pasado de ser un socio comercial importante a un asociado estratégico comercial y económico de prioridad absoluta para China.

---

48. Nedopil Wang, Christoph, «China Belt and Road Initiative (BRI) Investment Report 2023», Green Finance & Developement Center, 5 de febrero de 2024, <https://greenfdc.org/china-belt-and-road-initiative-bri-investment-report-2023/>.

Este proceso de polarización y de creación del nuevo orden mundial no puede entenderse sin comprender el proceso de creación de dependencias financieras entre China y sus nuevos socios. La expansión económica de China en África y América Latina es innegable, y desplaza con creces lo que era el canal tradicional de originación de crédito y apoyo financiero. China continúa expandiendo su poder financiero en países de mercados emergentes, pero ya no cae en el error del pasado de presentarse como una especie de Rey Mago de la financiación barata. Lo que han aprendido los países más irresponsables y sus regímenes es que China financia, pero no regala dinero.

Así, se está creando un mundo financiero de dos velocidades. El que se basa en el dólar, un sistema financiero abierto y libertad económica, con instituciones independientes; y uno diferente, donde la libertad económica y la independencia institucional no son requisitos ineludibles. De ahí el avance de los llamados BRICS (Brasil, Rusia, la India, China y Sudáfrica), de los que hablaremos en el siguiente capítulo.

El talón de Aquiles del dólar y de su sistema mundial es la propia voracidad deficitaria del gobierno norteamericano. El talón de Aquiles del sistema «alternativo» propuesto desde China es que le va a ser imposible alcanzar la relevancia y poder económico que necesita sin tener libertad de capitales, tipos flotantes y libertad económica e institucional. Es decir, el gran talón de Aquiles del sistema promovido desde los BRICS es que la confianza global de los inversores en los miembros de ese club como emisores de moneda es muy baja y no mejora por unirse.

¿De verdad creemos que el mundo va a demandar recibir sus salarios y atesorar sus ahorros en una moneda emitida por un grupo de países cuyo historial consiste en devaluar la moneda sin control? Ni siquiera China quiere esa «moneda».

Aquí es donde aparece la tentación de las monedas digitales de los bancos centrales. Los gobiernos y sus bancos centrales ven cómo el monopolio de la creación de reservas de bajo riesgo (la deuda soberana) se desvanece junto con la evidencia de la falta de responsabilidad fiscal y crediticia de los gobiernos, y entonces buscan cómo imponer su moneda de manera totalitaria. El mundo libre miró a China, y, en vez de ver lo positivo, se fijó con envidia en el modelo de imposición gubernamental y decidió que sería una buena idea replicarlo.

Otra falacia repetida con regularidad es la del arma de las tierras raras.

Es muy habitual pensar en los gigantes económicos como líderes omnipotentes que pueden doblegar a cualquiera. Sin embargo, muchas veces nos olvidamos de que el mundo en realidad se mueve en relaciones de codependencia. En el mundo monetario y en el de las materias primas es donde resulta más evidente esa relación de codependencia en la que nadie tiene ese aparente poder absoluto que doblega a los demás. Lo hemos visto en el mundo del petróleo y el gas con la OPEP y sus socios, como Rusia. Ni los países desarrollados tienen el poder como consumidores ni ellos como productores.

Sin embargo, la estupidez política existe. Cuando un productor decide sabotear a sus propios clientes, pensando que tiene el poder de subir precios a placer porque la demanda es inelástica, la tecnología, la competencia y la sustitución lo devuelven a la dura realidad.

En un magnífico artículo llamado «The false monopoly»[49] se desmontaba el mito de la supuesta dependencia del mundo con respecto a China en el terreno de las tierras raras, minerales esenciales para la transición energética y la tecnología. Pero hay un factor adicional. Ninguna empresa minera china en este sector genera rentabilidad por encima de su coste de capital. O generan pérdidas absolutas o relativas a su coste de funcionamiento.

No hay escasez de reservas probadas de tierras raras fuera de China, igual que se demostró que el falso monopolio de la OPEP se desvanecía con la revolución del petróleo local en EE. UU. «El

---

49. Lo, Chris, «The false monopoly: China and the rare earths trade», *Mining Technology*, 19 de agosto de 2015, <https://www.mining-technology.com/features/featurethe-false-monopoly-china-and-the-rare-earths-trade-4646712/#:~:text=Despite%20widely%20publicised%20concerns%20over, monopoly'%20over%20these%20vital%20elements.&text=The%20last%20few%20years%20have,for%20the%20rare%20earths%20market>.

dominio del país en el mercado no proviene de ninguna exclusividad física, sino de los precios bajísimos de tierras raras debido a la capacidad de China de producir y exportar estos productos básicos a bajo precio», explica el artículo. China tiene menores costes laborales y no sufre las trabas de regulación medioambiental.

Las operaciones de minería y extracción de tierras raras en el resto del mundo sólo se han retrasado por los bajos precios. «Como no hay escasez de prospecciones de tierras raras en todo el mundo y los mercados desarrollados como Japón y EE. UU. tienen ahora incentivos para invertir en proyectos no chinos de extracción de tierras raras, la capacidad de China para usar su influencia para controlar el mercado está severamente limitada.»

A esas supuestas armas que harían inexpugnable una potencia económica se las llama «balas mojadas». También es una bala mojada el dólar si se usa para dañar en vez de para facilitar.

El nuevo orden mundial se conforma lentamente ante la evidencia de que los Estados no pueden usar supuestas armas geoestratégicas como el dinero o las materias primas sin hacerse daño a sí mismos, porque la competencia, el libre mercado y el ingenio humano siempre ganan al intervencionismo. Por eso el estatismo necesita la represión, el miedo y la imposición para perpetuarse. Porque su debilidad se manifiesta cada vez que intenta usar una herramienta o recurso de la economía para hacer el mal en vez del bien.

La dependencia de China del dólar resultaba ser doble: vía reservas y vía materias primas. Sus amplias reservas soportan la estabilidad del yuan y además son mucho menores y menos accesibles de lo que muchos pensaban. La dependencia de Estados Unidos con respecto a China era doble también: comercial y manufacturera. Ni Estados Unidos puede usar el dólar para hundir a China ni al contrario. Codependencia.

Eso sí..., para perpetuar el estatismo se necesitan el enemigo exterior, el miedo y la represión. Y China es un enemigo perfecto: está lejos y da mucho miedo porque crece y fabrica lo que nosotros torpedeamos con regulación.

Dicho y hecho. Aparecen los enemigos exteriores y los gobiernos desempolvan sus recetas más dañinas y obsoletas, sabiendo que van a fracasar económicamente, pero que perpetuarán su poder como políticos gobernantes. La estupidez de la autarquía y mirar hacia dentro pensando que tenemos todo lo que necesitamos.

Llega, con ello, la batalla tecnológica, otro paso en el avance del Estado depredador.

En vez de ver a China como un competidor al que se le puede ganar en prosperidad y bienestar con más libertad económica, libre comercio y apertura —y ello nos beneficiaría a todos, incluidos los ciudadanos chinos—, a algunos políticos les gustó el modelo autocrático del gigante asiático.

En vez de entender que a la URSS se la venció con el ejemplo de la libertad, parece que algunos, especialmente en la UE, han preferido copiar al Politburó soviético.

Esa miopía ha dado también alas al gobierno de China para reorientar su estrategia y, en vez de abrir su economía, cerrarla y empezar a mirar hacia dentro.

Para ese avance del nuevo orden mundial, lo más importante es la guerra escondida. La batalla tecnológica.

Según la Comisión de Comercio Internacional de EE. UU., el 70 % del software utilizado en China está pirateado de EE. UU. El impacto negativo para la economía norteamericana, sólo en el área de propiedad intelectual, es de 600.000 millones de dólares.[50] Una cifra mayor al superávit comercial que China tiene con EE. UU.

No es sólo una batalla por el liderazgo en tecnología, sino en seguridad.

Los gigantes tecnológicos norteamericanos son empresas

---

50. «China: Effect of Intellectual Property Infringement and Indigenous Innovation Policies on the U.S. Economy», United States International Trade Comission, mayo de 2011, <https://www.usitc.gov/publications/industry_econ_analysis_332/2011/china_effects_intellectual_property_infringement.htm#:~:text=This%20analysis%20found%20the%20following,unemployment%2C%20and%20(4)%20some>.

privadas que no responden a amenazas y demandas gubernamentales con facilidad. De hecho, su liderazgo global se sustenta en la independencia del poder político. Los gigantes tecnológicos de China son empresas en las que el Estado tiene un nivel de intromisión muy elevado, pero no decide la estrategia ni el curso de la inversión.

Un factor clave que demostró que el Estado no puede interferir a placer en las tecnológicas sin crear un daño mayor fue la amplia ofensiva regulatoria iniciada por el gobierno chino a fines de 2020, que duró dieciocho meses, algo nunca visto antes.

¿Qué ocurrió para que se generase semejante ataque a las empresas tecnológicas?

Lo explica Alex Capri, de la Hinrich Foundation: «La ofensiva de China contra el sector tecnológico, especialmente la economía de plataformas, es parte de un cambio más amplio y profundo hacia el autoritarismo y el socialismo con características chinas».

El espectacular crecimiento de empresas como Alibaba, Tencent y Didi empezaba a generar nerviosismo y miedo en las esferas políticas. Recuerda que la tecnología es una herramienta esencial para desmantelar la idea de la necesidad del Estado.

«Un punto de inflexión se produjo con el bloqueo de la IPO de Ant Financial en 2020, después de que Jack Ma, cofundador y director ejecutivo de Alibaba, hiciera comentarios despectivos sobre las agencias reguladoras de China. El bloqueo de la IPO de Ant Financial, que valía poco menos de 40.000 millones de dólares, reflejó tres factores importantes que desencadenarían una ofensiva mucho más amplia del Partido Comunista de China contra las grandes tecnológicas.»[51]

En primer lugar, el tamaño de las empresas de plataformas y su poder económico asustaban al banco central de China, que

---

51. Capri, Alex, «How China's tech crackdown impacts foreign investment», Hinrich Foundation, 11 de abril de 2023, <https://www.hinrichfoundation.com/research/article/tech/china-tech-crackdown-impacts-foreign-investment/#:~:text=China's%20crackdown%20on%20the%20tech,Chinese%20Communist%20Party's%20(CCP)%20hold>.

mantiene controles de capitales y un yuan cuyo tipo de cambio se fija diariamente desde el banco central. La economía de plataformas se convertía en una herramienta para evitar los controles de capitales y aumentar la libertad financiera, y con ello suponía una amenaza para un sistema centralizado.

En segundo lugar, el Partido Comunista de China no tolera que ninguna empresa o ejecutivo famoso obtenga demasiado reconocimiento o admiración pública. Los milmillonarios tecnológicos atentaban contra la idea de «sociedad armoniosa» del Partido. Bajo Xi Jinping, sociedad armoniosa significa, inequívocamente, control total y absoluto del Partido en toda la economía y la sociedad de China.

En tercer lugar, la represión tuvo que ver con el valor estratégico de los datos. Las grandes plataformas tecnológicas son un tesoro de datos y los gobiernos las ven como una fuente envidiable de poder tecnoautoritario que se puede utilizar para la vigilancia, la censura, las guerras mediáticas y la represión de la población.[52]

Esta acción represiva y este intento de control han generado muchos titulares en Occidente y, lo más peligroso, mucha envidia entre los políticos del estatismo que estarían encantados de hacer lo mismo: intentar controlar Google, Amazon, Meta o X. Qué triste.

Las grandes tecnológicas norteamericanas saben que su valor es la independencia y que se hundirían si el gobierno metiese sus sucias manos en empresas donde las barreras de entrada son mínimas y el riesgo reputacional es enorme si se desvela la injerencia política.

El final del ataque a las tecnológicas chinas vino del bendito mercado. Una venta masiva de acciones chinas en 2022 forzó a los responsables políticos a parar la represión y la injerencia.

En China se dieron cuenta de que perdieron una década de innovación y desarrollo tecnológico con dieciocho meses de asal-

---

52. Capri, Alex, profesor asociado, Hinrich Foundation, NUS Business School.

to a las tecnológicas, y podríamos decir que en 2024 no se ha recuperado el impulso innovador y el liderazgo.

En el momento en el que el Estado impone la mal llamada sociedad armoniosa, el incentivo para crecer, desarrollar nueva tecnología y avanzar en liderazgo se ve severamente dañado, y es probablemente irreparable. La sociedad armoniosa es aquella en la que se prioriza la riqueza, no el igualitarismo. China lo aprendió y no debe olvidarlo.

Es fácil para el estatismo llegar a una empresa innovadora y líder y acaparar su gestión emponzoñando sus decisiones estratégicas. Lo que es imposible es seguir liderando. Lo hemos visto en casos tristes de injerencia política y regulatoria en Europa o Japón.

Tú me dirás que te preocupan el liderazgo y el tamaño de los gigantes tecnológicos, algo que no tiene sentido cuando entiendes que son líderes y grandes sólo porque ofrecen el mejor servicio y el más independiente. Sin embargo, me sorprende si no ves ningún problema en que ese liderazgo lo monopolicen unos políticos extractivos con veleidades autocráticas.

¿Qué prefieres: X gestionado por Elon Musk o gestionado por un comité nombrado por el gobierno? Yo lo tengo muy claro. Elon Musk sabe que su valor sólo aumenta con la independencia. El comité sabe que puede usar tu dinero para convertir al líder tecnológico en un zombi.

Parte del proceso de cierre de China se acelera con el ataque regulatorio a las tecnológicas, pero se cimenta con el aumento de controles de capitales y el lento pero inexorable proceso de expulsión de las empresas extranjeras.

Esa mal llamada guerra comercial es mucho más que los aranceles. Hay muchas formas adicionales de proteccionismo. El control de capitales, las restricciones en la moneda, la falta de separación de poderes y el respeto a la propiedad intelectual son también formas de proteccionismo.

Estados Unidos descubrió el talón de Aquiles de China. El mismo que tenía Japón en los ochenta, cuando parecía que se iba a comer el mundo. Su dependencia del dólar para mantener un castillo de naipes muy frágil de exceso de capacidad, la burbuja inmobiliaria y el gasto improductivo.

La pregunta que te harás es ¿no tiene Estados Unidos nada que perder? Mucho. Una guerra comercial total y prolongada cercena el crecimiento económico de todos los involucrados. Como con cualquier guerra, nadie gana de verdad. Eso sí, los flujos de fondos globales en todas las guerras comerciales han aumentado hasta un 80 % hacia EE. UU. y fuera de países emergentes.

La fortaleza de Estados Unidos es tener una economía refugio, abierta y cuya moneda se mantiene como reserva global, no por el poder militar, sino porque el resto de las monedas caen en la trampa de llevar a cabo los mismos desequilibrios que EE. UU., pero sin considerar la demanda de moneda real ni fortalecer su apertura y libertad económica. Pero es una fortaleza que no dura eternamente, como ya hemos comentado.

El talón de Aquiles de China ha sido intentar aumentar el uso de su moneda manteniendo controles de capitales y con una elevada intervención estatal. Jugar a ser EE. UU. sin el dinamismo, apertura y libre mercado norteamericano.

Los gobernantes chinos se dieron cuenta de que era imposible, pero mantienen su liderazgo como uno de los motores de crecimiento del mundo. Mientras tanto, Estados Unidos, que es donde se crea el enorme superávit comercial de China, empezó a mirar hacia dentro y poner aranceles a esas exportaciones asiáticas. La decisión de EE. UU. se basaba en que China tiene déficit comercial con la mayoría del resto de sus socios comerciales, y en que el daño a la economía norteamericana de una espiral arancelaria es muy bajo porque EE. UU. exporta menos de un 12 % de su PIB.[53]

Cuidado con las ideas mágicas. Estados Unidos sabe que este órdago tiene importantes consecuencias que afectan negativamente a la economía interna. Los aranceles no son una solución, sólo un arma para negociar, porque, si China no empieza a abrir su economía de verdad, el problema será mayor a largo plazo.

---

53. «Exports of goods and services from the United States from 1990 to 2023, as a percentage of gross domestic product», *Statista*, enero de 2025, <https://www.statista.com/statistics/258779/us-exports-as-a-percentage-of-gdp/>.

China y sus ciudadanos se beneficiarían enormemente de eliminar esas barreras. Es más, si lo hace y de verdad se convierte en moneda de reserva por mérito, será excelente para EE. UU. porque se parará el incentivo perverso de los bancos centrales. Sin embargo, parece que China prefiere caer en los mismos errores monetarios, legales y comerciales del pasado antes que reducir el control estatal. Y ése es el gran problema. Que los aranceles sirvan como justificación para perpetuar el mercantilismo dictatorial, no para reducirlo. Y que otros países lo ven como una estrategia atractiva.

El proteccionismo no se soluciona con más proteccionismo, pero, cuando los oponentes no buscan el comercio como herramienta de progreso mutuo, sino como caballo de Troya para tomar el control mundial, nos encontramos con mucho más que una guerra comercial. Una guerra en la que todos, Europa incluida, nos jugamos nuestro modelo de sociedad.

Estados Unidos y China saben que esta batalla no es a ver quién gana, sino a ver quién pierde menos y quién baja las armas primero.

China abandona el keynesianismo y dispara las compras de oro

En 2022, China despertó del sueño keynesiano convertido en pesadilla. Se dio cuenta de dos cosas:

- El banco central nunca podría defender el yuan, su moneda local, si no volvía a la cordura monetaria y a acumular reservas de oro en vez de unos bonos del Estado de países desarrollados que perdían valor real y nominal con la inflación y la represión financiera.
- La economía china no estaba en ralentización por falta de estímulos y gasto público, sino por los excesos de capacidad generados tras años de repetir la fallida receta keynesiana de construir y gastar desde el sector público.

China despertaba de esa locura keynesiana al ver sus reservas en dólares y euros perder valor. Así, su estrategia cambió y empezaron a comprar oro para dar estabilidad a su balance. La compra de oro por parte de los bancos centrales es un factor esencial que explica el gran aumento de demanda del metal precioso desde 2022.[54]

Los bancos centrales, especialmente en China y la India, trataron de reducir su dependencia del dólar o del euro para diversificar sus reservas. Sin embargo, esto no significa una desdolarización total. Ni mucho menos.

Según el Consejo Mundial del Oro, los bancos centrales aceleraron sus compras de oro a más de 1.000 toneladas al año en 2022 y 2023. Es decir, las autoridades monetarias representaban casi una cuarta parte de la demanda anual de oro durante un período en el que la oferta y la producción no habían crecido significativamente.

Las reservas oficiales mundiales de oro aumentaron en 290 toneladas netas sólo en el primer trimestre de 2024, el nivel más alto desde el año 2000, según el Consejo Mundial del Oro, un 69 % más que la media trimestral de cinco años (171 toneladas métricas).

El Banco Popular de China y el Banco de la Reserva de la India eran los mayores compradores, ya que buscaban equilibrar sus reservas añadiendo más oro para reducir la exposición deficitaria a los títulos gubernamentales. Según Metals Focus, Refinitiv GFMS y el Consejo Mundial del Oro, China empezó a disparar sus compras de oro en 2022, con un aumento de sus reservas de un 16 % en sólo dos años, que coincidió con el aumento de la polarización global y las guerras comerciales.

Cuando empezó la batalla del oro, el Banco Popular de China tenía menos de un 5 % de sus reservas totales en oro. Los bonos del Tesoro estadounidense eran su activo más importante, ya que representaban más del 50 % de los activos del banco central

---

54. Lacalle, Daniel, «Central Banks purchase gold to offset their own money destruction», *Daniel Lacalle*, 21 de julio de 2024, <https://www.dlacalle.com/en/central-banks-purchase-gold-to-offset-their-own-money-destruction/>.

chino. Su objetivo era elevar las reservas de oro al menos al 14 %. La batalla por el oro comenzaba, ya que ese objetivo implicaría una importante compra anual de oro durante años.

El banco central de la India se unió a la estrategia de comprar oro y aumentó sus reservas de oro en 19 toneladas métricas en menos de tres meses. Otros bancos centrales que se unieron a la batalla, comprando más oro que nunca, eran el Banco Nacional de Kazajistán, la Autoridad Monetaria de Singapur, el banco central de Catar, el banco central de Turquía y el banco central de Omán. Y en Europa también. Tanto el Banco Nacional Checo como el Banco Nacional de Polonia aumentaron sus reservas de oro y alcanzaron en 2024 el nivel más alto desde 2021. En estos casos, el objetivo era equilibrar la exposición en la base de activos con más oro y menos bonos gubernamentales de la eurozona.

¿Por qué más oro en un banco central? Se trataba de aumentar el peso de un activo que no fluctúa con el precio de los bonos gubernamentales. Buscaban proteger el balance de los bancos centrales de la volatilidad creada por las políticas expansionistas equivocadas.

Durante años, la política de los bancos centrales fue reducir sus tenencias de oro, y en 2022 se dieron cuenta de que debían volver a la lógica después de haber sufrido años de pérdidas latentes en sus tenencias de bonos gubernamentales.

Se podría decir que los bancos centrales del mundo buscaban protegerse contra la erosión generalizada del poder adquisitivo de las monedas de reserva debido a la saturación de las políticas fiscales y monetarias, y por ello necesitaban más oro.

Tras años pensando que se puede imprimir dinero sin límites y sin crear inflación, las autoridades monetarias volvían a la lógica y a tener más oro en sus balances. Tampoco podemos olvidar que muchos analistas esperaban que la guerra comercial entre China y Estados Unidos y la polarización global se revirtieran en los años de Biden, y ocurrió lo contrario: se aceleraron.

Las grandes pérdidas latentes en la cartera de activos de bonos soberanos llevaron a todos esos bancos centrales a comprar más oro y a tratar de protegerse de nuevos brotes de presiones inflacionarias.

China aparca los estímulos de demanda

Otra gran sorpresa para el consenso económico fue el plan de estímulo de China de 2024. En vez de lanzar un fuerte plan de gasto público y construcción, como esperaban muchos analistas, presentaron medidas de oferta.

Según Reuters, el plan de estímulo integral de 2024 incluía una emisión especial de bonos soberanos. Mientras, el banco central reducirá los coeficientes de reservas obligatorias en cincuenta puntos básicos liberando alrededor de 1 billón de yuanes (142.000 millones de dólares) para nuevos créditos y añadiendo un paquete de apoyo al mercado inmobiliario con una reducción de cincuenta puntos básicos en las tasas de interés promedio para las hipotecas existentes y una reducción del requisito de pago inicial mínimo al 15 % en todo tipo de viviendas.

Este plan fue considerado insuficiente por algunos bancos de inversión occidentales, y, según Reuters, mostraban el ejemplo del Plan Next Generation de la UE como algo que había que tener en cuenta. Fascinante, considerando el desastroso resultado de los planes de la UE desde 2009.

Sin embargo, la economía china no necesitaba un plan de estímulo al estilo europeo. Ya era la segunda economía de más rápido crecimiento del mundo después de la India.

China crecía a un ritmo más lento de lo esperado. ¿Qué era «más lento de lo esperado»? Un 4-5 %, es decir, un crecimiento espectacular, ya que coincidía con la recesión alemana, las barreras comerciales en la Unión Europea y Estados Unidos y los desafíos autoinfligidos al mercado inmobiliario, que eran precisamente consecuencia de los excesivos planes de estímulo pasados.

Las medidas anunciadas podían interpretarse como una admisión de los riesgos de un estímulo fiscal tirando de gasto público a gran escala, constantemente exigido por un mercado financiero que parecía ignorar el desastre que representaban para la economía de Estados Unidos y Europa.

El gobierno chino conocía el peligro de sucumbir a las tentaciones de replicar la estrategia de la Unión Europea con planes de estímulo interminables. Éstos conducen inevitablemente al estancamiento.

Además, el banco central chino sabía que la política más peligrosa sería anunciar políticas multimillonarias de demanda que terminarían siendo contraproducentes, debilitando el yuan y aumentando la deuda nacional.

Los sectores de tecnología, energía verde y alto valor agregado chinos seguían creciendo a un ritmo espectacular. Cada siete años, China crea el equivalente a todo el sector tecnológico europeo.

China debe entender que el canto de sirena de las políticas keynesianas es la receta para el estancamiento. Por lo tanto, debe abordar los desafíos del mercado inmobiliario con una perspectiva diferente para evitar caer en la trampa de Japón, especialmente cuando el componente demográfico de la economía se está enfriando.

Cuando China mira al futuro, debe considerar las implicaciones monetarias y fiscales, pero también el poder adquisitivo de los salarios y los ahorros de los ciudadanos.

Debe evitar el error keynesiano y fortalecer sus reservas de oro para impulsar el valor de la reserva monetaria, al tiempo que dirige medidas específicas para apoyar a la población, evitando la peligrosa acumulación de deuda del período 2008-2018.

China es un país rico, y el keynesianismo siempre empobrece a sus ciudadanos. Ése es un lujo que no se puede permitir. Además, si China está tratando de fortalecer el yuan como moneda mundial y reducir la dependencia del dólar estadounidense, debe eliminar los paquetes gubernamentales de demanda que algunos insisten en que debe imponer.

China necesita fortalecer su clase media, no eliminarla.

Conclusiones

- El sueño de apertura y democracia en China se desvanece en 2018. China aprueba la eliminación del límite de dos

mandatos para la presidencia y permite efectivamente que el presidente permanezca en el poder de por vida.
- El modelo chino se presenta como algo tentador para algunos políticos europeos.
- China aprende de los errores del pasado y prioriza la reestructuración y la reducción de la inflación al crecimiento a través del gasto público.
- La economía de China se separa de Occidente.
- La batalla comercial y tecnológica se recrudece y el uso de la tecnología para controlar al pueblo aumenta.
- Mientras EE. UU. se centra en hacer el país grande de nuevo, China hace lo mismo. *Make China Great Again?*
- Los bloques se separan.

4

La Unión Europea se convierte en el museo del mundo

La Unión Europea quiere regular la inteligencia artificial y no tiene empresas líderes de inteligencia artificial. Quiere regular las redes sociales y no tiene redes sociales. Quiere regular la tecnología y no tiene liderazgo tecnológico. La Unión Europea quiere regular lo que inviertes, lo que gastas, lo que ahorras, lo que te pagan y lo que te cobran. Así le va.

En 2023, Tom Fairless en *The Wall Street Journal* describió la situación de manera sencilla y demoledora. Los europeos se están empobreciendo. «Los europeos se enfrentan a una nueva realidad económica, una que no han experimentado en décadas. Se están volviendo más pobres.» En 2008, la eurozona y Estados Unidos tenían un producto interior bruto (PIB) equivalente a precios de 2023 de 14,2 billones de dólares y 14,8 billones de dólares respectivamente (13,1 billones de euros y 13,6 billones de euros). Quince años después, el PIB de la eurozona supera los 15 billones de dólares, mientras que el de Estados Unidos se ha disparado hasta los 26,9 billones.[55] Estamos hablando de una brecha de PIB de casi el 80 %.

---

55. Fairless, Tom, «Europeans are becoming poorer. "Yes, we're all worse off".», *The Wall Street Journal*, 17 de julio de 2023, <https://www.wsj.com/articles/europeans-poorer-inflation-economy-255eb629>.

El Centro Europeo de Economía Política Internacional publicó en 2023 una clasificación del PIB per cápita de los estados americanos y los países europeos: Italia estaba justo por delante de Misisipi, el más pobre de los cincuenta estados, mientras que Francia se encontraba entre Idaho y Arkansas, respectivamente en los puestos 48 y 49. Alemania quedaba entre Oklahoma y Maine (38 y 39).[56]

Si miramos España, el resultado es desolador. Mientras el gobierno del presidente Sánchez hablaba del «cohete» económico, España registraba un PIB per cápita muy inferior al del estado más pobre de todo Estados Unidos, Misisipi, y se situaba en un lugar alarmante por detrás de TODOS los estados de Estados Unidos. Eso sí, los medios de comunicación de izquierdas y sus altavoces continúan hablando de Estados Unidos con condescendencia y una falsa superioridad, propia de la intelectualidad estulta.

En junio de 2024, coincidiendo con las elecciones europeas, hice la siguiente reflexión: el proyecto europeo es el mayor éxito de convivencia y prosperidad de este continente en siglos. Si queremos defender el proyecto europeo, no podemos tragar con las ruedas de molino que condenan a Europa al estancamiento.

Defender la Unión Europea no es aceptar los errores cometidos como si fueran dogmas. El uso como instrumento de la Agenda 2030 para imponer un dirigismo e intervencionismo fracasado y contraproducente no es estar en contra del proyecto europeo.

Criticar las equivocadas políticas de fiscalidad, industria, agricultura, inmigración o el desastroso resultado de esos planes de «estímulo» intervencionistas y despilfarradores es defender el proyecto europeo de los que lo destruyen desde dentro.

Sin embargo, cada vez que se pone de manifiesto el fracaso de la planificación central, el dirigismo y el intervencionismo euro-

---

56. Erixon, Fredrik; Guinea, Oscar; y du Roy, Oscar, «If the UE was a State in the United States: Comparing economic growth between EU and US States», ECIPE, julio de 2023, <https://ecipe.org/publications/comparing-economic-growth-between-eu-and-us-states/>.

peo, la respuesta de las autoridades y políticos es intentar silenciar, vetar y reprimir la legítima protesta y, lo que es más preocupante aún, doblar la apuesta por las políticas equivocadas.

La respuesta de las élites europeas, ante el descontento social, siempre consiste en acusar a los ciudadanos de «votar mal». La Unión Europea siempre ha sido un proyecto de libertad, apertura, disenso y crecimiento. Eso es lo que hay que defender. Y defender Europa es rebelarse contra el intervencionismo. El problema de Europa es que un proyecto de libertad, debate y paz se está transformando en un órgano central que limita los derechos de los individuos.

Todo empezó cuando la política tradicional dejó de atender a la realidad económica y social de Europa para mirar a otro lado y abrazar una planificación central miope y, como siempre, fracasada. ¿Por qué ocurrió?

No hay más que mirar el Parlamento Europeo. Se ha convertido en una torre de Babel de incentivos donde el pilar fundamental es perpetuar el *statu quo* y los privilegios de una clase política que se protege de los ciudadanos libres desencantados.

Para imponer la represión y la uniformidad, además de perpetuar el Estado burocrático y dirigista, hay que utilizar un enemigo interno. «El mayor peligro para Europa es el avance de la ultraderecha.»[57] ¿Quién te lo dice? La ultraizquierda. Fascinante.

¿Por qué la socialdemocracia y los conservadores toleran la deriva totalitaria si es de izquierdas, pero consideran a la derecha como una amenaza? Porque la izquierda y la ultraizquierda se convierten en el tonto útil desde el que se impone el dirigismo. Además, como el método de avance es la coerción y la amenaza, el totalitarismo de izquierdas es un aliado cómodo para la élite burocrática. Es un aliado cómodo pero peligroso, porque termina por destruir lo que finge proteger; fagocita a los que lo encumbran y, además, ante la imposibilidad de reformar la Unión

---

57. Foa, Roberto, «El auge de la ultraderecha: ¿una amenaza para la unidad occidental?», CIDOB, septiembre de 2024, <https://www.cidob.org/publicaciones/el-auge-de-la-ultraderecha-una-amenaza-para-la-unidad-occidental>.

Europea desde el debate y la libertad, hace que mucha gente descontenta prefiera romper la baraja.

¿Qué es «ultra»? Ultras son Sumar, Podemos, Más País, ERC o Bildu. Ultras son Mélenchon y Tsipras. Ultras son el Grupo de Puebla y el Foro de São Paulo, que blanquea todas las dictaduras comunistas. Ultra es blanquear a los que exigen eliminar la propiedad privada y los contrapesos.

El problema, que ya alcanza hasta a los líderes que blanquearon a la ultraizquierda por comodidad, ha llegado cuando activistas de ultraizquierda dictan políticas esenciales en Europa ante el silencio de conservadores y socialdemócratas.

Todo empezó a hundirse cuando la Comisión Europea y la Unión Europea en su mayoría compraron el falaz argumento de la ultraizquierda que achaca todos los males de Europa a la mal llamada «austeridad». La mentira de que austeridad, control del gasto público y moderación presupuestaria son conceptos negativos.

Achacar los problemas de Europa a la austeridad es como achacar los problemas de salud de un drogadicto a que no se droga lo suficiente. Francia es un país que tiene el Estado más grande del mundo con respecto a la economía. No ha tenido un presupuesto equilibrado desde finales de los setenta y sus líderes siempre prometen gastar más y subir los impuestos. La fiscalidad de Francia es confiscatoria y extractiva. Pues bien, con el Estado más grande y el supuesto escudo de bienestar más potente del mundo, la población contribuyente está asfixiada y desencantada, la población subvencionada está condenada a ser una subclase de ciudadanos dependientes, la economía no crece y la deuda se dispara, y así es como se convierte un país rico en un museo.

El problema de Francia es que Macron, supuestamente «liberal», ha mantenido un déficit insostenible, un gasto desbocado, unos impuestos extractivos y la economía estancada.

Otro problema que genera la inacción y el dirigismo en la Unión Europea: las alternativas al estatismo *light* son desesperantes. La derecha promete bajar impuestos, pero a la vez mantener el elefantiásico Estado y el insostenible gasto público; y la izquierda marxista presenta un programa cobarde y destructivo que exige todavía más al Estado. No sólo ocurre en Francia. Muchos países tienen que elegir entre estatismo terrible, estatismo desastroso y estatismo devastador.

De tal manera, vemos que Francia, teniendo el Estado más grande del mundo y elevadísimos impuestos, considerada el ejemplo de la socialdemocracia global, lleva décadas en estancamiento, además de que acumula un déficit y una deuda insostenibles. Y algunos piden mucho más.

Francia es la demostración de cómo el Estado pasa de ser un ente facilitador y de cohesión social a una máquina de estancamiento y descontento. He aquí otro ejemplo de que el gradualismo «moderado» aplaudido por las élites, que no sufren el resultado de las malas políticas, no funciona. Da alas a los extremistas.

Si la austeridad fuera el problema de Europa, Francia sería el motor de crecimiento e Irlanda o Luxemburgo estarían en estancamiento. Y sucede justamente lo contrario.

Sin embargo, para la Comisión Europea era muy cómodo adoptar el diagnóstico de la izquierda: ningún gobierno europeo, de derechas o de izquierdas, iba a quejarse si le dejaran gastar y endeudarse más y aumentar la regulación y el control de la economía, aunque no funcionara.

Lo que Europa decidió olvidar para perpetuar la burocracia como pilar de la economía es que la austeridad se contrapone al despilfarro y no a la prosperidad.

Las crisis de deuda no ocurren por unas elecciones anticipadas o la maldad de los mercados. Se genera una crisis de deuda cuando se permite durante años el exceso fiscal. Desafortunadamente, cuando salta la crisis, se busca un chivo expiatorio, sean «los mercados» o cualquier otra excusa.

La Comisión Europea pasó de garantizar la responsabilidad fiscal a premiar la irresponsabilidad. Cuando la Comisión Europea deja de velar por la estabilidad presupuestaria y el control de los desequilibrios para convertirse en una agencia justificadora de la irresponsabilidad fiscal, el empobrecimiento está garantizado. Si lo disfraza el Banco Central Europeo monetizando deuda, se seguirá perpetuando la inflación y empobreciendo a los ciudadanos. Si no se pone freno, la crisis de deuda ocurrirá. Y la achacarán a la «austeridad», no lo dudes.

La eurozona no crece, ni con tipos negativos, ni con Plan Juncker, ni con fondos europeos ni con milagros. No crece y la razón es clara: se asfixia a los que crean riqueza para premiar a los que la frenan.

Un modelo energético fallido

La Unión Europea ha utilizado la excusa medioambiental para que Estados cada vez más intervencionistas impongan una especie de dictadura energética en la que ni se consiguen los objetivos medioambientales ni la competitividad.

Una política energética que prohíbe la inversión en algunas tecnologías basándose en puntos de vista ideológicos e ignora la seguridad de suministro y la competitividad está condenada a un fracaso estrepitoso. Pues bien, la crisis energética en la Unión Europea no fue creada por fallos del mercado ni por la falta de alternativas, sino por presiones e imposiciones políticas.

Las energías renovables son una fuerza positiva dentro de una combinación energética equilibrada, pero no una fuerza única, debido a la naturaleza volátil e intermitente de la tecnología. Los políticos han impuesto una combinación energética inestable prohibiendo tecnologías base que funcionan casi el 100 % del tiempo y, a la vez, aumentando los impuestos. Han hecho que los precios se disparen para los consumidores y han amenazado la seguridad del suministro. Una combinación letal para familias y empresas, para cualquier país.

El mercado eléctrico europeo es probablemente el más intervenido del mundo. Cada Estado controla y regula más del 75 % del coste total para el consumidor. En la parte «liberalizada» también intervienen imponiendo dónde y cómo se invierte. Una mayor intervención no va a resolver los problemas creados por un diseño político que ha hecho que la combinación energética de la mayoría de los países sea cara, volátil e intermitente.

La ideología es una mala aliada en materia de energía.

Como he comentado, entre el 70 % y el 75 % de la tarifa eléctrica en la mayoría de los países europeos son costes regulados, subvenciones e impuestos fijados por los gobiernos y, en la parte restante, la llamada generación «liberalizada», el coste de los derechos de emisión de CO_2 se ha disparado debido a esos mismos gobiernos que limitan la oferta de permisos y el mix energético lo imponen las decisiones políticas. De error en error hasta la catástrofe. Ya es evidente en Alemania.

En Alemania, sólo el 24 % de todos los costes de una factura doméstica son «costes de proveedor», según el BDEW 2021. La gran mayoría de los costes son impuestos y costes fijados por el gobierno: cargos de red (24 %), recargo por energías renovables (20 %), impuesto sobre las ventas (IVA) (16 %), impuesto sobre la electricidad (6 %), tasa de concesión (5 %), tasa de responsabilidad *offshore* (0,03 %), recargo por plantas de cogeneración (0,08 %), tasa por devolución de la industria a las tarifas de red (1,3 %). Sin embargo, el «problema», según los mensajes del presidente de la Comisión Europea, es el mercado.

Sorprende que los ciudadanos culpen a la liberalización de los precios en los mercados energéticos de Europa, cuando los gobiernos imponen las tecnologías dentro del mix energético, monopolizan y limitan las licencias, prohíben la inversión en algunas tecnologías o cierran otras, además de forzar un aumento del coste de los permisos de CO_2 limitando su suministro.

Fueron los gobiernos los que decidieron cerrar la energía nuclear y depender del gas natural y el lignito, como hizo Alemania. Los gobiernos prohibieron el desarrollo de gas natural no convencional doméstico en Europa mientras compraban cantidades ingentes de esa materia prima importada desde Estados Unidos a un precio diez veces superior. Los gobiernos cerraron los embalses, cuando la energía hidroeléctrica es clave para reducir las facturas domésticas. Son los gobiernos, que se lucran con una tarifa eléctrica cara, los que aumentan los impuestos a las tecnologías eficientes. Son los políticos los que prohíben la minería de litio mientras se habla de defender las energías renovables, que necesitan este metal. La intervención estatal es, en esencia, una cadena de errores en política energética que ha llevado a Europa a tener la electricidad y el gas natural más del doble de caros que en EE. UU., como advirtió Durão Barroso en 2013.[58]

Sabiendo todo lo anterior, podemos afirmar que los precios de la energía europea no son caros por casualidad, sino por diseño. El aumento exponencial de los impuestos, los subsidios, los costes regulados y el precio de los derechos de emisión de CO_2 es una decisión política, no técnica.

La transición energética deberá ser competitiva y garantizar la seguridad de suministro o no será. Más intervención no resuelve los problemas. Y lo estamos viendo. ¿Qué más pruebas queremos cuando todos los europeos lo sufrimos a diario?

Los gobiernos europeos deberían preocuparse por borrar de las facturas de los hogares todas aquellas partidas que no tienen que ver con el consumo eléctrico, incluido el coste de errores de planificación del pasado, y bajar impuestos que son simplemente inasumibles. Esos elementos deberían estar en el presupuesto nacional y otros gastos no esenciales deberían recortarse para evitar un aumento del déficit.

El mercado no siempre es perfecto, pero la intervención gubernamental siempre es imperfecta.

Los gobiernos son terriblemente malos para elegir a los ganadores, pero son aún peores para elegir a los perdedores. Por eso, la intervención constante deja un rastro de deuda y corrupción.

El informe de Letta y el euro digital

En 2024 ya era evidente el fracaso del intervencionismo europeo. Tras años de tipos nominales negativos, política fiscal expansiva, dejar a los gobiernos gastar para «combatir la austeridad» y una cadena de planes de estímulo que iba del desastre al fracaso estrepitoso, se publicaron dos informes importantes sobre los problemas de la Unión Europea.

---

58. «Speech by President Barroso on the preparations of the European Council of 22 May», European Commission, 21 de mayo de 2013, <https://ec.europa.eu/commission/presscorner/detail/en/SPEECH_13_434>.

Enrico Letta publicó un informe clave que defiende las ventajas del mercado único, pero encuentra graves deficiencias e incluye algunas expectativas imposibles, como la idea de un mercado único transatlántico con Estados Unidos. El informe *Mucho más que un mercado*[59] empieza por recordar que el mercado único se creó en un mundo más pequeño y sencillo, y propone avances significativos.

Letta identifica cuatro tipos de libertad esenciales e inherentes al mercado único: el libre movimiento de capitales, bienes, servicios y personas. Y refiere un quinto pilar que debe desarrollarse: libertad de investigar e innovar sin limitaciones. El informe entra de lleno en la economía circular como la mejor manera de reducir el consumo de materias primas que la Unión Europea no posee o se niega a desarrollar. «La economía circular gira en torno a mantener un alto valor de los productos y materiales, a la vez que se extiende su vida útil dentro de la economía y se elimina el uso innecesario de materiales», explica Letta.

El informe también analiza el problema de tamaño de las empresas europeas, para que puedan competir a nivel global. Una mayor integración de mercado supondría una mayor capacidad de competir en el sector financiero, tecnológico y energético.

Letta también pide reducir barreras administrativas y burocráticas y pide un derecho unificado que permita a las empresas competir y unirse mejor.

¿Cuál es el problema de este informe? En realidad, el informe no entra a discutir las graves deficiencias del sistema europeo, simplemente asume que una mayor integración y centralización podría solucionarlo todo. Letta critica la burocracia y las trabas administrativas, pero las atribuye a que hay poca centralización. Es decir, no cuestiona el sistema burocrático, sólo considera que nos iría mejor si fuera centralizado. No sorprende, por lo tanto, que el informe asuma que es esencial implementar el euro digital como solución a todos los problemas. Para Letta, el centralismo

---

59. Letta, Enrico, «Much More Than A Market», European Commission, abril de 2024, <https://european-research-area.ec.europa.eu/documents/letta-report-much-more-market-april-2024>.

es la solución. Es curioso que identifique a la perfección las libertades que conforman el mercado único y posteriormente ofrezca herramientas de imposición y control al gusto de la burocracia europea. Es más, el dirigismo es la piedra angular del informe.

Lo que explica Letta sobre el euro digital es especialmente preocupante: «Los sistemas de pago internacionales operados por actores no europeos facilitan el 69 % de todas las transacciones digitales en la zona del euro, y trece de los veinte países de la zona del euro dependen completamente de ellos debido a la ausencia de un sistema de pago europeo». Letta asume que tener sistemas de pago diversificados es una amenaza o un problema, algo que va contra las mismas libertades que dice defender. Así, afirma que «sin una moneda digital emitida por un banco central que sustente el mercado único europeo, el surgimiento de nuevos actores sistémicos globales en el mercado de pagos corre el riesgo de marginar a los bancos europeos, perturbar sus relaciones vitales con los clientes y debilitar su competitividad general». Esto no tiene ningún sentido. Lo que debería hacer es defender un sistema más competitivo y abierto, no uno centralizado.

¿Por qué teme Letta a la competencia entre sistemas de pagos de diferentes actores? Por el miedo a «perturbaciones que escapan al alcance de la regulación europea». Y por ello afirma:

> El euro digital superaría muchas de estas deficiencias, ya que representa un cambio de paradigma para los pagos minoristas dentro de la zona euro. Ofrecería a los ciudadanos y empresas europeos la libertad de pagar (y recibir pagos) con una solución única, pública, segura y ampliamente aceptada en toda la zona euro [...]. En particular, gracias al uso de tecnología e infraestructura europeas, como las sinergias que podrían crearse con los futuros monederos de identidad digital europeos, el euro digital garantizaría que los datos de las transacciones financieras permanecieran dentro de la jurisdicción de la UE, cumpliendo con los más altos estándares de innovación y privacidad.[60]

60. Ibídem.

¿De verdad alguien se cree que esto es una propuesta de libertad? ¿O, más bien, una propuesta de control?

Piensa por un momento en lo que está diciendo. Primero hace un diagnóstico falso, que es asumir que los problemas de innovación y dispersión de mercado vienen por falta de centralización. Posteriormente, asume que se fortalecería la libertad haciendo que todo fuera controlado desde las instancias europeas, desde el monedero de identidad digital europeo y el control del banco central hasta la regulación.

La moneda digital del banco central se vende siempre como una herramienta que ofrece más transparencia, facilidad de uso y menor coste. Sin embargo, los riesgos superan a cualquier ventaja.

Si a Letta le preocupa la libertad, debería proponer más apertura y competencia en los métodos de pago y mayor libertad financiera. Sin embargo, su análisis de lo que es libertad parte de una visión edulcorada del centralismo burocrático y de eso que muchos llaman más Europa, que es más control político. Letta no identifica ningún riesgo en controlar la identidad, la cuenta bancaria y los movimientos de los ciudadanos de la zona euro. Curioso.

El Banco Central Europeo explica que un euro digital garantizaría que los ciudadanos de la zona del euro pudieran mantener un acceso gratuito a un medio de pago sencillo, universalmente aceptado, seguro y fiable. El euro digital seguiría siendo un euro: como los billetes, pero digital. Sería una forma electrónica de dinero emitida por el Eurosistema (el BCE y los bancos centrales nacionales) y accesible a todos los ciudadanos y empresas. Un euro digital no reemplazaría al efectivo, sino que lo complementaría. El Eurosistema seguirá asegurándose de que tenga acceso al efectivo en euros en toda la zona del euro. Un euro digital le daría una opción adicional sobre cómo pagar y facilitaría hacerlo, contribuyendo a la inclusión financiera junto con el efectivo.[61]

---

61. «Preguntas frecuentes sobre el euro digital», BCE, <https://www.ecb.europa.eu/euro/digital_euro/faqs/html/ecb.faq_digital_euro.es.html>.

En principio, suena bien. Sin embargo, siempre deberíamos preocuparnos por una alternativa de «moneda digital» que supone mayor control y centralizar toda la información sobre los ciudadanos.

¿De verdad creemos que necesitamos una tarjeta de identidad digital europea que incorpore toda nuestra información fiscal, legal y bancaria; que nuestra cuenta bancaria esté ubicada en el mismo banco central que es incapaz de prever la inflación; o que la innovación y la tecnología no pueden avanzar porque no tenemos un sistema centralizado y controlado?

Letta nos advierte de la amenaza de tener sistemas de pago extranjeros, como si eso fuera malo, y no controlados por las autoridades europeas, como si la regulación no aplicase a todos los que operan. Intentan hacerte pensar que una entidad extranjera no es aceptable, aunque esté sujeta a la regulación europea y que lo bueno es un organismo central planificado.

Merece la pena desmontar esa falacia, muy repetida, que nos dice que los problemas de la eurozona y de la Unión Europea vienen de no tener sus estructuras centralizadas y controladas desde una especie de politburó europeo. Europa no va mal por falta de centralización, sino por exceso de dirigismo.

Debemos entender que el dinero ya es electrónico. Un euro digital es tener tu cuenta en el banco central y usar un sistema de pagos único y controlado por el organismo central. En realidad, no es una garantía de privacidad ni de inclusión, sino de control. Dicha moneda es programable y fungible. ¿Qué significa esto? Que el banco central puede hacer desaparecer tu dinero y poner fecha de caducidad dependiendo de su análisis del éxito del mecanismo de transmisión de la política monetaria. Es decir, si imprime moneda, puede premiarte y poner más en tu cuenta siempre que cumplas con las normas de consumo, ciudadanía y comportamiento. También puede penalizar si gastas demasiado, si no eres un ciudadano obediente, si consumes demasiada energía o si considera que tus opiniones son peligrosas.

La identidad digital es esencial para el proyecto de euro digital. Así, los organismos de la Unión Europea podrán acceder a toda tu información legal, personal, financiera y tributaria, así como a las multas o pleitos que tengas. De acuerdo con esa identidad digital, se pueden imponer medidas de conducta social y penalización. Al ser programable el euro digital, pueden eliminar tu dinero si ahorras demasiado, poner fecha de caducidad a tu salario si no consumes lo que ellos consideran y penalizar si el consumo no se adecúa a lo que consideran aceptable en términos ecológicos o sociales.

Si el banco central quisiera libertad, innovación, inclusión y transparencia, defendería un sistema libre en el que no se limitarían las opciones para los consumidores, sino que se ampliarían. Es decir, no impondría una moneda e identidad digital centralizada, sino un sistema abierto y competitivo con más entidades financieras independientes.

El euro digital es vigilancia disfrazada de dinero.

Cuando Letta nos habla de las supuestas maravillas de un euro digital, nos dice que la privacidad está garantizada. ¿Por quién? Por la legislación europea. Sin embargo, si centralizamos los pagos, las cuentas y la identidad fiscal y bancaria de todos los ciudadanos, el riesgo de que se utilice esa legislación para la represión —por nuestro bien, según ellos— es enorme, por no decir total. En un euro digital con un sistema de pagos centralizado, el banco central controlaría todas las transacciones en la moneda y tendría toda la información de cómo se mantienen los depósitos y ahorros.

La implementación de la moneda digital del banco central implica importantes riesgos de privacidad, pero también dudas con respecto a la política monetaria, ya que el banco central podría controlar la cantidad de ahorros y dirigir la moneda de nueva creación directamente a las áreas que el poder central considere, limitando o impidiendo el flujo a los sectores o personas que desee. Un banco central que controla todas las transacciones y cómo se guardan los ahorros también puede actuar contra esos ahorros «disolviéndolos» con la política monetaria.

El euro digital eliminaría a los bancos como intermediarios en el mecanismo de transmisión de la política monetaria. El freno del sistema bancario es esencial para contener la inflación. En períodos de expansión cuantitativa, cuando el banco central aumenta la masa monetaria comprando bonos estatales, el sistema crediticio funciona como una herramienta que limita el exceso de dinero en la economía y previene las presiones inflacionarias de la oferta monetaria. Cuando los bancos centrales aumentan su balance, no se traduce inmediatamente en inflación porque nosotros, los ciudadanos y las empresas, limitamos el riesgo de que la oferta monetaria destruya el poder adquisitivo de la moneda tomando menos crédito si no lo deseamos. La demanda de dinero por parte de empresas y familias es el freno y el escudo que impide que caigamos en una espiral venezolana.

En el sistema actual, si los ciudadanos y las empresas no demandan más crédito, el mecanismo de transmisión de la política monetaria tiene suficientes contrapesos que impiden que el exceso de dinero cree presiones inflacionarias masivas en bienes y servicios. Eso no lo hace perfecto, ni siquiera adecuado.

La flexibilización cuantitativa genera inflación en los precios de los activos al encarecer el activo más seguro, los bonos soberanos, pero limita la destrucción del poder adquisitivo de la moneda. Los gobiernos, además, también están limitados en sus deseos de endeudamiento por sus presupuestos y por un banco central que no puede monetizar toda la deuda que emitan.

La moneda digital no sólo abriría las puertas a un crecimiento mucho mayor de la oferta monetaria, sino que destruiría todos los mecanismos que impiden que el dinero nuevo sea absorbido por completo por el gasto político y erosione el poder adquisitivo de los sueldos y salarios.

En el momento en el que se eliminan los canales de intermediación y se centraliza la política monetaria, fiscal, legislativa y el control de la identidad de los ciudadanos, el poder de los políticos de ese planificador central es enorme. La amenaza a la libertad está precisamente en creer que centralizando ganamos eficiencia y que los políticos a cargo de ese poder central no lo van a usar para reprimir.

El euro digital es una herramienta muy peligrosa en manos de planificadores centrales mesiánicos y sectarios que busquen la eliminación civil del disidente, la expropiación de la riqueza y tomar el control de una economía para ponerla completamente en manos del gobierno. Además, aumenta el riesgo de eliminar todos los controles sobre el gasto público, ya que los políticos serían los primeros receptores del dinero recién creado y podrían hacerlo sin control presupuestario. Como tal, un euro digital acompañado de la identidad digital y la centralización de la justicia y la administración puede ser utilizado para la nacionalización de la economía y el totalitarismo.

Si a los planificadores centrales se les da una herramienta que les permita tomar el control de la economía, ¿realmente creemos que no la usarán?

La respuesta de los políticos que piden mayor poder centralizado, como Letta, es siempre que el banco central es independiente. Sin embargo, esa independencia está más que cuestionada ante la evidencia de su creciente politización, la realidad de las decisiones en las que se prioriza la financiación de los desequilibrios fiscales de los Estados sobre la inflación y la incapacidad de las autoridades monetarias de actuar para reducir los crecientes gasto y deuda estatales. Todo ello a pesar de tener la herramienta más potente: la monetaria.

Europa no va a avanzar en libertades con mayor centralización e imponiendo la vigilancia y control de los ciudadanos. Y, con ello, la innovación y la competitividad desaparecen. Letta tiene razón en cuanto a los retos de Europa, pero se equivoca radicalmente en la solución. Europa no va a crecer desde el centralismo.

Centralizar el sistema financiero, la legislación y la administración no es «acercarse» al sistema de éxito norteamericano. El sistema de éxito estadounidense es la descentralización, la libertad económica e individual.

El plan Draghi, otra oportunidad perdida

El debate sobre la falta de competitividad de la Unión Europea y su inexistente liderazgo tecnológico llevó a que se le encargara a Mario Draghi un documento sobre el futuro de Europa.

El informe *El futuro de la competitividad europea*[62] fue encomendado por la Comisión Europea y, como puedes imaginar, sufre de los mismos problemas que el informe de Letta.

El informe de Letta es más filosófico y general y ha sido criticado[63] por dar unas recomendaciones que pueden ser escogidas por los miembros de la Comisión Europea a su gusto. El informe de Draghi es peor, porque utiliza un diagnóstico impecable para caer en las mismas recomendaciones de intervencionismo que el de Letta.

Un elemento común de los dos informes es que ven como solución un mayor nivel de centralismo. Tras el fracaso sin paliativos del Plan de Crecimiento y Empleo de 2009, del Plan Juncker y del Next Generation EU, recomiendan multiplicar el experimento.

El diagnóstico de Draghi sobre el mundo toma la foto fija de dónde están Estados Unidos y China y asume que el problema de Europa ha sido de poca centralización y gasto insuficiente.

En un ejercicio típico del estatismo, Draghi analiza la posición de Estados Unidos y China y asume que lo que les otorga liderazgo es una elevada intervención pública y decisiones centralizadas, que es, en realidad, lo que frena su potencial. Estados Unidos y China no son líderes por su planificación central ni por gastar mucho, sino por premiar el éxito y dejar que la destrucción creativa y el emprendimiento creen riqueza.

Draghi reconoce que la Unión Europea está ahogada en exceso de regulación, elevados impuestos, descoordinación y desincentivos a la inversión. Sin embargo, la solución al dirigismo y a la burocracia que propone es una especie de planificación central liderada por políticos y grandes empresarios.

Draghi cree que una mayor centralización y una gigante y

---

62. Draghi, Mario, «The Future of European competitiveness», European Commission, 9 de septiembre de 2024, <https://commission.europa.eu/topics/strengthening-european-competitiveness/eu-competitiveness-looking-ahead_en>.

63. Berg, Aslak, «Enrico Letta's report: More than a market, but less than an agenda», Centre for European Reform, 23 de abril de 2024, <https://www.cer.eu/insights/enrico-lettas-report-more-market-less-agenda>.

urgente inyección de capital público y privado centrado en las grandes empresas van a hacer que se invierta mejor. Sin embargo, ese diagnóstico es fallido. No es como el de Letta porque repite constantemente la necesidad de involucrar al sector privado, pero eso tampoco es una solución porque la planificación centralizada no funciona, sea pública o con participación privada.

Draghi endulza el informe incorporando la idea de un grupo de líderes empresariales que doten de credibilidad a los gigantes planes de gasto que solicita. Sin embargo, es una manera de legitimar la planificación central y otro monstruoso plan de estímulo que fracasaría igual.

No se trata de demonizar a las grandes empresas europeas, sino de entender que su capacidad de tomar riesgo e innovar es muy baja, entre otras cosas porque muchas funcionan casi como empresas estatales u órganos burocráticos dependientes de la regulación, añadido a la resistencia al cambio que tienen las empresas consolidadas.

Salvo honrosas excepciones, las grandes corporaciones europeas son gigantes de pies lentos y llenos de grilletes regulatorios con una enorme resistencia al cambio. Son seguidores, no líderes. Adoptan y desarrollan tecnologías ya consolidadas, no las lideran.

Elon Musk y Tesla no podrían haber salido de un comité de Volkswagen. No es posible lanzar un proyecto disruptivo desde un gigante en el que las decisiones de inversión pasan todo tipo de barreras hasta llegar a unos consejos que buscan, con toda lógica, preservar cuota de mercado y capital.

Draghi evita mencionar en el informe que el gran problema de exceso de capacidad y burbuja que sufre China viene precisamente de la planificación central, mientras que su liderazgo tecnológico empezó con «préstamos» de propiedad intelectual norteamericana (más de 225.000 millones de dólares al año según el Congreso de EE. UU.) y la aplicación de lo que denominan en Europa «capitalismo salvaje» en las empresas punteras. Evita también mencionar que el admirable crecimiento de China ha venido por la apertura, la propiedad privada y la libre empresa, premiando la creación de riqueza.

En el aspecto monetario, el balance del BCE es casi el doble con respecto al PIB que el de la Reserva Federal. El balance del BCE alcanzó un máximo del 68 % del PIB y está en el 44 %, mientras que el de la Fed subió al 37 % y está en el 25 % hoy. El BCE impuso tipos nominales negativos y la eurozona seguía decayendo.

Tras diagnosticar correctamente el exceso de normativismo, regulación e impuestos, Draghi impone más impuestos al recomendar mucho más gasto y emisión de deuda mutualizada para que la irresponsabilidad fiscal se dispare todavía más.

El problema de Europa no es de falta de gasto público o estímulos monetarios. El problema de la UE es que es un sistema de mínimo común denominador que sólo iguala a la baja, penalizando fiscalmente el éxito y subvencionando el fracaso para perpetuar un sistema empresarial al borde de la asfixia y dependiente del gobierno, que le permite sacar la nariz del agua, pero no la boca.

Por supuesto, la ultraizquierda acusa a la UE de ser un ente neoliberal y antisocial, pero es una estratagema para ir avanzando cada vez más en el intervencionismo. Y lo consigue. Por eso son los más ardientes defensores de la utilización de la Agenda 2030 para imponer el dirigismo. Y si tú te quejas eres un ultra. Ellos, por supuesto, no. Si tú te quejas porque cada día pagas más impuestos y tienes menos libertades, eres ultra. Si defiendes todas las dictaduras comunistas, a grupos terroristas, el expolio y la destrucción del tejido productivo, eres progresista.

Recordemos que el progresismo es al progreso lo que el carterista es a la cartera. Se tilda de ultraderecha y antieuropeo a todo el que no acate ciegamente el intervencionismo burocrático, incluso cuando, posteriormente, la UE cambia de políticas y reconoce su error, como con la agricultura y la energía nuclear.

El debate económico y político está ya contaminado cuando el uso del lenguaje escora todo hacia el blanqueamiento del marxismo. Nadie que se considere demócrata y liberal puede blanquear al Grupo de Puebla ni callar ante el avance del intervencionismo.

Un proyecto como Europa no se hunde por el avance de minorías radicales. Se hunde por la inacción de los «moderados» ante políticas que representan todo lo que ha generado miseria y destrucción en la historia reciente: el socialismo.

Europa no está en estancamiento secular por casualidad o fatalidad, sino por unas políticas equivocadas que ponen como prioridad la burocracia y ahogan la libertad de empresa, la innovación y la competitividad.

Conclusiones

- Es evidente el fracaso de la Unión Europea en innovación, competitividad y tecnología.
- Desafortunadamente, con diagnósticos correctos, las recomendaciones de Letta y Draghi profundizan en el error de la planificación central.
- El sistema de identificación y el euro digital son herramientas de vigilancia y control al ciudadano.
- La centralización legislativa y el control ciudadano asientan las bases de un Estado depredador y represor.

5

Canadá y el Reino Unido. Cuando la política hunde las economías ricas

Canadá y el Reino Unido sirven de ejemplo del enorme riesgo que supone llevar a cabo políticas de inmigración equivocadas y esconder los problemas con la represión de la libertad de expresión.

El fracaso de Trudeau en Canadá ha sido espectacular. Un gravísimo problema de inmigración, una economía con pobre crecimiento, elevada inflación y un gigantesco problema de vivienda.

¿Cuál era la receta de Trudeau para la economía? La misma que está implementando Sánchez en España. Aumentar el gasto público, disparar la inmigración y aumentar la deuda pública.

La estrategia económica de Trudeau fue un ejemplo típico de socialismo e intervencionismo con un componente muy importante: limitar la libertad de expresión e intentar callar a los discrepantes. Canadá se intentó convertir en el gran experimento del multiculturalismo, con una política económica centrada en el aumento de la población a través de la inmigración y la expansión del Estado y el gobierno. Un fracaso absoluto. Se suponía que esta política iba a mejorar las condiciones de vida de los canadienses, y no sólo no ha logrado impulsar el crecimiento económico, sino que ha llevado a una mayor dependencia del Estado.[64]

64. Fuss, Jake y Hill, Tegan, «Canada's economy is not booming, it's stag-

El Instituto Fraser, en un artículo de Tegan Hill y Jake Fuss, resalta que, bajo el liderazgo de Trudeau, el crecimiento económico per cápita ha sido extremadamente bajo, con un promedio anual de sólo el 0,3 %. Dopar el PIB con inmigración, pero dejar la economía estancada, como Sánchez. Esto es significativamente menor que en gobiernos anteriores, como el de Stephen Harper, en el que el crecimiento fue de un 0,5 % anual.

La inversión por trabajador ha caído un 20 % entre 2014 y 2021, mientras crecía en EE. UU. y en los países comparables. Igual que Sánchez en España. Así, la competitividad y la productividad en Canadá no crecen, como ocurre en España. Según las estimaciones del FMI, Canadá registrará el crecimiento del PIB per cápita más bajo entre treinta y dos economías avanzadas entre 2025 y 2030.

Disparar el gasto, los impuestos y el déficit han sido elementos clave de la política de Trudeau.[65] El resultado ha sido, según el Instituto Económico de Montreal, un aumento del sector público de 260.000 empleados en 2015 a 357.247 en 2023. Como Sánchez.

Trudeau prometió una política fiscal prudente y limitar los déficits anuales a un máximo de 10 mil millones de dólares durante los primeros tres años de su mandato y eliminarlos para 2019-2020. Hizo lo opuesto. En 2023-2024, el déficit fue de 61,9 mil millones de dólares, muy por encima de lo prometido. Cuando Trudeau asumió el cargo en 2015, la deuda federal estaba en 616 mil millones de dólares y durante su mandato la ha más que duplicado y ha alcanzado casi 1,3 billones de dólares para el año fiscal de 2024.[66]

A una política irresponsable en lo fiscal e intervencionista en lo económico se une la implementación de una política migrato-

---

nating», *Fraser Institute*, 25 de julio de 2023, <https://www.fraserinstitute.org/commentary/canadas-economy-not-booming-its-stagnating>.

65. Francis, Diane, «Trudeau's gross fiscal mismanagement», *Financial Post*, 29 de abril de 2024, <https://financialpost.com/diane-francis/justin-trudeau-gross-fiscal-mismanagement>.

66. Friday, Lee, «La espiral de deuda de Canadá», *Mises Wire*, 19 de mayo de 2018, <https://mises.org/es/mises-wire/la-espiral-de-deuda-de-canada>.

ria que permitió la entrada de 2,85 millones de inmigrantes permanentes entre 2015 y 2023.[67] Esta irresponsable política ha generado un aumento del descontento social y se une a una inflación elevada y una burbuja inmobiliaria preocupante, incentivada por las medidas de intervención en el sector inmobiliario y en la vivienda.[68]

Todo esto le suena a cualquier ciudadano español.

Lo importante es recordar que no se hace por incompetencia, sino por diseño. El experimento de ingeniería social de Trudeau en Canadá no busca el progreso ni el crecimiento, sino el control y la dependencia. Trudeau no deja de ser otro peón, como Sánchez, del nuevo orden económico mundial que quiere imponer el control y la uniformidad.

Para ello se implementaron también algunas de las medidas más polémicas con respecto a la libertad de expresión.

Proyecto de Ley C-10. Este proyecto de ley, aprobado en 2021, busca regular las plataformas de transmisión y las redes sociales obligándolas a promover contenido canadiense. El profesor Michael Geist, de la Universidad de Ottawa, alerta de que se busca utilizarlo para limitar la libertad de expresión al controlar qué contenido se amplifica o se suprime en plataformas digitales.[69]

El más polémico es el proyecto de Ley C-63 (Ley de Protección contra Daños Online), supuestamente centrado en combatir el «discurso de odio» y otros contenidos considerados nocivos. Sin embargo, como siempre, se definen esos supuestos delitos de manera vaga e inconcreta y se deja en manos del gobierno la de-

---

67. Rivas, Julio César, «Justin Trudeau está en la cuerda floja, sin apoyos y cada vez más impopular», *Swissinfo.ch*, 6 de septiembre de 2024, <https://www.swissinfo.ch/spa/justin-trudeau-est%C3%A1-en-la-cuerda-floja,-sin-apoyos-y-cada-vez-m%C3%A1s-impopular/87502065>.

68. Mukherjee, Promit, «Canada's housing affordability crisis may persist for years despite rate cuts», *Reuters*, 30 de septiembre de 2024, <https://www.reuters.com/world/americas/canadas-housing-affordability-crisis-may-persist-years-despite-rate-cuts-2024-09-30/>.

69. Geist, Michael, «Debating Bill C-10 at the Canadian Heritage Committee, Part One: My Opening Statement», 18 de mayo de 2021, <https://www.michaelgeist.ca/2021/05/debating-bill-c-10/>.

cisión de qué es discurso de odio y qué no lo es; y además se incluyen sanciones y penas de prisión por expresiones que el gobierno pueda considerar como «dañinas».[70]

A esto se añade la utilización de la Ley de Emergencias para limitar la libertad de reunión y expresión en nombre del orden público. La justicia consideró que no se utilizó de manera razonable esta ley para violar libertades civiles (juez Mosley, enero de 2024).

Jordan Peterson y otros académicos[71] han acusado al gobierno de Trudeau de promover una cultura de la cancelación y de intentar silenciar voces discrepantes, especialmente aquellas que no se alinean con la agenda progresista del gobierno. Peterson se enfrentó a sanciones de su colegio profesional por sus opiniones expresadas en redes sociales y hasta lo intentaron obligar a hacer un curso de reeducación.[72]

Estos ataques a la libertad de expresión también se están intentando imponer en España.

Canadá ha sido la mesa de pruebas del nuevo orden económico, centrado en la eliminación de las libertades civiles, la supresión del individuo y la libertad económica y el control a través de un Estado que usa la deuda, la inmigración y los impuestos para imponer el control. Está pasando cerca de ti.

¿Piensas que es un ejemplo irrelevante o circunscrito a «políticos progresistas»? Déjame recordarte lo que está pasando en el Reino Unido.[73] Y esto ha ocurrido con gobiernos «conservadores»:

---

70. Ahmad, Safiyya, «What's in Bill C-63, and why we are alarmed», British Columbia Civil Liberties Association, 30 de septiembre de 2024, <https://bccla.org/2024/09/whats-in-bill-c-63-why-are-we-alarmed/>.

71. May, Collin, «Erased: The psychology of cancel culture», *C2C Journal*, 18 de octubre de 2024, <https://c2cjournal.ca/2024/10/erased-the-psychology-of-cancel-culture/>.

72. Peterson, Jordan, «I will see this contemptible "re-education" process through to its absurd end», *National Post*, 9 de agosto de 2024, <https://nationalpost.com/opinion/i-will-see-this-contemptible-re-education-process-through-to-its-absurd-end>.

73. Taylor, Russell y Tudor, Sarah, «Freedom of expresion online: Communications and Digital Committee report», *House of Lords Library*, 19 de octu-

Miles de ciudadanos son detenidos y sancionados por compartir publicaciones de X o mensajes en Facebook.[74] Durante años se acusó de desinformación y discurso de odio a quienes denunciaron las redes de violación grupal por parte de bandas, y las autoridades taparon los casos para no ofender a algunas comunidades.[75] «A las niñas víctimas de violación se les negó justicia y protección por parte del Estado para preservar la imagen de una sociedad multicultural exitosa.» «Si Gran Bretaña quiere redimirse del escándalo de las bandas de violadores, debe entender cómo se equivocó de manera tan terrible. Esto comienza con la actitud de que proteger la imagen de una sociedad multicultural exitosa importa más que la verdad real de esa sociedad multicultural.» «Las niñas fueron abandonadas a su suerte en nombre de las relaciones comunitarias, un precio imperdonable. Y fue un precio que no trajo nada: la armonía basada en mentiras no dura.»[76]

La esencia de la democracia es la igualdad ante la ley. Cuando la ley se manipula para imponer la ingeniería social y la ideología, se destruyen la democracia y la justicia. La multiculturalidad es un factor positivo, pero sólo cuando las diferentes culturas están sujetas al mismo tratamiento ante la ley.

De nuevo sale el gran problema de las acusaciones de desinformación por parte de los gobiernos. No sólo no hacen nada contra las noticias falsas, sino que se usan para encubrir las falsedades que difunde la propaganda gubernamental. Como he explicado, contra la desinformación lo que hace falta es más libertad de expresión, porque el mayor difusor de desinformación es el gobierno.

---

bre de 2022, <https://lordslibrary.parliament.uk/freedom-of-expression-online-communications-and-digital-committee-report/>.

74. Levy Gale, Sadie, «Arrests for offensive Facebook and Twitter posts soar in London», *The Independent*, 4 de junio de 2016, <https://www.independent.co.uk/news/uk/arrests-for-offensive-facebook-and-twitter-posts-soar-in-london-a7064246.html>.

75. Ashworth-Hayes, Sam, «How the grooming gangs scandal was covered up», *The Telegraph*, 8 de enero de 2025, <https://www.telegraph.co.uk/news/2025/01/04/grooming-gangs-scandal-cover-up-oldham-telford-rotherham/>.

76. Ibídem.

Según el informe *Global Expression Report* de 2024, el Reino Unido ha experimentado una disminución en varios indicadores de libertad de expresión, que incluyen la libertad de reunión pacífica y la ausencia de censura gubernamental.[77] El Online Safety Act de 2023 contiene disposiciones que permiten limitar la libertad de expresión y la privacidad, y se ha utilizado para perseguir a manifestantes y opiniones discrepantes con la línea oficial gubernamental.

La libertad de expresión es un pilar clave en una democracia liberal. Que el Reino Unido haya permitido la erosión de las libertades civiles, siendo un ejemplo histórico y mundial de democracia y libertad, es muy peligroso.

El Reino Unido, además, está en estancamiento económico. Muchos lo achacan al Brexit. Sin embargo, Alemania y Francia también están en estancamiento, y la Unión Europea empeora con respecto al mundo. ¿Es el estancamiento británico culpa del Brexit?

En parte, sí. Los gobernantes conservadores aprovecharon el Brexit para perpetuar todas las barreras burocráticas y fiscales de la Unión Europea y, sin embargo, permitieron que la CPS (el Fiscal del Estado) continuara pisoteando las libertades civiles. La utilización inepta del Brexit frenó la inmigración de talento europeo de alta cualificación y mantuvo la inmigración ilegal y los problemas sociales asociados, pero silenciados con represión de la libertad de expresión. La fiscalidad confiscatoria hizo que miles de millonarios se fueran del Reino Unido.[78]

Los datos son claros. El PIB creció sólo un 0,1 % en 2023. De los ocho trimestres entre 2022 y 2023, la economía sólo creció en cuatro, cayó en tres y se estancó en uno.[79] Las previsiones

77. «UK: New government must prioritise freedom of expression», *Article 19*, 24 de junio de 2024, <https://www.article19.org/resources/uk-new-government-must-prioritise-freedom-of-expression/>.

78. Thompson, Mark, «Millionaires are fleeing Britain in their thousands», *CNN Business*, 18 de junio de 2024, <https://edition.cnn.com/2024/06/18/business/uk-millionaires-loss-record/index.html>.

79. Clark, D., «Forecasted annual growth of gross domestic product in the United Kingdom from 2000 to 2029», *Statista*, 4 de noviembre de 2024, <https://www.statista.com/statistics/375195/gdp-growth-forecast-uk/>.

económicas para el Reino Unido son pobres. Un crecimiento real de menos del 2 % en 2025 con inflación persistente y un crecimiento del 1,8 % en 2026 y del 1,5 % en 2027-2028, según el FMI.

El Brexit era una oportunidad para abandonar el corsé de una Unión Europea hiperregulada y con impuestos confiscatorios, para convertir al Reino Unido en la nueva Suiza, y lo que se hizo fue convertir al país en el infierno fiscal, regulatorio y de límites a la libertad de expresión.

La expresión máxima del desastre del Reino Unido vino cuando se forzó la dimisión de la primera ministra, Liz Truss, echándole la culpa del aumento de la rentabilidad exigida a los bonos. Curioso. La única gobernante que iba a implementar la promesa del Brexit fue obligada a dimitir.

La primera ministra Liz Truss se vio obligada a dimitir en 2022 tras presentar el primer presupuesto en décadas que se centraba realmente en recuperar el frágil sector privado con recortes de impuestos, centrando la política del gobierno en fortalecer las empresas, dar a las familias parte de su propio dinero y atraer inversiones.

La presentación del presupuesto coincidió con una importante volatilidad en el mercado de bonos y el rendimiento de los bonos británicos a diez años subió al 4,5 %. Los medios de comunicación culparon inmediatamente al presupuesto por la subida de la rentabilidad exigida del bono soberano en el mercado financiero.

«Su plan de 45.000 millones de libras de recortes de impuestos no financiados provocó pánico económico, causó caos en los mercados financieros y le obligó a dimitir», afirmó *The Conversation*.[80]

Sin embargo, los datos del mercado y las propias acciones del

---

80. Foucart, Renaud, «Lizz Truss: an economist explains what she got wrong (and what she's actually right about)», *The Conversation*, 19 de abril de 2024, <https://theconversation.com/liz-truss-an-economist-explains-what-she-got-wrong-and-what-shes-actually-right-about-228065>.

Banco de Inglaterra[81] refutan el mito de que un presupuesto con un recorte de impuestos de 45.000 millones de libras en una economía de 2,2 billones de libras, que tiene un déficit estructural debido al elevado gasto, crea caos en los mercados financieros.[82]

Tanto el rendimiento de los bonos japoneses a diez años como el de los bonos franceses a diez años experimentaron un aumento similar del 20 % durante este período. Los rendimientos de los bonos del Reino Unido, Japón y otras economías desarrolladas se dispararon debido a los errores de los bancos centrales, que afirmaron durante meses que la inflación era transitoria mientras mantenían las mismas políticas expansivas que crearon la inflación. Cuando el mercado se dio cuenta de que la inflación no era transitoria, sino persistente, se generó una fuerte venta de bonos soberanos de casi todos los países reserva, que perdían valor cada día.[83]

En octubre de 2022, la tasa anual de inflación en el Reino Unido era del 11,1 % y el rendimiento de los bonos a diez años subió al 4,5 % cuando los mercados se dieron cuenta de la realidad de la inflación persistente y de los errores cometidos por los bancos centrales con una política monetaria ultraflexible.

La primera ministra Truss se vio obligada a dimitir debido a la oposición de muchos bancos de inversión y poderes económicos a los recortes de impuestos, así como a su preferencia por el

---

81. McGrath, Ciaran, «Secret Bank of England move shows Liz Truss "not entirely to blame for economic meltdown"», *Express*, 22 de diciembre de 2024, <https://www.express.co.uk/news/politics/1990689/bank-of-england-liz-truss-bob-lyddon>.

82. Jessop, Julian, «Bank of England can no longer blame Liz Truss for Britain's financial misery», *The Telegraph*, 24 de mayo de 2023, <https://www.telegraph.co.uk/business/2023/05/24/the-bank-of-england-can-no-longer-blame-liz-truss/>.

83. Lacalle, Daniel, «Liz Truss is not to blame for the U.K. market turmoil. The Bank of England is», *Daniel Lacalle*, 16 de octubre de 2022, <https://www.dlacalle.com/en/liz-truss-is-not-to-blame-for-the-u-k-market-turmoil-the-bank-of-england-is/>.

gasto público, que conduce a una mayor impresión de dinero, una flexibilización cuantitativa continua e inflación de los activos financieros.

En 2024, el primer ministro del Reino Unido era el mismo que, desde su puesto en la fiscalía, promovió las medidas de silenciamiento y represión. Ahora dice que no sabía nada de lo que pasaba.[84] El gobierno laborista de Starmer en 2024 presentó un presupuesto que aumentaba el gasto público previsto en una media de 69.500 millones de libras —o el 2,2 % del PIB— al año entre 2025 y 2026. Además, dos tercios del aumento se destinaban a gasto corriente.

El presupuesto añadía 40.000 millones de libras de aumento de impuestos que empeoraban aún más la inversión y el desarrollo del sector privado.

Tras la noticia, el rendimiento de los bonos del gobierno británico a diez años se disparó al 4,55 % en un mes con una inflación anualizada por debajo del 2 %.

Nadie dimitió.[85]

El Reino Unido no está en estancamiento por el Brexit ni Canadá está en decadencia por fatalidades del destino. Son dos países con un enorme capital humano, un potencial excepcional y todos los ingredientes para liderar en crecimiento y prosperidad.

Canadá y el Reino Unido están en estancamiento por un estatismo que absorbe toda la riqueza y además expulsa al talento y a los que crean empleo. Las políticas importan.

Dos países ricos y libres contra la riqueza y la libertad de expresión. Ambos pueden recuperar la senda del progreso con las políticas adecuadas: la libertad avanza y los ciudadanos deben aprovecharla.

---

84. «Labour's Keir Starmer used to say he took responsibility for all cases as director of the Crown Prosecution Service» [vídeo], Facebook, 12 de enero de 2024, <https://www.facebook.com/conservatives/videos/labours-keir-starmer-used-to-say-he-took-responsibility-for-all-cases-as-directo/1046098656651754/>.

85. Lacalle, Daniel, «The UK budget is the worst in decades. Why no resignations?», *Tomorrow's Affairs*, 18 de noviembre de 2024, <https://tomorrowsaffairs.com/the-uk-budget-is-the-worst-in-decades-why-no-resignations>.

Conclusiones

- No pienses que no va a intentar imponerse el Estado censor y destructor porque vivas en un país desarrollado.
- Canadá ha sido el ejemplo mundial del wokismo, la Neoinquisición y el «progresismo» estatista, y sólo deja descontento, estancamiento y censura.
- El Reino Unido, una de las democracias más consolidadas del mundo, no está libre del avance del estatismo.
- La libertad de expresión no está sólo en peligro con gobiernos socialistas. Cuidado con los socialistas de derechas.

6

La guerra de Ucrania y las sanciones

Las sanciones ante una guerra pueden generar un efecto bumerán que termine por dañar también a los que las implementan. Ante un conflicto de la magnitud de la invasión de Ucrania, los países occidentales tomaron importantes medidas que también generaron daños colaterales significativos. Lo que muestro en este capítulo no significa que piense que no se deben aplicar sanciones ante una guerra, de ningún modo, sino que incide en la importancia de calibrar con detalle los efectos colaterales. Como ya he comentado antes, no eres antieuropeo por mostrar los efectos secundarios que las sanciones han acelerado.

En el año 2022, escribí que las propuestas de la Unión Europea y Estados Unidos para implementar un embargo energético completo a Rusia debían tener en cuenta la realidad: sin China y la India no existe embargo real posible.

La Unión Europea y Estados Unidos llevaron a cabo dos tipos de sanciones contra Rusia con efectos colaterales impredecibles: embargar y confiscar el patrimonio de personas individuales e imponer sanciones sin verificar su eficacia global ni el posible impacto en la polarización global.

Confiscar bienes de personas y empresas pudo acelerar la polarización entre bloques. Muchos países temían que la seguridad jurídica e inversora que caracteriza al sistema occidental pudiera estar en juego para aquellos países que mantienen relaciones comerciales y financieras con Rusia.

Las sanciones y prohibiciones de importaciones, al no estar aprobadas por China, la India y la mayoría de los países, generaron una mayor alianza y codependencia entre Rusia y los países del este global.

Así, la Unión Europea prohibía las importaciones de petróleo y productos derivados rusos,[86] pero no la importación de gas natural. Países como España multiplicaron sus importaciones de gas natural ruso en el período 2022-2024 (alarmante aumento de importaciones de gas ruso a España, Parlamento Europeo).[87] El gran éxito energético de algunos países como España tras la guerra de Ucrania fue... importar mucho más gas ruso.

Entre 2021 y 2023, los envíos de gas natural (GNL) ruso a Europa aumentaron un 11 %. En 2023, los países europeos importaron 19.500 millones de metros cúbicos (bcm) de GNL del país; otros 5.200 millones de metros cúbicos fueron transbordados a través de terminales europeas y exportados a Estados no europeos. Desde el comienzo de la guerra a gran escala en febrero de 2022, los suministros rusos a Bélgica se triplicaron y las entregas a España se duplicaron.[88]

Adicionalmente, pese a las medidas impuestas por la Unión Europea, Rusia registró un superávit comercial récord en 2022 y 2023, gracias a la reorientación de las exportaciones hacia mercados asiáticos, especialmente China y la India. Los datos oficiales mostraron un aumento del superávit comercial en un 68,5 % en 2022 respecto al año anterior, se alcanzaron los 332.400 millones de dólares. En 2023, a pesar de la caída

---

86. «EU sanctions against Russia explained», European Council, <https://www.consilium.europa.eu/en/policies/sanctions-against-russia-explained/>.

87. Zoido, Juan Ignacio, «Alarming rise in Spanish imports of Russian gas», European Parliament, 25 de abril de 2024, <https://www.europarl.europa.eu/doceo/document/P-9-2024-001309_EN.html>.

88. Humpert, Malte, «Spain and Belgium buy Russian artic gas at record rate, officials unsure how to stop imports», *High North News*, 22 de febrero de 2024, <https://www.highnorthnews.com/en/spain-and-belgium-buy-russian-arctic-gas-record-rate-officials-unsure-how-stop-imports>.

de los precios de las materias primas en los mercados internacionales, Rusia registró un superávit comercial de casi el 6 % del PIB, más de 111.000 millones de dólares.[89]

Los efectos de las sanciones aceleraron la polarización de bloques que comento en este libro. China, la India y Rusia han afianzado sus relaciones estratégicas y comerciales. China se convertía en el mayor socio comercial de Rusia. Aproximadamente el 70 % de las máquinas fresadoras y el 90 % de los componentes de microelectrónica que importa Rusia para su defensa proceden de China.[90]

Por supuesto que la Unión Europea no puede pensar en las sanciones esperando que China las adopte, pero sí era deseable que Occidente se diese cuenta del riesgo de una alianza geoestratégica de largo alcance entre Rusia y China. Y así ocurrió.

Adicionalmente, al confiscar los bienes de individuos[91] por su cercanía al régimen de Putin, se aceleró la búsqueda global de alternativas al sistema SWIFT[92] y salidas de capitales y patrimonio fuera del sistema bancario y financiero occidental.

Creon Butler, de Chatham House, explica el peligro que se genera si ciudadanos y entidades de países como China, la India, Arabia Saudí y otros perciben un riesgo de que sus activos sean

---

89. «La balanza comercial empeora en Rusia», *Expansión*, <https://datosmacro.expansion.com/comercio/balanza/rusia>.

90. Kelly Ng y Yi Ma, «Cómo China se convirtió en el salvavidas de la economía de Rusia tras el inicio de la guerra en Ucrania», BBC News, 16 de mayo de 2024, <https://www.bbc.com/mundo/articles/cy0l0rrnk8no>.

91. Habtom, Naman Karl-Thomas, «Western seizure of Russian Central Bank assets risks sparking global pushback», *Transnational Litigation Blog*, 5 de septiembre de 2024, <https://tlblog.org/western-seizure-of-russian-central-bank-assets-risks-sparking-global-pushback/>.

92. El sistema SWIFT. «Más de 11.000 entidades financieras y más de 200 países y territorios forman parte de esta red a gran escala, que permite que los pagos transfronterizos sean rápidos, fáciles y seguros. Pertenecer a esta red es crucial para que las transacciones financieras internacionales de un país se desarrollen de manera automatizada y sin trabas», BBVA, <https://www.bbva.com/es/salud-financiera/swift-el-sistema-que-facilita-el-movimiento-de-capitales-entre-paises/>.

confiscados por tener relaciones comerciales o financieras con Rusia:

> Es sumamente difícil calcular la magnitud de estos impactos, pero incluso una prima de riesgo general adicional muy pequeña, de digamos 5 puntos básicos, sobre la deuda gubernamental del G7 de 60 billones de dólares costaría 30.000 millones de dólares al año. Y si esto continuara indefinidamente, el costo total del valor actual neto (VAN) para el G7 superaría fácilmente los ahorros que se obtendrían al reutilizar los activos sancionados.[93]

El efecto bumerán de las sanciones siempre debe ser analizado con cuidado. Es indudable que el miedo a que la seguridad y la privacidad de los activos de personas y empresas sean violadas ha generado un efecto desplazamiento. Los países que antes atesoraban dólares en forma de bonos del Estado estadounidense y que mantenían sus reservas de oro en países occidentales empezaron a comprar cantidades récord de oro,[94] en vez de dólares, y a sacar sus reservas de bancos occidentales.

Eso no significa que las sanciones no tengan impacto. Se confiscaron más de 200.000 millones de dólares, según la Comisión Europea, y el impacto en la economía rusa ha sido superior a los 300.000 millones de dólares.[95] El rublo perdía en 2024 un 17 % contra el dólar y en el período 2020-2024 se depreció más de un 40 %, según Bloomberg. Los controles de capitales impiden a los ciudadanos vender rublos a cambio de dólares, euros, yenes o libras libremente, y las estimaciones de cotización del rublo en el

---

93. Butler, Creon, «Confiscating sactioned Russian state assets should be the last resort», Chatham House, 1 de mayo de 2024, <https://www.chathamhouse.org/2024/05/confiscating-sanctioned-russian-state-assets-should-be-last-resort>.

94. Moss, Joseph, «What's behind China's gold-buying spree?», International Banker, 14 de agosto de 2024, <https://internationalbanker.com/banking/whats-behind-chinas-gold-buying-spree/>.

95. «Impact of sanctions on the Russian economy», European Council, <https://www.consilium.europa.eu/en/infographics/impact-sanctions-russian-economy/>.

mercado no oficial son mucho más bajas.[96] Los datos oficiales del Ministerio de Desarrollo Económico indican que la inflación anual se ubicaba en 8,77 % al final de 2024. Sin embargo, la métrica de «percepción de la inflación» del banco central, que refleja cómo se siente el público ante los aumentos de precios, ubica la cifra interanual en 15,3 %.[97]

Sin embargo, la economía no ha sufrido como estimábamos algunos y la mayoría de las casas de análisis. Las estimaciones de caída continuada del PIB de Rusia y de niveles de hiperinflación que algunos bancos temían se quedaron muy lejos. La economía rusa sufrió una contracción de sólo un 3 % en 2020, una fuerte recuperación del 4,7 % en 2021, una contracción del 2,1 % en 2022 y una expansión del 3,6 % en 2023; y similar en 2024, fortalecida por el aumento masivo de producción de bienes militares, tecnología y la diversificación al este en los mercados de exportación. Es decir, si atendemos a estos datos, la economía rusa, impactada por enormes sanciones y embargos y en medio de una guerra, tuvo mejor desempeño que la española, la francesa, la italiana y la alemana en ese período.

La deuda rusa y el rublo reflejan una debilidad mayor de lo que muestra el PIB, y la inflación es probablemente superior a la oficial, pero no podemos negar que el mayor efecto colateral de las sanciones ha sido el fortalecimiento y desarrollo de la alianza estratégica con China y, con él, un importante avance en el establecimiento de bloques antagónicos.

La reconstrucción de Ucrania, según la ONU, costará al menos 486.000 millones de dólares,[98] aunque esa estimación pare-

---

96. Aminu, Nasir, «Russian rouble collapse exposes deep problems in the country's economy», *The Conversation*, 3 de diciembre de 2024, <https://theconversation.com/russian-rouble-collapse-exposes-deep-problems-in-the-countrys-economy-244869>.

97. Segura, Cristian, «Putin claims "everything is under control" as inflation spikes and ruble plummets», *El País*, 29 de noviembre de 2024, <https://english.elpais.com/economy-and-business/2024-11-29/putin-claims-everything-is-under-control-as-inflation-spikes-and-ruble-plummets.html>.

98. «Reconstruir Ucrania costará 486.000 millones de dólares» *Noticias ONU*, 15 de febrero de 2024, <https://news.un.org/es/story/2024/02/1527727>.

ce conservadora. Estoy convencido de que la reconstrucción del país será un capítulo esencial para confirmar si el nuevo orden económico mundial se orienta hacia más polarización e intervencionismo o hacia mayor cooperación y entendimiento.

Conclusiones

- Recordar el bajo impacto de las sanciones y el efecto acelerador en la polarización global y contra el sistema financiero establecido no es tomar posición por ninguna de las partes, sino entender la complejidad de los efectos de medidas aparentemente quirúrgicas e inocuas para los sancionadores.
- La guerra de Ucrania es un desastre humanitario y una catástrofe con relevancia global. Precisamente porque deseamos que acabe cuanto antes, es importante recordar los daños y efectos secundarios que ha creado.
- Lo que se consideraba que iba a ser una guerra corta se ha convertido en una masacre que, a cierre de este capítulo, en diciembre de 2024, ya duraba más de dos años y ha costado más de un millón de bajas.[99]
- La política ha empeorado la situación de bloques y afianzado la relación Rusia-China.
- Ucrania merece la paz y una reconstrucción rápida y eficaz. Si la reconstrucción de Ucrania es equivalente a un Plan Marshall, el mundo será mejor; si es una excusa para avanzar en intervencionismo y polarización, empeoraremos.

---

99. «600.000 rusos, 480.000 ucranianos: el balance humano de la guerra en Ucrania supera el millón de muertos y heridos», *El Grand Continent*, 18 de septiembre de 2024, <https://legrandcontinent.eu/es/2024/09/18/600-000-rusos-480-000-ucranianos-el-balance-de-muertos-y-heridos-de-la-guerra-en-ucrania-supera-el-millon/>.

Parte II

Las armas del Estado depredador

7

Todos contra tu dinero

We're right, we're free, we'll fight, you'll see. We're not gonna take it.

DEE SNIDER

El nuevo orden económico mundial se centra en dos elementos esenciales:

- La imposición de un Estado depredador que, como un señor feudal, busca el control de los ciudadanos.
- La eliminación de la libertad individual y nuestra capacidad de enfrentarnos al poder político.

Los experimentos para controlar a la ciudadanía no son nuevos, pero muchas personas creen que están a salvo sólo porque han fracasado en el pasado. Parece que todo es inocuo hasta que entiendes que el Estado depredador no busca el progreso, sino el control, y que el éxito para ellos es relegar a la población a una subclase dependiente.

Para controlar a la población es esencial acabar con la libertad individual y, para conseguirlo, eliminar la libertad económica es imperativo.

La libertad económica ha sido un factor clave para el avance de la democracia liberal y el crecimiento de la clase media. Sin embargo, esta explosión de crecimiento y libertad es incómoda para los estatistas que adoran el Estado depredador, esos burócratas que perpetúan sus privilegios desde una superestructura que ahoga a familias y empresas. La libertad económica es incómoda porque genera ciudadanos críticos con el poder y fortalece las instituciones independientes. Además, como hemos visto en EE. UU., los ciudadanos libres se rebelan y echan al estatismo del nuevo orden mundial a través de las urnas. Por lo tanto, cuando se desea someter a la población a los deseos y objetivos de una casta política burocrática, es clave eliminar los contrapesos y la capacidad de los individuos libres de quejarse y desplazar del poder a los políticos que les expolian. Es ahí donde entra la importancia de destruir tu independencia monetaria.

A lo largo y ancho del mundo se han dado todo tipo de experimentos que parecen irrelevantes, incluso inocuos, pero que confluyen en un objetivo global: acabar con tu libertad económica destruyendo tu dinero.

Desbancarización, desmonetización y represión con moneda digital. Te parecerá que es ciencia ficción, pero está pasando.

Inflacionismo y destrucción del poder adquisitivo de la moneda

La cantidad total de moneda en circulación ha experimentado un incremento de aproximadamente 20,6 billones de dólares desde el año 2019 hasta finales de 2024, según Bloomberg. Al mismo tiempo, la deuda estatal global se disparó de nuevo en 2023: superó los 15 billones de dólares de nueva deuda anual y estableció así un récord histórico al alcanzar la cifra de 313 billones de dólares, según el Instituto de Finanzas Internacionales (IIF). Aproximadamente el 55 % de este incremento se originó en las economías desarrolladas, fundamentalmente en Estados Unidos, Francia y Alemania.

Pero no te deberías preocupar sólo de la deuda emitida, sino de los compromisos financieros adquiridos y no financiados. ¿Qué es esto? Todos aquellos gastos que se van a tener que afrontar en el futuro, desde seguridad social a Medicare o Medicaid o los sistemas de pensiones.

Los compromisos no financiados en Estados Unidos, que incluyen pensiones y programas de salud, ascienden a un alarmante total de 72 billones de dólares, lo que representa aproximadamente el 300 % del PIB del país.

Esta cifra colosal plantea serias preocupaciones sobre la sostenibilidad de las finanzas públicas a largo plazo y la capacidad del gobierno para cumplir con sus compromisos. Esto te puede parecer inasumible para un Estado hasta que miras la situación en España, donde esa cifra alcanza un 500 % del Producto Interior Bruto, en Francia un porcentaje cercano al 400 % y en Alemania un nivel cercano al 350 %, según Eurostat.

No existe manera de escapar de la carga financiera de esas obligaciones adquiridas. Abonar las promesas ilusorias del gobierno con monedas de curso legal ocasionará la emisión de una divisa que experimenta una depreciación constante, lo cual conlleva la disminución de la riqueza de aquellos individuos que perciben un sueldo o cuentan con fondos ahorrados. La inflación. La destrucción del poder adquisitivo de la moneda emitida por el Estado.

Sí, el Estado te va a pagar todo lo que te promete. En una moneda que cada vez vale menos. Por eso el «gasto social» es el mayor engaño posible. Es el queso que el ratón encuentra a su disposición sin entender que supone una trampa.

La inflación es un impuesto oculto que afecta negativamente a la economía de un país.

Los gobiernos, con el objetivo de mitigar el impacto de la enorme deuda pública y las obligaciones no financiadas en términos reales, buscan activamente incrementar la tasa de inflación porque son los principales beneficiarios. Prometen cosas gratis en una moneda que ellos mismos emiten. Saben perfectamente que no tienen la capacidad de imponer a la clase media y baja más impuestos directos, por lo tanto, recurrirán a estrategias indirectas para gravar tu economía, como la devaluación de la moneda que ellos mismos emiten.

Conviene insistir en que, según Bloomberg, la cantidad total de dinero en circulación ha experimentado un incremento significativo de aproximadamente 20,6 billones de dólares desde el año 2019 hasta 2024.

Es importante tener en cuenta que la inflación no sólo impacta en los precios de los bienes y servicios, sino que también puede erosionar el poder adquisitivo de la población en general.

Los gobiernos te dirán que para reducir la deuda tienen que subir impuestos. Los impuestos altos no son una estrategia para disminuir la elevada deuda pública, sino una excusa para prolongar el proceso de confiscación de la riqueza nacional por parte del Estado. Los países que imponen impuestos elevados a sus ciudadanos y cuentan con un aparato estatal extenso y complejo tienen también niveles descomunales de deuda pública.

Pues bien, si en algún momento consideraste que la devastación monetaria que hemos presenciado en los últimos años era desmesurada, debes saber que no tiene nada que ver con lo que tendremos que soportar en el futuro.

Prepárate para la destrucción de tu dinero. Ningún Estado te va a pagar sus promesas en una moneda que retenga su poder adquisitivo.

Cuanto más le «exijas» al Estado, más te prometerá y más te empobrecerá.

Te habrás dado cuenta de que los partidos con posibilidad de acceder al gobierno casi nunca presentan un proyecto concreto y factible para disminuir la abrumadora carga de la deuda pública. Los gobiernos y los políticos, en su afán por obtener el respaldo de la ciudadanía, suelen recurrir a estrategias que implican hacer promesas grandilocuentes que, en realidad, se financian con los recursos de los propios ciudadanos, especialmente los más pobres. De esta manera, se crea una ilusión de beneficio para la población, que muchas veces cae en la trampa de creer que gravar a los sectores más acomodados resolverá los problemas económicos y sociales de manera sencilla. A través de la promesa fácil y el engaño unido a la envidia al que posee un poco más que tú, te hacen dependiente.

La manera más fácil es decirte que todo lo que te van a regalar lo va a pagar un pequeño grupo de ricos. Me imagino que los políticos se deben partir de risa cuando prometen que no van a subir los impuestos a la clase trabajadora, porque es la que paga más por el inflacionismo y los impuestos indirectos.

La inflación y los altos impuestos no son fatalidades, son mecanismos de extracción y confiscación de la riqueza de los ciudadanos, empezando por los más pobres. La deuda pública es el instrumento que garantiza que ese esquema de expropiación se perpetúe.

El Estado depredador, para hacerte rehén y dependiente, tiene que enfrentarte a través de la división y el odio contra el resto de los contribuyentes. El odio a los ricos es la forma más sencilla. Sin embargo, deberías pensar: ¿quién gana más? ¿Un empresario como Amancio Ortega, que ha creado una empresa multinacional exitosa, que invierte miles de millones y crea miles de empleos, o Yolanda Díaz, vicepresidenta del gobierno de España en 2024, que gana un salario de directivo, pero con gastos pagados y un enorme séquito a su disposición y sin invertir nada, sólo extrayendo y confiscando? Yo lo tengo muy claro.

El Estado depredador te promete «derechos» en una moneda que vale cada vez menos y a la vez te aumenta los impuestos por tu supuesto bien. En vez de ser un Estado facilitador y administrador, lo que hace es exigir que el sector productivo esté a su disposición y a los primeros a los que roba es a los pobres y a las clases bajas con el impuesto inflacionario.

La inflación, un impuesto oculto que se manifiesta de manera silenciosa, va minando gradualmente tu salario y erosionando tus preciados ahorros, mientras que los elevados impuestos directos e indirectos, que gravan de forma significativa cada transacción y actividad económica, terminan por absorber los escasos fondos restantes.

El Estado depredador, con sus estrategias y discursos, busca constantemente el respaldo de la clase media, a la que necesita empobrecer para perpetuarse.

Cuando el gobierno enuncia que tiene capacidad ilimitada de imprimir y poner en circulación una mayor cantidad de deuda pública, es importante saber que eso significa literalmente que tiene el poder ilimitado de confiscar tu salario y tus ahorros. Por lo tanto, es fundamental estar informado y ser consciente de las decisiones financieras que toma el gobierno, ya que éstas pueden tener un impacto directo en la vida cotidiana de la población.

Los gobiernos crean moneda artificialmente y los bancos centrales la absorben comprando deuda estatal y, con ello, aumentando la masa monetaria. Es una manera de disfrazar el riesgo soberano controlando la cantidad y el precio del dinero y un proceso lento de inflación. En el mejor de los casos, cuando el banco central expande su balance para comprar deuda estatal aumentando la base monetaria, hace que te cueste más cara tu casa, tu coche o que la Bolsa se haga más cara. Encareciendo el bono soberano y disfrazando su riesgo, crea inflación en activos de riesgo, bolsas y bonos. En el peor de los casos, monetizar la deuda estatal, que es imprimir moneda, te empobrecerá a través del alza de los precios que se denominan en esa moneda.

Así, lo que te promete el Estado depredador como cosas gratis te lo cobra con creces en menores salarios reales y menor valor de tus depósitos.

Los billones de dólares acumulados en deuda estatal llevarán inevitablemente a una ola sin precedentes de flexibilización cuantitativa por parte de los bancos centrales, la cual seguirá incluyendo tipos reales negativos e incluso la monetización directa de la deuda soberana.

¿Por qué a los gobiernos extractivos les complace deliberadamente degradar el poder adquisitivo de la moneda que ellos mismos emiten? Es una estrategia para la expropiación y el control por parte del Estado de los recursos económicos y financieros de la nación.

Sin embargo, no es fácil imponer el Estado depredador. Los ciudadanos libres se rebelan.

¿Cuál sería la estrategia más efectiva que podrían emplear los gobiernos para llevar a cabo el control total monetario y personal en un contexto en el que la población se encuentra considerablemente descontenta debido a la elevada inflación? En primer lugar, es imperativo que procedan a silenciarte de inmediato. En segundo lugar, eliminarán todas tus opciones de moneda independiente disponibles para intentar escapar de la situación en la que te encuentras atrapado. En tercer lugar, procederán a la expropiación de acuerdo con el lema establecido. Quizás no poseas absolutamente nada, pero tendrás la verdadera felicidad que tanto anhelas. ¿Y quién decide qué es la verdadera felicidad? El Estado depredador. Para entonces, no tendrás la posibilidad de expresar tu descontento. Suprimir la libertad de expresión y restringir la existencia de medios de comunicación independientes constituye un pilar fundamental de esta estrategia.

¿Consideras que estoy exagerando? Si el Estado depredador realmente creyera en la efectividad de sus políticas para mejorar tu calidad de vida y prosperidad, promovería activamente la libertad de expresión, ya que así todos podrían apreciar y respaldar sus esfuerzos por el bienestar general. Sin embargo, es necesario que restrinjan la libertad de expresión porque son conscientes de que sus políticas llevarán a una disminución de tus recursos económicos. Por consiguiente, resulta sumamente importante que te resguardes ante las promesas emitidas por las autoridades gubernamentales y que tengas un entendimiento profundo de las causas que subyacen a la devaluación de la moneda.

El dinero fiduciario, que se basa en la confianza de la sociedad en su valor, representa simplemente una promesa de pago por parte del emisor, quien es plenamente consciente de que no cuenta con los recursos suficientes para respaldarlo con su valor real en el momento presente. Hacerte completamente dependiente de un sistema económico y transformar la moneda en una entidad desprovista de cualquier valor real es, sin lugar a dudas, la estrategia más efectiva para ejercer un control absoluto sobre tu vida y tus decisiones.

Desbancarización

En las últimas décadas, las amenazas a la libertad de expresión y los intentos de eliminar las opiniones y voces independientes no han parado de crecer. Con el surgimiento de las redes sociales y los canales independientes de información, los poderes establecidos se dieron cuenta de que su dominio se desvanecía. Ya no podían controlar la información con un par de llamadas a los principales directores de periódicos. Las redes sociales traían libertad y el control de los medios, tan deseado por los políticos extractivos, desaparecía. De hecho, entre 2010 y 2023, la utilización de medios «controlables» se desplomaba. Los ciudadanos no se fían de muchos medios tradicionales. No es que cambiase su opinión sobre dichos medios, sino que por fin lo podían expresar. Efectivamente, la falta de independencia con respecto al poder político de algunos medios de comunicación era evidente, y los ciudadanos eran conscientes de ello, pero no tenían voz para expresarlo. Las redes sociales dieron voz a los disidentes.

Al principio, los Estados estaban encantados con las redes sociales porque dieron voz a las ideologías más intervencionistas y a la ultraizquierda. El poder político estaba encantado con el blanqueamiento de la ultraizquierda porque le servía de incentivo para escorar el debate hacia el intervencionismo estatal y el control gubernamental. Pero todo esto cambió en 2017, cuando las redes y medios independientes con ideología libertaria o de derechas también empezaron a crecer. Eso no era aceptable. Las élites del Estado depredador pueden lidiar con la ultraizquierda porque sirve a los mismos propósitos: un gobierno omnipresente y un sector privado asfixiado. Sin embargo, no pueden permitir que se divulguen las ideas de la libertad y que cuestionen la ingeniería social y la planificación central. De ninguna manera.

Para poder silenciar al disidente se utilizan dos armas: acusar de desinformación y etiquetar de «ultraderecha» a todo el que ose cuestionar el sistema de intervencionismo estatal.

Qué curioso. Los mismos que se sirven de la propaganda y la mentira para permanecer en el poder te acusan a ti de desinformación. Los mismos que encumbraron a la ultraizquierda para polarizar e introducir la división y el odio te acusan de ultraderecha y de división si cuestionas el pensamiento único que te quieren imponer.

El nuevo orden económico mundial necesita de uniformidad y pensamiento único, y debe ser socialista porque, si no, los políticos pierden poder. La extrema izquierda no es una amenaza, o al menos así lo creen ellos. Luego, cuando la ultraizquierda llega al poder, purga a los que la encumbraron.

Desde 2020 se ha llevado a cabo una estrategia que consiste en emplear todos los medios disponibles para «proteger» los intereses del sistema contra aquellos que trataran de cuestionar públicamente sus políticas. Cuestionar las políticas de la UE o los acuerdos de foros internacionales se consideraba imperdonable y, por lo tanto, merecedor de la cancelación.

Los líderes mesiánicos siempre usan la represión y la limitación de las libertades personales porque consideran que es lo mejor para los ciudadanos que, pobres de ellos, no entienden que el amado líder es el que realmente sabe lo que necesitas.

El primer ejercicio de cancelación y veto masivo vino contra cualquier individuo que se resistiera a aceptar y acatar completamente los preceptos de un consenso socialdemócrata; consenso que, además, cambiaba constantemente. Imponer la autocensura ante la aleatoriedad. El miedo a opinar o a significarte ante posibles represalias personales o profesionales. A ese proceso de censura silenciosa contribuyeron tanto la derecha como la izquierda denominada «moderada».

La censura y el veto se imponían a aquellos que cuestionasen las «medidas basadas en la ciencia» que, si recuerdas, variaban semanalmente. En realidad, los gobiernos utilizaban la ciencia, que es prueba y error, disenso y estudio constante, para convertirla en dogma cuyo cuestionamiento merece la represión. El método científico y el debate se tiraban por la ventana para imponer el método político de purga y cancelación.

El mero cuestionamiento de los dogmas que llegaban desde gobiernos que imponían nuevas restricciones a la libertad individual en nombre de causas aparentemente nobles llevó a miles de individuos a perder su trabajo. También se les prohibió el acceso a servicios públicos fundamentales.

Además de formas directas de represión y cancelación, se utilizaron otras formas mucho más sutiles y peligrosas. En Canadá se congelaron cuentas bancarias de personas consideradas incómodas[100] sin ningún aviso previo ni debido procedimiento. Todos los ciudadanos defensores de la libertad, estuvieran de acuerdo con los manifestantes o no, deberían haber protestado. Sin embargo, el miedo a que se congelase tu cuenta también es muy poderoso. Cuando el gobierno da poder a los bancos para congelar cuentas sin una orden judicial y la revisión de un contrapeso independiente, se introduce un enorme riesgo y una fuente de represión indirecta muy peligrosa.

Por eso es tan peligrosa la idea de una identidad digital y una moneda del banco central donde tengas tu cuenta centralizada. Lo único que te separa de un sistema totalitario donde puedas ser desposeído de tu cuenta y tus ahorros si no tienes las «opiniones adecuadas» es la frágil línea que divide a las autoridades políticas de los contrapoderes independientes. Lo único que puede hacer que se evite el totalitarismo es que se garantice el máximo de competencia y de alternativas posibles.

Como ya hemos comentado, se utilizan los mecanismos de libertad para justificar su supresión. Se acusa a los medios independientes de desinformación para eliminarlos, se centraliza el acceso a cuentas bancarias y a información para controlar a la sociedad.

Como explica el *Financial Times*, los casos que se han hecho públicos levantan muchas sospechas sobre «la capacidad de los bancos para eliminar cuentas sin explicación dejándolos a ellos o a sus pequeñas empresas aislados del sistema financiero convencional».

En un mundo cada vez más sin dinero en efectivo, tener una cuenta bancaria se ha convertido en un servicio esencial. David Davis, exsecretario del Brexit, compara el cierre de la cuenta

---

100. Shecter, Barbara, «Trudeau gives banks power to freeze funds without court order in bid to choke off protest funding», *Financial Post*, 14 de febrero de 2022, <https://financialpost.com/fp-finance/banking/trudeau-gives-banks-power-to-freeze-funds-without-court-order-in-bid-to-choke-off-protest-funding>.

bancaria de alguien con cortarle el suministro de agua o electricidad. «Deberías poder abrir una cuenta bancaria independientemente de tus opiniones políticas.»[101]

El episodio más reciente de «desbancarización» fue revelado en el pódcast de Joe Rogan y en varios medios, desde la CNBC hasta *Forbes*.[102]

> La desbancarización no es exactamente algo nuevo y se refiere al cierre de una cuenta bancaria por razones políticas. Pero esta última ronda, denominada Operación Choke Point 2.0, ha dificultado que las empresas relacionadas con las criptomonedas mantengan sus servicios bancarios, un problema que ha mantenido a la industria en gran medida al margen del sistema financiero. La fuente de la desbancarización es la parte aterradora: los reguladores federales. En concreto, los reguladores federales han estado presionando a los bancos para que se mantengan alejados de los clientes involucrados en criptomonedas. Por lo general, no es el caso de que alguien haya hecho algo ilegal, ni es el caso de que los reguladores pidan explícitamente a un banco que cancele la cuenta de un cliente específico. En cambio, los reguladores hacen saber a los bancos que los verán desfavorablemente si hacen negocios con ciertos tipos de clientes. Y eso es realmente todo lo que se necesita.

El sistema bancario debe darse cuenta de que estas acciones tienen consecuencias. La pérdida de clientes y reputación es un riesgo evidente. Sin embargo, como explica Norbert Mitchel en *Forbes*, este problema no es algo nuevo y lleva existiendo desde 2013 al menos. «La única manera de detener este tipo de desbancarización en el futuro es que el Congreso reduzca la discre-

---

101. Nigel Farage, «NatWest and the fight over 'woke' capitalism», *Financial Times*, <https://www.ft.com/content/f7c5300a-b92d-44dd-bc03-22cf4d840902>.

102. Michel, Norbert, «Only cutting back regulatory discretion will stop debanking, *Forbes*, 4 de diciembre de 2024, <https://www.forbes.com/sites/digital-assets/2024/12/04/only-cutting-back-regulatory-discretion-will-stop-debanking/>.

ción que ha otorgado a las agencias reguladoras, y ninguno de los partidos puede hacerlo por sí solo.»[103]

Debemos defender la independencia de los bancos y que el sistema financiero esté libre de intromisiones políticas y discrecionalidad. Los que llevan a cabo estas campañas de amedrentamiento saben ya que el impacto en su reputación y negocio es enorme. La única manera de evitarlo es con más diversidad, competencia y libertad individual.

La gran lección que debemos aprender es que la peor solución para los riesgos de intromisión y censura es centralizar las decisiones y limitar el acceso a proveedores de servicios financieros.

Desmonetización

En noviembre de 2016, el gobierno de la India lanzó su política de desmonetización y eliminó los billetes de 500 y 1.000 rupias, que constituían aproximadamente el 86 % de la moneda en circulación en el país. Como siempre, se utilizó la excusa de combatir la economía sumergida, la falsificación de moneda y la corrupción. La campaña del banco central incluía toda una serie de mensajes positivos sobre digitalización y mejora de las transacciones. Sin embargo, el proceso de desmonetización no ha reducido la economía sumergida, pero es un factor esencial de vigilancia y control. Un factor que ha empeorado la posición económica de los más desfavorecidos, que perdieron parte de su dinero, tuvieron que cambiarlo rápidamente con elevadas comisiones y pérdidas o simplemente vieron sus ventas en pequeños comercios caer. La desmonetización no logró frenar el dinero ilegal, ya que el 99 % de los billetes de 500 y 1.000 rupias retirados fueron devueltos, según el RBI. ¿Cuál es el objetivo real? La desmonetización tiene en realidad un objetivo fiscal, de control estatal y vigilancia. De hecho, el proceso de desmonetización afectó negativamente a los más desfavorecidos, que no pudieron adaptarse al sistema.

103. Ibídem.

La eliminación del efectivo es una medida típica de control que se esconde bajo la premisa de la seguridad. Asumir que todo el mundo que usa dinero en efectivo tiene un objetivo defraudador es, como mínimo, insultante.

Eliminar el dinero en efectivo y desmonetizar siempre tiene un objetivo de control, pero conlleva enormes problemas de exclusión financiera para las personas más desfavorecidas, además de generar pérdidas y dificultades a las microempresas, que son la mayoría en las sociedades avanzadas.

Los argumentos que se usan para defender la eliminación de la moneda en efectivo no tienen ningún sentido.

Se dice que se acabaría con el fraude y el blanqueo de capitales. Es una sandez. Se iría a otras formas de pago, como oro o diamantes. El dinero no lo decide el Estado. Es más, sabiendo que siempre va a haber algún fraude y blanqueo, lo mejor que puedes hacer es que fluya por el sistema monetario convencional con moneda fiduciaria. La mejor manera de limitar el fraude y el blanqueo a un mínimo es que se use el euro o el dólar. Dicen que eliminar el efectivo acabaría con los paraísos fiscales, una auténtica ridiculez. Un paraíso fiscal no tiene nada que ver con el uso de moneda electrónica o física. Además, los paraísos fiscales no existen, lo que existen son infiernos fiscales en los que se trata a las empresas y ciudadanos como cajeros automáticos del gobierno.

El argumento de que eliminar el efectivo acaba con las transacciones bancarias de dudosa legalidad, con la creación de empresas espejo o con la evasión fiscal es simplemente ridículo en un mundo donde el sistema bancario está regulado hasta lo más mínimo y se tienen que justificar hasta las transacciones más modestas.

Otra excusa hilarante es que se evitarían las pandemias porque no intercambiaríamos billetes. Es tan ridículo que da risa. Pero ya lo máximo es que se diga que eliminar el efectivo limitaría el riesgo de crisis bancarias y contagio financiero... ¡Pero si las crisis y *shocks* financieros vienen tras los excesos incentivados por la regulación, los tipos bajos y las inyecciones de liquidez masivas de los bancos centrales y sus gobiernos!

La eliminación del dinero en efectivo es parte de la obsesión por limitar la libertad. Pone todo el sistema monetario en riesgo ante un problema digital o electrónico, además de cercenar la libertad de decisión, aumentar los costes para las pequeñas empresas, penalizar a los consumidores menos favorecidos con comisiones que no pueden pagar y, en definitiva, poner mayores trabas a un sistema que debería buscar el máximo de alternativas para potenciar la libertad, no limitar las opciones de los usuarios.

Imposición de monedas digitales

Si te das cuenta, todos los problemas que tiene el sistema monetario, incluyendo el riesgo de burbujas y crisis, se mitigan aumentando la competencia, la independencia monetaria y el libre mercado. Sin embargo, lo único que oímos una y otra vez es que necesitamos más centralización y planificación.

La llegada de Bitcoin en 2008 fue un toque de atención ante un entorno monetario descontrolado. Bitcoin y *blockchain* suponían un cambio disruptivo en un mundo donde la intermediación se había convertido en ineficiencia estructural y donde los gobiernos se habían acostumbrado a destruir el poder adquisitivo de la moneda que emiten con la falacia del «uso social del dinero», que es en realidad la manipulación gubernamental de la moneda.

Cuando los gobiernos te hablan de «uso social» del dinero, a lo que se refieren es a que ellos deciden qué y cuánto puedes quedarte de lo que ganas y a que la riqueza de tu país está a su disposición.

Si los gobiernos tuviesen como objetivo fortalecer el valor de sus monedas y que el mundo demandase su utilización libremente, jamás estarían preocupados por el bitcoin. Si quisieran transparencia y eficiencia, no atacarían el sistema *blockchain*.

Blockchain es un sistema de bases de datos compartidas o distribuidas donde la información está almacenada en bloques ligados criptográficamente y validada de forma descentralizada por un protocolo común. Es una manera segura, rápida y descentralizada de llevar a cabo contratos y transacciones. Por ejemplo, si tú te quieres comprar una casa con una hipoteca, todo el proceso son limitaciones centralizadas y excluyentes. Tienes que acudir al registro para ver si el inmueble tiene cargas. Por otro lado, tienes que acudir a una entidad bancaria a que te ofrezcan un servicio hipotecario y a un notario para firmar; y el proceso de búsqueda, firma y negociación es siempre lineal y de documento único. En *blockchain* tendrías a tu disposición toda la base de datos del registro, los documentos de la hipoteca y los cambios que se acuerden; se certificaría y se podría cumplimentar todo el proceso en horas en vez de en semanas.

La desintermediación que permite la tecnología *blockchain* desatasca procesos complejos y burocráticos y es especialmente eficiente en el sistema legal ante contratos y propuestas complejas. *Blockchain* es también una amenaza para la burocracia y el exceso de regulación.

Bitcoin es una moneda descentralizada y, por ello, una amenaza para el nuevo orden económico que quiere imponer la moneda fiduciaria a toda costa. No existe un gobierno que emita bitcoin ni un banco central que la coordine y gestione. Es dinero libre en contraposición al dinero estatal.

Te repetirán constantemente que el dinero tiene que ser emitido por el Estado o, si no, no es dinero. Es completamente falso.

Para que una moneda sea dinero debe cumplir tres requisitos: ser un método de pago generalmente aceptado, una unidad de medida y reserva de valor. Pues bien, en el mundo hay más de setenta monedas emitidas por Estados que ni son reserva de valor ni medio de pago generalmente aceptado, es decir, no son dinero. El estatismo te tiene que convencer de que sólo es dinero aquel método de pago de curso legal con el que el Estado te permite pagar impuestos. Es una ridiculez.

La moneda estatal es un constructo político y es incorrecto que un Estado deba emitir su propia moneda. Eso sí, cuando lo hace, la moneda es la tarjeta de presentación y la manifestación de la credibilidad crediticia de su emisor. Por ello, la inflación, que es la pérdida del poder adquisitivo de la moneda, es un impago implícito, como explicamos antes. El Estado repaga sus compromisos en una nota promisoria cuyo valor es decreciente.

Lo maravilloso que tiene una moneda es que su utilización y su valor no los deciden los gobiernos o los bancos centrales, sino la próxima persona o entidad que vaya a utilizarla para pagar transacciones o atesorar ahorros.

Cuando los gobiernos abandonan su compromiso de defender el poder adquisitivo de la moneda y se instalan en la expropiación de la riqueza vía fiscal y monetaria, aparecen las alternativas.

Las monedas independientes no son una novedad. En todas las épocas de la historia se ha recurrido a la creación de monedas descentralizadas que facilitasen los pagos y las transacciones sin caer en la trampa de la moneda del rey o emperador de turno, que mezclaba oro o plata con otros metales para disfrazar su insolvencia. Y la devaluación es la demostración de la pérdida de solvencia del emisor.

Bitcoin es una *start-up* de moneda. Los que se dedican a atacarlo parecen ignorar que en 2024 es un adolescente monetario. Todavía no es un medio de pago generalmente aceptado, ni una unidad de medida, pero ya es una reserva de valor, genera su propia liquidez y ha puesto nervioso al sistema monetario global.

A Bitcoin primero lo consideraron una anécdota, después un activo especulativo y ahora una amenaza.

La pregunta es ¿por qué iban el euro o el dólar a considerar el bitcoin como una amenaza?

Un líder no teme a la competencia a menos que tenga como objetivo ofrecer un producto malo y quiera que le protejan su cuota de mercado.

Por eso quieren imponer una moneda digital. Muchos ciudadanos no entienden la razón detrás de esto, especialmente cuando la mayoría de las operaciones en las principales divisas mundiales se llevan a cabo de forma electrónica. Sin embargo, una moneda digital emitida por el banco central supera ampliamente el dinero electrónico.

El banco central emitiría la moneda digital directamente a una cuenta en el mismo banco. Vigilancia disfrazada de moneda. El banco central poseería datos exactos acerca del uso que das a tu divisa, ahorros, créditos, costes y operaciones. Con ello se suprimirían completamente el sistema de privacidad y el sistema de restricción monetaria. Todo aquello que limita el poder del banco central y, con ello, del gobierno, desaparecería.

Si crees que exagero, piensa por qué buscan centralizar en vez de aumentar la oferta. Si quisieran libertad, aumentarían la oferta de entidades y medios de transmisión de la política monetaria. Como quieren control, quieren centralizarlas.

El objetivo, por supuesto, es la nacionalización encubierta de la economía. El mecanismo de gestión de la masa monetaria y de la inflación sería siempre el sector privado, mientras que el Estado tendría acceso privilegiado y casi ilimitado a crédito.

Algunos pensaréis que este escenario no es probable, y que hay mecanismos que garantizan la privacidad y la seguridad. Fenomenal, entonces defiende mayor diversificación y competencia, no un mecanismo centralizado. En el momento en el que se centraliza, el riesgo de intervención totalitaria aumenta exponencialmente.

No es posible comenzar un experimento de tal envergadura cuando la independencia de los bancos centrales ha sido objeto de debate durante años y existen numerosas pruebas de fallos cometidos con políticas que ignoraron el riesgo de incrementar la inflación y perjudicar la economía.

Nadie debería respaldar una propuesta que conceda a entidades de dudosa independencia toda la autoridad y control absoluto sobre el sistema financiero y monetario.

Los bancos centrales argumentan que la moneda digital responde a las preferencias de los ciudadanos por pagos electrónicos. Eso no significa que los ciudadanos demanden un sistema de emisión, depósito, financiación y pagos monetarios centralizado y controlado por una única entidad. De hecho, es lo contrario.

Una divisa digital no optimiza el sistema de transmisión de la política monetaria, a no ser que se emplee el término *mejorar* para esconder un anhelo de incrementar la presencia gubernamental en la economía mediante la disminución del poder de compra de la moneda y la financiación monetaria continua de los déficits públicos.

Las divisas digitales utilizadas por los bancos centrales son innecesarias y representan un peligro de control nada desdeñable.

Ya disfrutamos de las ventajas de la tecnología, la digitalización y la sencillez en las transacciones. No es necesario generar una divisa que se emita directamente a una cuenta en el banco central. Tampoco existe ninguna necesidad de rivalizar con un yuan digital o bitcoin. Bitcoin es una moneda descentralizada y los que la usan quieren que no haya banco central. Por otro lado, China está progresivamente adoptando una política monetaria robusta y su banco central está adquiriendo más oro, no al revés.

Si los bancos centrales quieren competir con otras monedas o criptomonedas, sólo existe una estrategia: demostrar que protegerán la condición de reserva de valor de su divisa.

Los retos financieros globales no se solucionan imponiendo un control absoluto ejercido por un monopolio monetario cuya autonomía ya es más que debatible, sino incrementando la competencia y la autonomía.

Conclusiones

- El dinero y la libertad financiera son elementos esenciales para garantizar la libertad individual.
- El Estado depredador necesita imponer su moneda para eliminar la libertad individual y someter a los ciudadanos.
- Un Estado libre siempre defenderá la competencia, apertura y aumento de alternativas para defender a su clase media.
- Un líder no teme a la competencia. Si las monedas quieren imponerse, es porque los bancos centrales no tienen ningún interés en defender su poder adquisitivo.
- Para combatir las actividades ilegales y facilitar los pagos electrónicos, no hace falta eliminar el efectivo. Eliminar el efectivo sólo tiene un objetivo: eliminar la libertad individual.

8

Dinero infinito. La falacia de la MMT

Una de las idioteces que te vende el estatismo es que el Estado crea riqueza y lo único que tiene que hacer es imprimir todo el dinero que sea necesario y, con ello, tendrás pleno empleo y abundancia, ya que no se crea inflación si la producción aumenta tanto como la cantidad de dinero.

Sin embargo, el neomarxismo vende esta sandez de manera generalizada. Abundancia y felicidad imprimiendo dinero. Eso sí, cuando fracasa —es decir, siempre—, dicen que es que no se hizo lo suficiente.

La idea de que el Estado puede emitir toda la deuda e imprimir la cantidad de moneda que desee «siempre que sea monetariamente soberano» es completamente falsa. La MMT (Teoría Monetaria Moderna) no es ni teoría ni moderna. Es la misma sandez de Kirchner en Argentina y Maduro en Venezuela; la misma que se ha implantado en decenas de ocasiones en la historia.

Desmontemos mentiras: un Estado no es eternamente soberano a la hora de emitir moneda. Emitir moneda es una promesa de pago. Si el sector privado deja de confiar en la solvencia del Estado y no acepta esa moneda como unidad de medida, medio de pago y reserva de valor, la moneda pierde poder adquisitivo hasta ser inservible y, por lo tanto, no es dinero.

Existen centenares de ejemplos de moneda estatal que no es ni reserva de valor ni medio de pago aceptado generalmente.

Si el Estado tuviera capacidad ilimitada de imprimir dinero y emitir deuda sin riesgo, no habría colapsado la moneda alemana en la República de Weimar. Tampoco el bolívar, el sucre, el austral, el dinar y tantas otras monedas; incluso de grandes gigantes económicos como el kopek y rublo de la Unión Soviética, la China previa a adoptar el sistema capitalista o los *assignats* en la Revolución francesa.[104] Y no se habrían dado las decenas de quiebras estatales en moneda local.[105]

Los defensores de la MMT argumentan que un Estado soberano puede emitir toda la deuda que necesite y, por lo tanto, nunca quiebra porque simplemente refinancia la deuda. Así, afirman que la deuda estatal nunca se paga. Por supuesto, esto es ridículo, refinanciar es repagar a los tenedores originales y volver a emitir. Si la solvencia del Estado empeora y se pierde la confianza de los inversores domésticos internacionales, el Estado no puede emitir deuda en moneda local, ya que no hay demanda de ella. Y, si la emite, su coste es cada vez mayor.

Es una enorme mentira decir que un gobierno que emite deuda en su propia moneda jamás hace impago. Además de que la inflación es un impago implícito, recordemos los tres límites que tiene un Estado a la hora de endeudarse y emitir moneda, que es lo mismo: el límite económico, cuando esa deuda no favorece el crecimiento y, de hecho, lo frena; el límite fiscal, cuando el coste de la deuda supone un porcentaje cada vez más elevado del presupuesto y aumentar impuestos no genera ingresos suficientes para cubrir los gastos; y el límite inflacionario, cuando la confianza en la solvencia del Estado se deteriora y el poder adquisitivo de la moneda se erosiona cada vez más. Como hemos explicado, la inflación, que es la pérdida del poder adquisitivo de la

---

104. «Why does fiat currency fail?», *Vaulted*, <https://vaulted.com/nuggets/why-does-fiat-currency-fail/>.

105. Amstad, Marlene; Packer, Frank; y Shek, «Does sovereign risk in local and foreign currency differ?», BIS Working Papers 709, Bank for International Settlements, 2018.

moneda, es la evidencia del impago intrínseco de los compromisos del Estado.

> La deuda soberana en moneda local ha sido históricamente considerada más segura que la deuda soberana en moneda extranjera... reflejando la opinión de que los soberanos tienen muchas menos probabilidades de incumplir con las obligaciones en moneda local, ya que siempre pueden gravar a sus súbditos o imprimir su propia moneda para atender la deuda. Y, sin embargo, la opinión de que la deuda en moneda local es más segura ha disminuido en las últimas décadas.[106]

Los Estados soberanos sí hacen impago en moneda local y, de hecho, los incumplimientos de pago de deuda de los soberanos en su propia moneda han sido bastante comunes desde 1800.[107]

La moneda fiduciaria no tiene valor intrínseco y sólo se acepta como moneda de curso legal porque el gobierno lo exige. Por lo tanto, la moneda fiduciaria es exactamente equivalente a deuda del Estado, y su valor depende de la confianza en que el gobierno gestionará la oferta monetaria de manera responsable, en que la inflación se mantendrá bajo control y en que la moneda mantendrá su poder adquisitivo a lo largo del tiempo. Cuando esta confianza se erosiona, las monedas fiduciarias se enfrentan al colapso.

El valor de la moneda o su uso no lo impone ni lo decide el Estado. Lo decide el último agente del sector privado que acepta esa promesa de pago porque asume que mantendrá su valor y su aceptación como medio. Cuando el Estado crea moneda sin respaldo ni demanda, lo que hace es destruir dinero, al hundir el poder adquisitivo de los pobres cautivos que están forzados a aceptar su papelito (funcionarios, pensionistas), a los que en realidad está robando al pagarles en una moneda que cada vez vale menos.

---

106. Ibídem.
107. Reinhart, C. M. y Rogoff, K., *This time is different: Eight centuries of financial folly*, Princeton University Press, Estados Unidos, 2009.

Los que defienden esta teoría venden un mundo mágico en el que el Estado crea pleno empleo imprimiendo dinero, y esos funcionarios gastarán más unidades de moneda y fortalecerán la economía que, además, al aumentar la producción, no genera inflación. Es la economía al revés.

El Estado no sabe exactamente lo que necesita la economía en cuanto a producción y empleo y, además, no existe un Estado que produzca todo lo que consume. Todo lo que se importa cuesta mucho más al pagarlo en una moneda de valor decreciente. De hecho, el efecto desplazamiento que hace el Estado al sector privado lleva a que los productores nacionales no sólo paguen más por los insumos, sino que pierdan en el intercambio de bienes y servicios.

Los ejemplos son innumerables. Como hemos explicado, la creación de dinero no es jamás neutral. Los proponentes de esta teoría extractiva afirman que disparando el déficit del Estado y monetizándolo se llegará al pleno empleo y, con ello, a la plena producción y, con ello, no habrá inflación. Es claramente una falacia. El Estado no sabe exactamente qué es lo que hay que producir y en qué lugar, cuáles son los insumos y en qué partes de la economía asignar el capital. Por ello, al contar con el monopolio de la violencia, de la emisión monetaria y de la coacción vía impuestos, constantemente genera el incentivo a disparar la producción allá donde no es necesaria y el empleo en las áreas más burocráticas e improductivas, y a pasarle el coste a familias y empresas.

Atención a la solución que proponen: sí, el Estado puede crear dinero ilimitado y financiar toda la actividad sin riesgo, pero si se equivoca y surge la inflación, «sólo» tiene que aumentar los impuestos para retirar el exceso de dinero del sistema.[108] Es decir, en la parte expansiva, mientras imprime dinero, el tamaño del Estado en la economía se dispara y en la parte contrac-

---

108. Dowd, Kevin, «The deficit myth: Modern monetary theory and the birth of the people's economy», Cato Institute, 2020, <https://www.cato.org/cato-journal/fall-2020/deficit-myth-modern-monetary-theory-birth-peoples-economy>.

tiva, cuando salta la inflación, también, ya que expropia al sector privado. Fascinante.

Otros, como Kelton, afirman que el Estado puede garantizar el pleno empleo en «economía de los cuidados», es decir, que no crea empleo en los sectores productivos, sino en el sistema de asistencia.[109]

> El gobierno federal anuncia un paquete salarial (y de beneficios) para cualquiera que esté buscando trabajo, pero no pueda encontrar un empleo adecuado en la economía. Varios economistas de la MMT han recomendado que los empleos se orienten a la construcción de una economía del cuidado [...]. El gobierno federal se comprometería a financiar empleos que estén destinados a cuidar a nuestra gente, nuestras comunidades y nuestro planeta [...]. Dado que el precio de mercado de un trabajador desempleado es cero... el gobierno puede crear un mercado para estos trabajadores estableciendo el precio que está dispuesto a pagar para contratarlos. Una vez que lo hace, el desempleo involuntario desaparece. Cualquiera que busque un empleo remunerado tiene garantizado el acceso a un trabajo a una tasa de remuneración establecida por el gobierno federal.

Es decir, no es cierto que imprimiendo moneda se cree el empleo que necesita la sociedad, sino el empleo que le interesa al Estado represor, el funcionarial. ¿Y eso cómo se paga? Imprimiendo moneda y asfixiando a impuestos al sector privado. Por supuesto, si la inflación se dispara durante mucho tiempo, el Estado podría reducir su gasto, pero entonces está imposibilitado por la propia superestructura previamente creada.

Ésa es la clave. La falacia monetaria es evidente, pero se vende desde el buenismo y la «economía de los cuidados» y, cuando fracasa, es casi imposible revertirlo. Ellos saben que es una teoría fallida, pero también saben que, una vez que está en marcha, es casi imposible pararla. Y el Estado usará su poder represor para perpetuarla.

---

109. Kelton, Stephanie, *op. cit.*

Los proponentes de la MMT dicen que ellos no defienden ningún sistema, sólo reflejan la realidad del sistema monetario. Sin embargo, es otra falacia. Ellos retuercen el sistema monetario para poner como pilar central de la creación de riqueza al Estado simplemente porque emite la moneda y controla la regulación que obliga a utilizarla y a considerarla el activo de menor riesgo en la escala de crédito. Todo eso se derrumba cuando les preguntas ¿por qué hay tantos países que quiebran y cuyas monedas desaparecen? La respuesta siempre es porque no son soberanos monetariamente. La pregunta siguiente es, por lo tanto: ¿qué país es soberano monetariamente? Y la respuesta es sólo EE. UU. y pocos más. ¿Y por qué son soberanos? Porque defienden su moneda como reserva de valor y medio de pago y mantienen la confianza global..., no porque el Estado la imponga, sino porque se la conceden los ciudadanos del mundo... Y esa confianza, como explicamos antes, se puede perder muy rápidamente, por eso nacieron las criptomonedas.

Los defensores de la MMT dicen que, si el Estado no se endeudara, es decir, creara dinero, el mercado global no tendría liquidez y el ahorro privado se dispararía y colapsaría la economía. Es una idiotez, por supuesto, ya que en ningún momento de la historia se ha basado el sistema de crédito en la obligatoriedad de incurrir en déficits y deuda estatal. La liquidez global puede venir perfectamente, y de manera más productiva, del sector privado. Es más, el concepto de un exceso de ahorro privado es una ridiculez estatista. Todo ahorro está invertido en la economía productiva, sea vía el mercado de capitales o el de deuda.

Por supuesto, el sistema que proponen es tan fraudulento que cualquiera puede entender que se destruiría el incentivo para crear empresas privadas, para innovar o para mejorar en valor añadido. En realidad, la MMT es socialismo de toda la vida, pero, en vez de expropiar vía revolución, lo hace vía monetaria.

Crear empleo imprimiendo moneda es, literalmente, diluir la riqueza del país.

Los que aseguran que el Estado «crea» dinero y sólo tiene que imprimir el que necesita para financiar el sector público porque será aceptado por el resto de los agentes económicos saben que es una mentira, pero lo afirman porque es una manera lenta de nacionalizar la economía, una forma de expropiar la riqueza creada por el sector privado pagando con una moneda cuyo valor se erosiona constantemente.

Otra gran mentira es afirmar que el Estado no crea dinero de la nada, son los bancos privados los que lo hacen. Si eso fuera cierto, no quebraría ningún banco. Los bancos privados crean dinero respaldado por proyectos, inversiones, beneficios y ahorros. El único que crea dinero de la nada es el Estado, utilizando su capacidad de endeudarse y expropiar los salarios y la actividad económica de los demás.

Recuerda que las crisis nunca son causadas por una exposición excesiva a activos de alto riesgo. Las crisis sólo pueden ocurrir cuando los inversores, los organismos gubernamentales y los hogares acumulan riesgo en activos en los que la mayoría cree que hay poco o ningún riesgo.

La crisis de 2008 no se produjo debido a las hipotecas de alto riesgo. Ésas fueron la punta del iceberg. Además, Freddie Mac y Fannie Mae, entidades estatales, garantizaron los paquetes de hipotecas de alto riesgo, lo que impulsó a numerosos inversores y bancos a invertir en ellas por la garantía pública. Nadie puede anticipar una crisis derivada de la posible caída del precio de las acciones de Nvidia o del valor del bitcoin. De hecho, si la crisis de 2008 hubiera sido creada por las hipotecas de alto riesgo, se habría absorbido y compensado en menos de dos semanas.

El único activo que realmente puede crear una crisis es la parte de los balances de los bancos comerciales que se considera «sin riesgo» y, como tal, no requiere capital para financiarlo: los bonos del gobierno. Cuando el precio de los bonos soberanos cae rápidamente, el balance de los bancos se contrae rápidamente. Incluso si los bancos centrales aplican medidas de flexibilización cuantitativa, el efecto de contagio sobre otros activos conduce a la destrucción abrupta de su valor de mercado.

El desplome del precio del activo supuestamente más seguro, los bonos gubernamentales, se produce cuando los inversores deben vender sus tenencias existentes y no pueden comprar la nueva oferta emitida por los Estados. La inflación persistente consume los rendimientos reales de los bonos adquiridos anteriormente, lo que lleva a la aparición de evidentes problemas de solvencia.

En resumen, una crisis financiera sirve como evidencia de la insolvencia del Estado.

Cuando el activo de supuesto menor riesgo pierde valor rápidamente, toda la base de activos de los bancos comerciales se disuelve y cae más rápido que la capacidad de emitir acciones o bonos. De hecho, los bancos no pueden aumentar el capital o agregar deuda debido a la disminución de la demanda de bonos soberanos, ya que los bancos son percibidos como una apuesta apalancada a la deuda gubernamental,[110] que es el activo de menor riesgo por constructo regulatorio, no por su solvencia.

La falacia de la MMT es afirmar que la creación de dinero estatal ilimitado no generará inflación porque la demanda y oferta de bienes y servicios crecerá al unísono. Nunca ocurre y nunca ha ocurrido, y mucho menos en todos los sectores y bienes a la vez. Pero, si pruebas su falaz teoría, ya te han engañado, y dar marcha atrás es casi imposible. En el camino, la destrucción del poder adquisitivo de la moneda hará a los ciudadanos más dependientes.

No deja de ser un espejismo, una teoría completamente falaz y desacreditada, pensar que el gobierno sabe perfectamente cuál es la demanda y oferta real de bienes y servicios, y que sabe perfectamente cuál es la cantidad de dinero que debe crear para generar crecimiento sin hundir la moneda y crear una enorme inflación. Literalmente, es creer en la magia. Igual de falaz que la de pensar que crear dinero con la expansión cuantitativa va a hacer lo mismo. El error no es el método de creación artificial planificada de dinero, sino la creencia en la alquimia por dicha planificación centralizada.

La libertad económica y el avance de la clase media han venido de la mano de la expansión de crédito y la capacidad de inver-

---

110. Lacalle, Daniel, «Government spending will cause the next financial crisis», *ZeroHedge*, 30 de diciembre de 2024, <https://www.zerohedge.com/markets/government-spending-will-cause-next-financial-crisis>.

sión de la economía capitalista. La MMT, utilizando la excusa de que «sólo explica cómo funciona el dinero», te intenta convencer de una enorme mentira: que la riqueza la genera el Estado endeudándose e imprimiendo moneda.

Tú no tienes dinero porque lo cree el Estado. Tienes dinero porque lo creas tú. La moneda sólo manifiesta el valor del pagaré que usa el Estado para facilitar los pagos. Esa moneda la puede emitir el Estado, una empresa privada o una comunidad. El «uso social» de la moneda que promueven los estatistas, incluso los mal llamados moderados, es en realidad el uso político de tu dinero.

Conclusiones

- La difusión de teorías mágicas sobre el poder de creación de riqueza del Estado imprimiendo moneda sólo tiene un objetivo: convencerte de que la economía funciona al revés de como es y, con ello, adoptar la nacionalización encubierta.
- La MMT te puede parecer, con toda lógica, una estupidez, pero no puedes olvidar que en muchas ocasiones te están vendiendo esas políticas de manera parcial cuando hablan de «políticas expansivas».
- La MMT no deja de ser una herramienta más para justificar la estatalización de la economía argumentando que sólo explica cómo funciona el sistema monetario (inventándose que el Estado es el centro y pilar de la creación de riqueza).
- Defenderte de la expropiación de tu riqueza no es una opción, es una obligación.

9
Censura. El cambio climático y la salud como arma contra la libertad

El wokismo es una anticultura que busca imponer un pensamiento único y silenciar al que discrepe. La cultura es rebelión, disenso y lucha contra el conformismo. El wokismo es el conformismo, la sumisión y la uniformidad. ¿Quién impone ese pensamiento? La élite política que glorifica el estatismo, apoyada por un poder económico sumiso, unidos en el objetivo de eliminar la discrepancia y la libertad individual. Es un arma de la ingeniería social que aspira a un mundo donde todos piensen igual. Como el pensamiento único además es aleatorio en su proceso de cancelación y se utiliza un método clásico del comunismo, que es la purga del aparentemente más leal, una característica importante del wokismo es la autocensura; el miedo a decir algo por si acaso tiene consecuencias personales o profesionales. Es similar al sistema de control social antes descrito, pero disfrazado de diversidad mediática y libertad de expresión... Aunque mejor no te expreses. Calla y asiente.

Hasta la izquierda terminó por aterrarse ante el avance de la neocensura. Barack Obama afirmó que la «pureza *woke*» en política no trae cambios reales y que lapidar a quienes piensan diferente no es verdadero activismo. El lingüista John McWhorter alertaba sobre «los elegidos», que convierten un supuesto antirracismo en una religión cerrada al debate; y Susan Neiman, activista norteamericana, afirmaba que la ideología *woke* es «reaccionaria» al oponer sentimientos y pensamiento, y que ha sido «colonizada» por el identitarismo y por pensadores amorales.[111] El efecto bumerán de esta neocensura llegó incluso a los que la encumbraron, como siempre.

Es un ejemplo más de por qué no es fácil imponer el Estado depredador en una sociedad democrática y libre. La clase media se informa, decide, vota y se queja. Los contrapesos independientes, la justicia y la prensa en especial, frenan las ansias autocráticas de los políticos. Las votaciones se pierden aunque se acuda incesantemente a la propaganda. Es todo muy fastidioso cuando quieres imponer una ideología y un tipo de gobierno.

La mejor excusa para imponer restricciones crecientes a la libertad es la de anunciar una emergencia climática que dote de poderes extraordinarios y casi ilimitados a los gobiernos. Hace décadas, los totalitarios justificaban la eliminación de libertades individuales utilizando la amenaza exterior, un país enemigo o un ataque a las fronteras. Siempre por nuestro supuesto bien y con el aplauso de toda una red clientelar. Sin embargo, con el avance de la tecnología, de las redes sociales y de la información independiente, se desvanecía la capacidad de asustar a los ciudadanos con un enemigo externo.

Imagina el enfado del estatismo depredador cuando te anuncian una amenaza aparentemente letal y tú reaccionas defendiendo tu libertad. ¡Urgente! Necesitamos un enemigo invisible, aleatorio y que nos permita reducir libertades individuales lentamente sin que los ciudadanos protesten. Para ello, la pandemia y el cambio climático son perfectos.

La salud. Todos estamos preocupados por nuestra salud. Si existe una parte del gobierno y del Estado que los ciudadanos libres valoran, ésas son la sanidad y la defensa. Es el mejor ejemplo de la eficacia de un Estado: unos sistemas de defensa y sani-

111. Rubio, Jaime, «Cultura "woke": ¿ha importado Europa un debate propio de Estados Unidos?», *El País*, 15 de agosto de 2021, <https://elpais.com/ideas/2021-08-15/cultura-woke-ha-importado-europa-un-debate-propio-de-estados-unidos.html>.

tarios competentes. ¿Y si incorporamos una amenaza que nos permita utilizar ambos para introducir la represión? La pandemia fue perfecta.

Merece la pena tomar unas líneas para explicar los límites que debe tener un Estado a la hora de imponer restricciones. Lo explica el estudio «Restricciones de derechos humanos durante la pandemia de la COVID-19»:

> Las restricciones impuestas a los derechos humanos y las libertades deben cumplir con los principios de legalidad, necesidad, conveniencia y proporcionalidad, ser temporales y no contradecir otras obligaciones jurídicas internacionales del Estado. Durante un estado de excepción, el Estado debe contribuir a la minimización, eliminación y compensación de los daños a las personas afectadas y debe contribuir, en la medida de lo posible, a la plena realización de sus derechos humanos y libertades. Además, el Estado está obligado a notificar al secretario general de la ONU sobre las medidas y derogaciones adoptadas en materia de derechos humanos de conformidad con el párrafo 3 del artículo 4 del Pacto Internacional de Derechos Civiles y Políticos o al secretario general del Consejo de Europa de conformidad con el párrafo 3 del artículo 15 del Convenio Europeo de Derechos Humanos, siempre que estos tratados hayan sido ratificados por el Estado.
>
> La restricción de los derechos y libertades humanos tiene por objeto proteger los valores fundamentales generalmente reconocidos en la sociedad, entre los que se incluyen la vida, la libertad, la dignidad y la salud de la población, así como mantener la seguridad del Estado y garantizar el orden público.[112]

El gran problema moral que se crea ante una amenaza como una pandemia es la restricción de la libertad de expresión en nombre de un supuesto consenso científico que, además, cambia

---

112. Mingazov, Leanaris Harisovich y Sinyavskiy, Alexey Alexeyevich, «The restrictions of Human Rights during COVID-19 pandemic», *Utopía y Praxis Latinoamericana*, 2020, <The Restrictions of Human Rights During COVID-19 Pandemic>.

constantemente. Por ejemplo, en España, alertar sobre la pandemia y su importancia era desinformación y mentira hasta que pasó el 8 de marzo de 2020, cuando el gobierno y sus socios llevaron a cabo su manifestación feminista. Hasta ese día, era un bulo. El portavoz de uno de los partidos de la coalición de gobierno, Pablo Echenique, declaraba esto en Twitter (ahora X) el 25 de febrero de 2020: «En las portadas y en las tertulias, el coronavirus corre desbocado y es una peligrosísima pandemia que causa pavor. En el mundo real, el coronavirus está absolutamente controlado en España. Ojalá un día el sistema mediático tenga la mitad de calidad que el sistema sanitario». Los ataques y llamadas a la cancelación de las personas que informaban sobre el impacto de la pandemia eran incesantes. ¡Oh, sorpresa! El 10 de marzo, tras la manifestación antes mencionada, la COVID-19 era una amenaza real. Unos días antes era desinformación.

Piénsalo por un momento. En medio de una pandemia de consecuencias globales, el gobierno de España canceló la actividad parlamentaria e impuso dos estados de alarma declarados inconstitucionales, incluyendo en las medidas de emergencia por la pandemia varias restricciones a la libertad de empresa y personal. El Tribunal Constitucional de España consideró que se habían suspendido derechos fundamentales de los ciudadanos.[113]

Los gobiernos atacaron a los que difundían información independiente acusándolos de desinformar; y, sin embargo, un estudio de la propia Comisión Europea argumenta que el problema de falta de credibilidad de los Estados es un factor más preocupante.

> La percepción de la legitimidad de la acción gubernamental está estrechamente relacionada con el acceso público a la información y la comprensión de la justificación de las medidas pandémicas. Los estudios también han concluido que existe una conexión entre la calidad de la democracia y la confianza pública, social e institucio-

---

113. La sentencia del Tribunal Constitucional, <https://www.deloitte.com/es/es/services/legal/blogs/sentencia-tribunal-declara-inconstitucional-estado-de-alarma.html>.

nal. Análisis anteriores indican que los gobiernos democráticos son más eficaces en la gestión de situaciones catastróficas, como pandemias o hambrunas, que los regímenes autoritarios. Una gobernanza democrática más fuerte se asocia significativamente con menos muertes en exceso durante la pandemia de COVID. [...] Los Estados cuyas instituciones democráticas estuvieron a la altura del desafío de la pandemia y garantizaron una supervisión en tiempo real de las medidas restrictivas, aseguraron que pudieran ser cuestionadas, ajustadas y, gracias a ello, gozaron de una mayor confianza pública. En este contexto, se debe prestar atención a los principios de delegación y rendición de cuentas.[114]

Las claves de un Estado libre y democrático son la transparencia, la rendición de cuentas y que el poder político esté sujeto al máximo nivel de escrutinio por parte de las instituciones independientes. Sin embargo, durante la pandemia se traspasaron límites inimaginables anteriormente. ¿No te parece curioso que los gobiernos acaparen siempre poderes de urgencia y acudan a la represión de los ciudadanos usando la excusa de la desinformación mientras esas mismas autoridades utilizan la información para intereses que exceden la defensa de los ciudadanos y su salud?

El gran problema es que un gobierno con veleidades autocráticas puede aprovechar una circunstancia excepcional para imponer restricciones a la libertad que, en algunos casos, permanecen años después, como las restricciones a la propiedad privada y la libertad de empresa impuestas con la excusa de la pandemia.

La pandemia de la COVID-19 se acabó el mismo día en todo el mundo. El 5 de mayo de 2023, la OMS declaró la emergencia pública internacional terminada. En esos meses, se cancelaron cuentas de redes sociales, se prohibieron reuniones familiares, miles de ciudadanos murieron sin poder ser visitados por sus familiares y millones de ciudadanos del mundo fueron tratados como

---

114. «Impact of COVID-19 measures on democracy and fundamental rights Best practices and lessons learned in the Member States and third countries», European Commission, <https://www.europarl.europa.eu/thinktank/en/document/IPOL_STU(2022)734010>.

terroristas por no querer vacunarse. Miles de personas fueron acusadas de negacionistas y de amenaza social simplemente por preguntar o cuestionar las medidas, que además cambiaban constantemente. La ministra de Sanidad de España en 2024, Mónica García, pasaba de afirmar en Twitter el 11 de mayo de 2020 que «regalar mascarillas FFP2 a toda la población es un acto magnánimo de prepotencia que esconde la debilidad de un gobierno seriamente cuestionado por su falta de rumbo en la crisis: las mascarillas FFP2 no son adecuadas para la población general» a intentar imponer las mascarillas.[115] De hecho, en EE. UU., la mascarilla se convirtió en una especie de emblema de la izquierda *woke*, una especie de sumisión ante el altar de la autocensura. Tápartela boca y la nariz voluntariamente para demostrar tu entrega a la causa de la aleatoriedad política. Todo en nombre de la «ciencia». La ciencia es disenso, experimentación, prueba y error, no dogma. Y dogma quisieron que fuera. Aquellos que se vanagloriaban de «seguir a la ciencia» estaban en contra de investigar la fuente del virus, en contra de publicar los resultados de los efectos secundarios de las vacunas experimentales y en contra de cualquier argumento que contradijese lo que afirmase el gobierno, aunque cambiase de mes a mes.

Yo me vacuné, como casi todos, y lo hice encantado porque confío más en Pfizer o cualquier empresa privada cotizada y responsable que en los gobiernos que crearon su propia vacuna. Yo creo que esas vacunas fueron un gran avance y una demostración de que la iniciativa privada funciona. Sin embargo, ésa es mi opinión y estoy en contra de la imposición, los terribles pasaportes COVID y la cancelación y demonización de los que no querían vacunarse sin conocer los efectos secundarios. Lo explica el estudio de Kevin Bardosh:[116]

115. Rodríguez, Guillermo, «Mónica García quiere imponer ahora las mascarillas cuando en diciembre del 21 lo veía como una "medida inútil"», *Vozpópuli*, 5 de enero de 2024, <https://www.vozpopuli.com/espana/sanidad-pedira-comunidades-mascarillas-obligatorias.html>.

116. Bardosh, Kevin, *et al.*, «The unintended consequences of COVID-19 vaccine policy: why mandates, passports and restrictions may cause more harm

Nuestro análisis sugiere firmemente que las políticas de vacunación obligatoria contra la COVID-19 han tenido efectos perjudiciales en la confianza pública, la confianza en las vacunas, la polarización política, los derechos humanos, las desigualdades y el bienestar social. Cuestionamos la eficacia y las consecuencias de las políticas de vacunación coercitivas en la respuesta a la pandemia e instamos a la comunidad de salud pública y a los responsables de las políticas a volver a adoptar enfoques de salud pública no discriminatorios y basados en la confianza.

¿Tan difícil es entenderlo? Cuidado con los que te dicen que ellos siguen a la ciencia. La usan para introducir el totalitarismo.

No podemos olvidar que, durante la pandemia, se llamó «negacionistas» a miles de ciudadanos libres y se tildó de «noticias falsas», «bulos» y «desinformación» a toda una serie de informaciones que, ahora, han demostrado ser ciertas. En un informe[117] demoledor del Congreso de Estados Unidos presentado por el subcomité de investigación de la pandemia, se llega a las siguientes conclusiones:[118]

- El origen más probable del virus COVID-19 fue una fuga del laboratorio de Wuhan y se descarta el contagio de origen animal. (Recuerda que te llamaban xenófobo y negacionista si lo comentabas.)
- La obligatoriedad del uso de mascarillas no provenía de una evidencia científica concluyente para la prevención de la enfermedad. Mientras que el distanciamiento social de

---

than good», *PubMed Central*, 25 de mayo de 2022, <https://pmc.ncbi.nlm.nih.gov/articles/PMC9136690/>.

117. «AFTER ACTION REVIEW OF THE COVID-19 PANDEMIC: The Lessons Learned and a Path Forward», *Final Report of the Select Subcommittee on the Coronavirus Pandemic Committee on Oversight and Accountability*, 4 de diciembre de 2024, <https://oversight.house.gov/wp-content/uploads/2024/12/2024.12.04-SSCP-FINAL-REPORT-ANS.pdf>.

118. Collado, Sergio, «La investigación que cambia la pandemia», *El Mundo*, 23 de diciembre de 2024, <https://www.elmundo.es/cataluna/2024/12/20/6765c25de4d4d8ba388b457e.html>.

«metro y medio», que cerró escuelas y pequeñas empresas en todo el país, fue una medida arbitraria tampoco basada en la ciencia. El Dr. Fauci testificó que esta medida «simplemente apareció», sin más.
- Los encierros domiciliarios prolongados causaron un «daño inconmensurable» no sólo a la economía, sino también a la salud mental y física de los ciudadanos con un efecto particularmente negativo en las personas más jóvenes (y especialmente en niñas adolescentes).
- La vacuna de la COVID-19 no detuvo la propagación ni la transmisión del virus y el plazo en que se aprobó fue arbitrario, a pesar de la advertencia científica de la probabilidad de eventos adversos. Fue una decisión política, no sanitaria, por lo que su obligatoriedad (y el pasaporte sanitario) no estaba respaldada por la ciencia, causando más daño que bien. No se informó adecuadamente sobre las lesiones que originaba y se deterioró la confianza pública en la seguridad de las vacunas. Obligar a ciudadanos sanos pisoteó las libertades individuales y no tuvo en cuenta la libertad médica.
- Para poder sacar al mercado e implementar la inoculación de la vacuna experimental como único medio de control de la enfermedad, los funcionarios de salud pública participaron en un esfuerzo coordinado para ignorar la inmunidad natural, así como descalificaron otros fármacos eficaces ante la enfermedad.
- Se ejerció la censura de la información no oficial relativa a la pandemia: los funcionarios de salud pública a menudo desinformaron a través de mensajes conflictivos, reacciones viscerales, demonizaciones. A su vez, la administración empleó métodos antidemocráticos y probablemente inconstitucionales, incluso presionó a las compañías de redes sociales para censurar contenidos.
- La respuesta de la OMS a la pandemia de la COVID-19 fue un «fracaso rotundo», y con su prospectivo y vinculante Tratado de Pandemias puede dañar la soberanía de un país como EE. UU.

Esta evidencia nos vuelve a demostrar que no puede haber mayor riesgo que limitar la libertad de información usando la excusa de una ciencia que, por definición, es cambiante y no es un dogma.

Pues bien, la pandemia fue una excusa perfecta para imponer un experimento muy peligroso de restricciones a las libertades fundamentales. Afortunadamente, a los Estados y gobiernos con veleidades autocráticas les salió mal el experimento, y los ciudadanos de sus países se rebelaron contra ellos en cuanto pudieron. Y lo hicieron de manera contundente.

Si la pandemia se utilizó para la represión de las libertades y los derechos fundamentales, imagina lo que quieren algunos hacer con el calentamiento global, que pasó a denominarse cambio climático y ahora, no por casualidad, emergencia climática.

¿Cómo se pueden eliminar libertades sin que proteste la gente? Ante una emergencia. Todas las dictaduras nacen de una emergencia, una urgencia, un evento excepcional que requiere medidas drásticas e incontestables.

Los que hablan de emergencia climática son los primeros que no se la creen. Si de verdad estuviesen preocupados por una emergencia inmensurable y apocalíptica, climática además, en la que tanto vale si suben como si bajan las temperaturas, no estarían pontificando desde cumbres en lugares paradisíacos a los que acuden en avión privado con un séquito digno de un monarca. No se presentarían a una gira de activismo climático en barco velero para luego enviar de vuelta en avión a la tripulación.[119] Es más, si se creyesen la emergencia climática, serían libertarios y exigirían que el Estado, que consume más del 40 % del PIB de los países desarrollados, dejase de gastar sin control y de consumir recursos.

Si los activistas de la emergencia climática se la creyeran, protestarían en China, en los países de la OPEP. Sin embargo, no

---

119. «La travesía trasatlántica de Greta Thunberg, ¿menos contaminante que el avión?», *El Mundo*, 10 de diciembre de 2019, <https://www.elmundo.es/ciencia-y-salud/ciencia/2019/12/10/5defd699fc6c8365208b460c.html>.

se la creen, sólo la usan para atacar a las democracias liberales y al capitalismo, que es donde viven estupendamente y donde pueden expresarse con libertad sin jugarse la cárcel y la tortura. La profunda hipocresía resulta todavía más evidente cuando esquivan responder a las preguntas sobre dictaduras socialistas que destruyen el medioambiente de sus países.

Si los activistas se creyeran lo que fingen defender, criticarían a los Estados, que son los que más recursos consumen, y adoptarían la tecnología que atacan, el libre mercado que demonizan y la competencia que dinamitan.

La lucha contra el cambio climático no puede hacerse desde el sectarismo, eliminando libertades y empobreciendo a países y poblaciones enteras. Eso no es lucha contra el cambio climático; eso es, en toda regla, un ataque a la libertad del ser humano. Y así lo debemos entender o nos volverán a hacer lo mismo que hicieron durante la pandemia. Comprender los mecanismos de control de masas de los sistemas totalitarios es crucial para que, como ciudadanos libres, podamos protegernos de los abusos del Estado depredador.

El objetivo es imponer el totalitarismo y usar el cambio climático como dogma que exija la represión de los ciudadanos. Por eso no consideran un problema que se dispare el uso de carbón tras cerrar las centrales nucleares. Ellos lo ven como una oportunidad para obligar a los ciudadanos a no poder usar su vehículo o viajar.

No olvidemos que la movilidad es un factor esencial de libertad. Si se utiliza una supuesta emergencia para imponer el control de la movilidad y a la vez se reprime tu libertad financiera y monetaria, se consigue que seas un rehén dependiente. Una persona sin libertad.

Con respecto a la emergencia climática, el caballo de Troya es utilizarla como una manera de imponer medidas de represión individual y colectiva, aunque no tengan la más mínima eficacia a la hora de reducir emisiones o defender el medioambiente. Apelando, además, al sentimiento de culpa o al miedo de la población. Herramientas muy eficaces cuando quieres que millones de personas se sometan a tus dogmas: la culpa y el miedo.

Para el estatismo depredador, el resultado no importa, sólo importa el proceso, siempre que suponga menos libertad.

Uno de los episodios más alucinantes en este sentido ha llegado ante la publicación de libros como *No hay apocalipsis* de Michael Shellenberger.[120] Shellenberger, un activista medioambiental incuestionable, alerta sobre la creación de una nueva religión laica del apocalipsis medioambiental, no muy diferente a las sectas del fin del mundo, que no sólo lanzan afirmaciones exageradas, sino que generan tal rechazo en la población que terminan por crear un efecto muy nocivo: el rechazo generalizado a la defensa del medioambiente, defensa que todos valoramos y apoyamos.

Shellenberger nos recuerda que el auge del ambientalismo apocalíptico tiene objetivos económicos muy claros que benefician a sectores financieros muy específicos. Imposición de estatus y poder sobre la población general. Para un milmillonario, esta nueva religión puede ser una excelente oportunidad para eliminar competencia y someter a la población a sus veleidades de ingeniería social.

Por ello, un grupo de 1.600 científicos, profesionales y premios nobeles[121] lanzaron un documento llamado *No existe emergencia climática* en el que se afirma que «la ciencia del clima debería ser menos política, mientras que las políticas climáticas deberían ser más científicas». «Los científicos deberían abordar abiertamente las incertidumbres y exageraciones en sus predicciones sobre el calentamiento global, mientras que los políticos deberían contar desapasionadamente los costes reales, así como los beneficios imaginarios de sus medidas políticas.» Es algo normal y perfectamente lógico, ¿verdad? Sin embargo, la respuesta no se ha hecho esperar. La web Chequeado afirma lo siguiente: «Las narrativas falsas como las reflejadas en la declara-

---

120. Shellenberger, Michael, *No hay apocalipsis*, Ediciones Deusto, Barcelona, 2021, <https://www.planetadelibros.com/libro-no-hay-apocalipsis/326552>.

121. «No existe emergencia climática», *Clintel*, <https://clintel.org/spain-wcd/>.

ción son particularmente frecuentes y potentes cuando se habla de cambio climático. Campañas coordinadas de desinformación han difundido varias veces mensajes que ponen en duda la existencia del cambio climático causado por el ser humano y alientan la inacción». Sin embargo, la realidad es que no se alienta a la inacción ni se pone en duda la existencia del cambio climático, sino la emergencia y la falta de análisis crítico de las medidas que se imponen.

Y continúa así: «Investigaciones han observado una expansión del escepticismo o negacionismo climático, su financiación y los impactos discursivos de sus narrativas en el público. Se busca generar dudas y oscurecer la verdad, de manera que las acciones que se pudieran emprender para reducir las emisiones queden bloqueadas».[122] Es curioso lo rápido que se acude a una verdad incontestable, y todavía más la infalibilidad de las medidas adoptadas y anunciadas por políticos. Si a alguien le interesa la verdad, promueve el debate y la crítica.

Ningún científico serio rechaza el escepticismo, el cuestionamiento y el debate abierto. Es más, ningún científico serio equipara estimaciones de futuro con verdad incontestable ni tampoco rechaza la crítica y el análisis de idoneidad y efectividad de las políticas públicas, que no tienen nada que ver con la ciencia y, sin embargo, tienen todo que ver con la política.

Lo primero que un científico debería hacer es alentar el análisis crítico y detallado de las políticas implementadas utilizando sus estimaciones, además de su eficacia y sus efectos colaterales. En el momento en el que se elimina el método científico y se acude a la demonización de cualquier crítica, se pierde la razón.

Los que queremos defender de verdad el medioambiente y queremos un mundo mejor para las generaciones venideras de-

---

122. Koop, Fermín, «Es falso que la "crisis climática no existe" como afirma una declaración firmada por supuestos científicos», *Chequeado*, 8 de noviembre de 2022, <https://chequeado.com/el-explicador/es-falso-que-la-crisis-climatica-no-existe-como-afirma-una-declaracion-firmada-por-supuestos-cientificos/>.

fendemos el respeto de la naturaleza defendiendo el progreso y la tecnología y combatiendo la pobreza.

Sí, la mejor forma de luchar contra los efectos negativos del cambio climático es el capitalismo. La mejor forma de empobrecer a la población y no respetar el medioambiente es el socialismo. Los mayores desastres ecológicos de la historia han venido de regímenes intervencionistas y totalitarios. De Chernóbil a la Alemania comunista, de los desastres del chavismo en Venezuela a la contaminación de las dictaduras teocráticas; socialismo es contaminación.[123] No es la libre empresa la que causa daños medioambientales; si así fuera, el mundo socialista sería perfecto desde el punto de vista medioambiental, y es lo opuesto. «La inmensa mayoría de los problemas medioambientales no está causada por eso que llaman "fallos del mercado", sino por la incapacidad del gobierno para hacer cumplir los derechos de propiedad», explica Di Lorenzo.

Efectivamente, si miramos las sociedades más intervenidas y con gobiernos socialistas, son también las más contaminantes. A finales de los ochenta, la contaminación en la mitad comunista de Alemania era hasta diez veces mayor que en la mitad capitalista.[124]

Es normal. El socialismo supone control estatal, propaganda y represión de la información con un objetivo primordial: planificar el futuro. Las decisiones del planificador central no se cuestionan y, además, se llevan a cabo por empresas estatales gestionadas por políticos. Cuando se tiene como objetivo la planificación, el control y la gestión política, el medioambiente sólo sirve de subterfugio. Cuando se producen desastres ecológicos, los tapa la propaganda oficial y no pasa nada.

En el socialismo no hay incentivos para proteger el medioam-

---

123. Di Lorenzo, Thomas J., «Por qué el socialismo causa contaminación», Fundación Internacional Bases, 6 de julio de 2023, <https://fundacionbases.org/por-que-el-socialismo-causa-contaminacion/>.

124. Zitelmann, Rainer, «Cómo el comunismo destroza el medio ambiente: las cifras del desastre alemán de la RDA», *Libremercado*, 7 de septiembre de 2021, <https://www.libremercado.com/2021-09-07/rainer-zitelmann-comunismo-ecologismo-desastre-medioambiental-socialismo-alemania-6815034/>.

biente, sino para ponerlo en peligro, porque la mejor manera de defender la naturaleza es la propiedad privada y el valor de mercado. Al eliminar ambos, cuidar el medioambiente desaparece como incentivo. Eso que algunos activistas llaman «fallos de mercado» no son más que las consecuencias de fallos del Estado y regulaciones que desprotegen la propiedad privada y la penalización de la contaminación. Los que realmente creemos en buscar soluciones serias y eficientes para mejorar el medioambiente defendemos el libre mercado, la propiedad privada y el respeto irrestricto de los contratos.

Si queremos una verdadera alternativa que mejore el medioambiente y fortalezca el bienestar global, ésta sólo va a venir del libre mercado.

En definitiva, el socialismo siempre, en todo momento y en todo lugar, destruye aquello que finge proteger.

Todo esto se ve claro cuando sistemas intervencionistas y socialistas se convierten en máquinas de subvencionar a los que más contaminan bajo la excusa del «empleo» y usando el término «sector estratégico». El mismo estatismo depredador que te hace sentir culpable por usar tu vehículo privado rescata y subvenciona con cantidades millonarias a aerolíneas sin pasajeros o fabricantes de automóviles con sobrecapacidad productiva.

¿Por qué sólo el libre mercado y la defensa de la propiedad privada protegerán el medioambiente? Porque nadie defiende mejor los recursos naturales que los ganaderos, agricultores y propietarios que quieren que sus explotaciones sean rentables y perduren. Al único que le da igual destruir el medioambiente es al que no lo paga ni sufre la pérdida patrimonial: el gobierno. Esto lo vemos en varias de las catástrofes ocasionadas por fenómenos meteorológicos adversos como incendios o riadas. Si el campo está cuidado por sus propietarios, los riesgos de daño son menores que si la tierra no la cuida ni la atiende nadie. Querer acabar con la agricultura y la ganadería es un torpedo en la línea de flotación de la protección del medioambiente. Aquí vemos la gran hipocresía que es la religión climática. No les interesa dar libertad y poder a los que realmente cuidan de la tierra.

El intervencionismo pone todo tipo de trabas a la innovación tecnológica, el cambio de patrón de crecimiento y los desarrollos disruptivos por dos factores muy claros. El primero: porque la tecnología y la competencia destruyen el poder gubernamental a la hora de fijar precios, decidir ganadores y perdedores, elegir dónde y cómo gastar... El segundo: porque la tecnología disruptiva es desinflacionista y no permite rellenar puestos de trabajo sin contenido para amigos del partido en el poder en conglomerados ineficientes y controlados por el poder político.

La razón fundamental por la que el intervencionismo nunca defenderá el medioambiente y la innovación es porque detesta la propiedad privada, la competencia y la tecnología y porque la innovación disruptiva debilita el poder del estatista.

Es triste que algo que debemos apoyar todos, la protección del medioambiente, se convierta en un instrumento propagandístico para blanquear el intervencionismo más absoluto. Se ha ideologizado todo hasta niveles incompatibles con la lógica y la razón.

El Estado depredador se apropia de causas que pertenecen a las ideas de la libertad, como la defensa de la naturaleza, los derechos de la mujer o la libertad sexual, para exigir un sistema represor. No se trata de proteger el medioambiente, sino de proteger el rentismo político, que es muy atractivo para los estatistas intervencionistas porque es la única manera de continuar ejerciendo un poder que se les escapa de las manos cuando hay verdadera competencia, mejora tecnológica y transparencia.

Apropiarse de la causa medioambiental tiene otra ventaja para el Estado depredador. Cuando hace lo contrario y aumenta el uso de carbón o dispara las importaciones de gas natural, culpa a un enemigo exterior cercano y se presenta como la solución.

Si el estatista quisiera cuidar el medioambiente y luchar contra los efectos negativos del cambio climático, nunca cerraría nucleares sin necesidad y escucharía a las empresas y a los ingenieros que saben de verdad cómo encontrar soluciones. Pero hace lo contrario. A los verdaderos científicos y técnicos se los silencia, mientras se posiciona a personajes públicos que nada tienen que ver con temas climáticos para sentar cátedra y para propagar mensajes apocalípticos con el único fin de ideologizar y atemorizar a la población.

¿Por qué al estatista le interesa apropiarse de la causa del cambio climático y a la vez empeorar la situación con su exceso de gasto y sus políticas equivocadas? Porque, si el problema desaparece, también desaparece su razón de existir. Es decir, el estatista no quiere eliminar la pobreza, la polución o la pandemia, lo que quiere es que le sirvan para perpetuarse en el poder. Al único al que le interesa que se elimine la pobreza, la polución y la pandemia es al empresario que quiere clientes más prósperos, mejores ventas, una propiedad de más valor por ser más limpia y respetuosa con el entorno y una sociedad abierta y sana.

La politización del clima no defiende el medioambiente, sino el blanqueamiento del intervencionismo. De ahí el silencio con China o Irán. China aprobó en 2021 construir en doce años más capacidad instalada de carbón que toda la capacidad instalada de EE. UU. y casi el doble que la de la Unión Europea. ¿Has escuchado a algún activista denunciar los daños medioambientales en las plataformas petrolíferas de las empresas estatales de Irán? No.

Irán es el país que subvenciona más las energías fósiles. De los 147 países que han acudido y ratificado los acuerdos del clima, más del 90 % tienen los sectores más contaminantes nacionalizados y en empresas estatales.

Por supuesto, es muy fácil ser «activista» en países democráticos contra empresas cotizadas que son la solución, no el problema. No olvidemos que las empresas cotizadas, que tienen el escrutinio diario de inversores, *stakeholders* y medios de comunicación, dan soluciones en concesiones estatales. Es decir, las eléctricas y energéticas a las que los activistas acusan de contaminar en realidad dan soluciones que limitan y mitigan la contaminación en las concesiones estatales que gestionan.

Imagina por un momento si las concesiones que gestionan empresas privadas y cotizadas, con máxima transparencia, fueran gestionadas por empresas estatales controladas por políticos. Sería un desastre.

Sin embargo, es mucho más fácil subir los impuestos a los ciudadanos con la excusa medioambiental mientras se rescata y subvenciona a los sectores más contaminantes.

Piénsalo por un momento. ¿Realmente crees que los sectores más ineficientes y contaminantes existirían hoy ante el avance imparable de la tecnología?

Sólo se pueden dar monopolios contaminantes si los promueve o facilita el gobierno. En un sistema de libre mercado no intervenido no pueden existir sectores obsoletos y, desde luego, no se perpetúa la sobrecapacidad subvencionándola.

Mejorar la inversión en el medioambiente puede ser una gran oportunidad para revitalizar la Unión Europea. Esto sólo sucederá si se establecen tres objetivos clave: competitividad, competencia e interconexión.[125] Sin embargo, debemos desconfiar cuando los gobiernos se presentan como solución medioambiental y defensores de la inversión en tecnología disruptiva, porque los gobiernos rechazan algo que reduce la inflación, de la que se lucran, y que siempre tendrá un impacto negativo en los ingresos fiscales.

Ningún gobierno intervencionista va a promover una revolución verde por mucho que lo diga, ya que pierde ingresos fiscales, genera desinflación y elimina a los mal llamados «campeones nacionales», que los gobiernos controlan y llenan de contratados afines.

Lo importante es analizar cómo lo cambiamos y transformamos una amenaza en una oportunidad.

Capacidad para competir: es esencial que las empresas tengan acceso a una electricidad competitiva para seguir operando, invirtiendo y generando empleo. Reducir emisiones hundiendo la economía, deslocalizando empresas y perpetuando el alto desempleo es un error. No se necesita una enorme inyección de dinero público ni mucho menos una regulación asfixiante. En el mundo hay suficiente capital privado dispuesto a invertir en tecnologías disruptivas y energía verde sin necesidad de subvenciones.

---

125. Lacalle, Daniel, «Emergencia climática y emergencia burocrática», *El Español*, 30 de noviembre de 2019, <https://www.elespanol.com/invertia/empresas/20191130/emergencia-climatica-emergencia-burocratica/448335166_13.html>.

Destrucción creativa: no puede ser que los países intenten mantener unos conglomerados que parecen dinosaurios y a la vez digan que defienden el cambio tecnológico. No puede ser que los gobiernos quieran acabar con los líderes en inversión en energía por intereses políticos. En vez de dejar que la competencia funcione, empeoran el proceso tecnológico y su desarrollo.

Una transición energética competitiva reducirá significativamente los ingresos fiscales y, además, la inflación. Los gobiernos que no lo entienden están destinados a fracasar. La tecnología reduce costes, requiere menos capital y además mejora los procesos. Por ello, si los gobiernos de verdad creyesen en la transición energética competitiva, reducirían la burocracia y el gasto innecesario.

No habrá un cambio radical si se intenta conservar a toda costa lo que ese cambio va a sustituir.

Lo expliqué en 2019. Como ciudadano, me encantaría una verdadera revolución tecnológica verde: se reduciría la inflación, disminuiría el peso del Estado burocrático y se haría más eficiente el proceso de fijación de precios, al mismo tiempo que se eliminaría el control del gobierno en un sector crucial, el energético. Como ciudadano con memoria, sé que pocos gobiernos, especialmente aquellos con políticos que están en contra de la competencia y del mercado, aceptarán esa realidad.[126]

El socialismo niega el cálculo económico, restringe la propiedad privada y politiza la gestión; por eso nunca promueve el cambio, sólo se disfraza con buenas palabras.

Esos activistas que atacan a las empresas innovadoras y a las economías abiertas, que son la solución, no lo hacen por falta de información o por ignorancia, sino porque su objetivo es otro. Unirse a gobiernos totalitarios, teocracias y dictaduras (sean

---

126. «La única opción que evitará que el proyecto verde europeo se convierta en otra colección de elefantes blancos pagados por el contribuyente que genere deslocalización y estancamiento es entender lo que es un cambio disruptivo. No habrá cambio disruptivo si se quiere perpetuar a toda costa lo que ese cambio reemplazará.» Ibídem.

contaminantes o no) para destruir lo poco que queda de libre mercado en un mundo occidental que está ahogado precisamente por el intervencionismo.

España, por ejemplo, tiene ejemplos mundiales de la lucha contra los efectos negativos del cambio climático y por la protección del medioambiente: empresas energéticas que siempre han sido privadas desde su creación. Curiosamente, son también el centro de los ataques más vitriólicos de los intervencionistas, cuyo objetivo no es tener campeones eficientes que son capaces de liderar el cambio creando empleo, fortaleciendo su posición y creciendo en el mundo. El objetivo es expropiarlas para llenarlas de puestos políticos. Exactamente, lo que ha llevado a las petroleras estatales globales a ir destruyendo valor, eficiencia y capacidad de cambio.

No es que los intervencionistas sean tontos o incoherentes en su silencio con Venezuela, China o Irán y sus ataques a las empresas que consiguen mejorar el medioambiente innovando y creciendo. Es que su objetivo es que desaparezcan los factores que continuarán mejorando el mundo, reduciendo la pobreza y creando riqueza: la competencia y el avance tecnológico.

Es lo triste de unos políticos que se autodenominan progresistas y en realidad son regresistas, que hablan del oxímoron del Estado emprendedor y están en contra de las tecnologías disruptivas y el cambio tecnológico. Porque lo que quieren es volver a tener conglomerados estatales que hundan la competitividad y repartir puestos por designación política, que es la fórmula perfecta para aniquilar la innovación y el cambio.

Sólo hay dos formas de solucionar los retos medioambientales: competencia y tecnología. Ningún gobierno obsesionado por el control y por que los precios no bajen va a defender esas opciones. Las va a boicotear de todas las maneras posibles. Y está pasando en un país cerca de ti en estos momentos.

Los gobiernos intervencionistas quieren inflación y control. La tecnología y el libre mercado destruyen esos dos factores. Pues bien, ya sabes por qué no van a defender todo aquello que mejore el medioambiente y por qué van a seguir subvencionando lo que lo empeora. Y ya sabes por qué quieren que culpes al inexistente libre mercado en industria y energía, los dos sectores más intervenidos: para generar servidumbre y clientes rehenes.[127]

Conclusiones

- El control de tu dinero y de tu libertad de expresión son armas esenciales para imponer la autocracia.
- La defensa del medioambiente y la salud no puede justificar la eliminación de libertades individuales.
- Si quieres defender la salud, la igualdad y el medioambiente, debes defender la libertad individual, la propiedad privada, la tecnología disruptiva y la competencia.

---

127. Lacalle, Daniel, «La politización del clima no busca proteger el medioambiente, sino blanquear el intervencionismo», *Daniel Lacalle*, 27 de septiembre de 2019, <https://www.dlacalle.com/la-politizacion-del-clima-no-busca-proteger-el-medioambiente-sino-blanquear-el-intervencionismo/>.

10
Identidad digital como herramienta de control

No es fácil imponer un modelo centralista y autoritario. Los ciudadanos valoran su privacidad y la libertad económica y de expresión. No necesitamos que un grupo de líderes políticos o burócratas nos digan qué es lo que realmente necesitamos o qué debemos pensar. Por eso, la mejor manera de intentar obligarte a aceptar un modelo represor es presentar una supuesta amenaza y a la vez decirte que la solución es más Estado y más control.

¿Cómo nos intentan convencer de que la libertad económica es una amenaza? ¿Cómo pueden convencerte de que aceptes la censura y la cancelación de opiniones? Acudiendo al riesgo de fraude, de volatilidad financiera o de inseguridad ciudadana. Te quieren convencer de que van a tomar el control de tu dinero y tu información personal por tu supuesto bien. Tratar al ciudadano como si fuera un niño al que hay que explicarle qué hay que hacer y qué no a cada momento. Para ello debes creer en el nuevo señor feudal, el Estado depredador, como ente de bondad inmaculada y protector que no tiene ninguna intención de reprimir y es garantía total de privacidad. ¿Te lo crees?

¿No te parece sospechoso?

Piénsalo por un momento. Si hay empresas privadas, bancos, fondos de inversión e individuos que cometen errores, fraude y delitos, lo que deberíamos exigir es más libertad, más competencia y más transparencia, no más control estatal. Es más, si lo que temes son las malas prácticas de algunos operadores privados, lo último que deberías desear es un gobierno con poder absoluto. Si te preocupan las posibles acciones ilícitas de algunas empresas privadas, jamás querrás vivir bajo un monopolio estatal.

La inmensa mayoría de los ciudadanos piensan así. Hay que limitar el poder de los gobiernos con contrapesos e instituciones independientes. Por ello, los estatistas tienen que convencerte de que el Estado es el gobierno, que jueces y medios independientes son el problema, y no la solución, y que debes entregar tu libertad a cambio de seguridad.

Todos entendemos que tener un policía patrullando por nuestro vecindario genera confianza y seguridad. Los posibles ladrones se lo piensan dos veces antes de cometer un robo y los ciudadanos saben que ese policía no puede hacer lo que quiera, aunque piense que es por tu bien y está sujeto a la ley igual que los demás. Lo mismo ocurre con la seguridad privada de tu empresa o de los comercios. Lo que genera confianza es que no es omnipotente y que tiene límites, y así garantiza la libertad. Tú te puedes defender del poder.

¿Qué es lo que te da capacidad de defenderte del riesgo de poder absoluto? Tu propiedad privada, tu libertad económica y tu libertad de expresión, garantizadas por contrapesos independientes. Si lo analizas en detalle, lo que te da confianza de un sistema de seguridad, sea privado o público, es que tienes mecanismos para defenderte de su abuso; y, por lo tanto, el incentivo del proveedor del servicio es maximizar tu confianza y tu bienestar. Es decir, los policías y militares no son profesionales excelentes por diseño, sino porque los límites que tienen en su poder les dan responsabilidad y espíritu de servicio.

Todos entendemos que el monopolio de la defensa sólo es aceptable cuando los contrapesos y limitaciones hacen que ese monopolio conlleve responsabilidad absoluta y subordinación a los que protegen. Y, sin embargo, a la vez entendemos que hay que proteger la libertad de los ciudadanos porque el riesgo de abuso de poder existe.

Es muy peligroso, por lo tanto, pensar que una autoridad con poder ilimitado sobre tu dinero y tu información no lo va a ejercer de manera autoritaria. Por ejemplo, el sistema de crédito social que existe en China es un importante riesgo porque supone un control sistemático y una barrera a la libertad.

Ya en 1980, el gobierno chino intentó imponer un sistema de calificación crediticia bancaria y financiera personal, con el objetivo de tener más información y control sobre la economía de personas en zonas rurales y microempresas. Con el avance de la tecnología, lo que se consideraba un sistema de optimización de datos económicos se convirtió en un mecanismo de premio y penalización social. En 2009, las regiones ya implementaron un rudimentario sistema de crédito social. En 2014, ya existían varias empresas de calificación crediticia individual, algunas privadas y otras semiestatales, pero con un elemento común: dar toda la información a las autoridades. En 2020, se introdujo el sistema de crédito social a nivel nacional. China es el país con más cámaras de vigilancia. Una por cada dos habitantes.[128]

Según el gobierno chino, Estados Unidos tiene también una enorme cantidad de cámaras de seguridad. Sin embargo, no podemos olvidar que en gran parte son privadas, pertenecientes a comercios, negocios y familias; y su contenido, si se graba y se guarda, no es algo accesible para el gobierno durante veinticuatro horas al día y sin autorización judicial.

El sistema de crédito social controla y revisa cada movimiento y transacción de ciudadanos y empresas. Penaliza y premia. Otorga puntos por ser un buen ciudadano, pagar a tiempo y no incumplir leyes. Los quita si el ciudadano comete infracciones y delitos o es crítico. No sólo penaliza, sino que en algunos casos hasta se publica la lista de las personas con bajos niveles de crédito social.

En China se convive con el sistema, pero no se puede negar el riesgo que supone para el Estado de derecho, con la posibilidad

---

128. Feng, Coco, «China the most surveilled nation? The US has the largest number of CCTV cameras per capita», *myNEWS*, 9 de diciembre de 2019, <https://www.scmp.com/tech/gear/article/3040974/china-most-surveilled-nation-us-has-largest-number-cctv-cameras-capita>.

de utilizarlo contra los derechos civiles y legales de empresas e individuos. En los estudios sobre el sistema, se ve como una herramienta para la vigilancia y el control y penalización a los opositores. Un estudio de la Universidad de Stanford afirma:

> El capitalismo estatal chino puede estar transitando hacia una variante asistida por la tecnología que llamamos capitalismo de Estado de vigilancia. El mecanismo que impulsa este desarrollo es el sistema de crédito social corporativo de China (CSCS), un proyecto basado en datos para evaluar la fiabilidad de todas las entidades empresariales en el país... Encontramos que, aunque el CSCS es ostensiblemente un medio para medir el cumplimiento legal, las empresas con conexiones políticas reciben puntuaciones más altas. Este resultado es impulsado por una categoría de responsabilidad social en el sistema de puntuación que valora los premios del gobierno y las contribuciones a causas sancionadas por el Partido Comunista de China. Nuestro análisis subraya el potencial del CSCS para impulsar la lealtad corporativa a la política del Partido-Estado y proporciona una primera visión de las posibles implicaciones de gran alcance del CSCS.[129]

El banco central, los bancos comerciales y el gobierno chino recopilan los datos sobre individuos y empresas a través de todo aquello que llevan a cabo cada día. El teléfono móvil y las aplicaciones y páginas que se usan y visitan se unen a las compras, movimientos y decisiones de cada persona. El teléfono móvil es tu cámara de vigilancia. Todo lo que haces está registrado. Los datos se recopilan y analizan, y cada persona, empresa o ente gubernamental recibe una puntuación de crédito social. Si tienes buena puntuación de crédito social, tendrás beneficios, ventajas

---

129. Lin, Lauren Yu-Hsin y Milhaupt, Curtis J., «China's Corporate Social Credit System: The Dawn of Surveillance State Capitalism?» (30 de septiembre de 2021). European Corporate Governance Institute - Law Working Paper No. 610/2021, City University of Hong Kong School of Law Legal Studies Research - Paper No. Forthcoming, Stanford Law and Economics Olin Working Paper No. 560, *The China Quarterly* (forthcoming), disponible en: <http://dx.doi.org/10.2139/ssrn.3933134>.

fiscales, promoción en el trabajo o precios más bajos en determinados servicios. Si tienes mala puntuación, puedes tener restricciones de acceso a crédito y a vivienda, limitaciones a la hora de viajar e incluso escarnio público.

El gobierno chino ha publicado la lista de penalizaciones del sistema[130] bajo el título «Medidas básicas de penalización por falta de confianza». La inmensa mayoría son penalizaciones a empresas que no podrán tener acceso a contratos públicos, vender en el exterior o participar de esquemas de apoyo.

Parece que, en algunos casos, se ha exagerado el impacto. El sistema, según el *MIT Technology Review*, no se aplica a todos los ciudadanos.[131]

Kendra Schaefer, jefa de investigación de políticas tecnológicas de Trivium China, describe el sistema como «aproximadamente equivalente al IRS, FBI, EPA, USDA, FDA, HHS, HUD, Departamento de Energía, Departamento de Educación y cada tribunal, comisaría de policía y empresa de servicios públicos importante en EE. UU., que comparte registros regulatorios a través de una sola plataforma».

¿Sistema de control y represión o una forma eficiente de garantizar el orden público en un país enorme? ¿Vulnera el derecho a la privacidad, a la reputación y dignidad personal o a la libertad de expresión? Son riesgos que van más allá de la mera especulación. Cuando el Estado tiene acceso a toda tu información y puede penalizarte laboral y financieramente por una actitud considerada «no social», aumenta exponencialmente el riesgo de abusar de ese poder.

No. No es lo mismo que tu banco tenga tu información, tu ordenador tenga tus datos y miles de empresas tengan datos sobre ti que el hecho de que todos tus datos los tenga el Estado.

130. «National List Of Basic Penalty Measures for Untrustworthiness», China Law Translate, 3 de enero de 2022, <https://www.chinalawtranslate.com/en/sc-punishment-list/>.

131. Yang, Zeyi, «China just announced a new social credit law», *MIT Technology Review*, 22 de noviembre de 2022, <https://www.technologyreview.com/2022/11/22/1063605/china-announced-a-new-social-credit-law-what-does-it-mean/>.

Para mí no hay duda. No quiero que el gobierno centralice y controle todos mis datos y mi historial. Prefiero que mis datos estén, con mi aprobación, en servidores de empresas privadas cotizadas y competitivas, cuyo negocio desaparece cuando el servicio que ofrecen es malo y que no dan los datos al gobierno, como ocurrió con las tecnológicas en casos de supuesta emergencia nacional.[132]

¿Te parece todo esto lejano? En Bolonia o Roma ya se aplica de manera voluntaria (Smart Citizen Wallet): se premia con puntos a las personas que reciclan, usan transporte público o consumen menos energía. En Venezuela se empezó a desarrollar el llamado «Carnet Patria».

¿Viene un sistema similar a Europa?

Comentábamos anteriormente la escalofriante propuesta de Letta de imponer el euro y la identidad digitales bajo la excusa de promover la inversión en tecnología. Pues bien, recordemos las palabras que pronunció Ursula von der Leyen el 16 de septiembre de 2020:

> Cada vez que una aplicación o un sitio web nos pide que creemos una nueva identidad digital o que nos conectemos fácilmente a través de una gran plataforma, en realidad no tenemos ni idea de lo que sucede con nuestros datos. Por este motivo, la Comisión propondrá una identidad electrónica europea segura. Una identidad en la que confiemos y que todo ciudadano pueda utilizar en cualquier lugar de Europa para cualquier tipo de operación, desde el pago de sus impuestos hasta el alquiler de una bicicleta. Una tecnología que nos permita controlar qué datos se utilizan y cómo.[133]

Es importante desmontar punto por punto este mensaje. No es cierto que no sepamos lo que sucede con nuestros datos cada

---

132. Feiner, Lauren, «Apple refuses government's request to unlock Pensacola shooting suspect's iPhones», *CNBC*, 14 de enero de 2020, <https://www.cnbc.com/2020/01/14/apple-refuses-barr-request-to-unlock-pensacola-shooters-iphones.html>.

133. «Identidad Digital Europea», Comisión Europea, <https://commission.europa.eu/strategy-and-policy/priorities-2019-2024/europe-fit-digital-age/european-digital-identity_es>.

vez que entramos en una página web o aplicación. Incluso si fuera parcialmente así, muchos no le dan importancia, ya que confían en esas empresas privadas. Es más, si aceptamos la afirmación de Von der Leyen, puede que no sepamos qué sucede con nuestros datos, pero lo último que querríamos es que sea la Comisión Europea la que los controle o gestione. Eso sí, en la frase ya ha introducido la falsa amenaza y se presenta como la solución: una identidad electrónica europea segura. Por supuesto, al escribir ese discurso, la palabra *segura* es clave. ¿Segura para quién? Segura para el poder político. Añade que será «una identidad en la que confiemos», pero no explica quiénes. Efectivamente, se refiere a la Comisión Europea y el poder político. Y nos explica para qué va a servir («para cualquier tipo de operación, desde el pago de impuestos hasta el alquiler de una bicicleta»), es decir, que va a incluir todas tus transacciones y la información fiscal. El párrafo termina de manera contundente: «Una tecnología que nos permita controlar qué datos se utilizan y cómo».

Ahora, tras leer este párrafo, debes pensar si puedes creer de verdad que toda esa información no se va a utilizar para el control social y para penalizar a los discrepantes con el pensamiento único, si se implementa.

Como explica Eunsun Cho, «a medida que la capacidad de microsegmentación y modelado de comportamiento de los grandes datos elimina por completo la barrera técnica que aísla este espacio seguro de la influencia externa, se debe fortalecer la salvaguarda legal contra el posible abuso gubernamental de la tecnología de datos».[134]

La tecnología diluye el poder de los gobiernos y te da libertad, pero no podemos pensar que los estatistas no van a intentar usarla para imponer lo que ellos consideran que es mejor para ti, aunque vaya contra tus intereses.

---

134. Cho, Eunsun, «The social credit system, Not just another chinese idiosyncrasy», *Journal of Public & International Affairs*, 1 de mayo de 2020, <https://jpia.princeton.edu/news/social-credit-system-not-just-another-chinese-idiosyncrasy>.

Conclusiones

- Limitar la libertad económica y de expresión y controlar todos tus datos son prioridades del Estado depredador y de aquellos que quieren un nuevo orden económico mundial centrado en la uniformidad y el pensamiento único.
- La identidad digital es el primer paso para implementar un sistema de crédito social.
- Cuando el gobierno tiene todos tus datos, el riesgo de abuso es del 100 %.

11

Inteligencia artificial para el control social

Muchas veces escucharás hablar de la inteligencia artificial como una amenaza que requiere del control estatal para impedir el riesgo potencial. Sin embargo, hay varios factores que debes tener en cuenta para no caer en esa trampa.

No es «la inteligencia artificial», sino miles de inteligencias artificiales (IA) que aprenden con nosotros, facilitan nuestro trabajo y nos descargan las partes más incómodas o burocráticas.

La inteligencia artificial no destruye empleo, desplaza competencias. Los países donde las inteligencias artificiales se utilizan de manera generalizada no sólo tienen menos desempleo que los países que las intentan frenar, sino mucho menos desempleo en los trabajos llamados de baja cualificación.

Singapur es líder mundial en preparación para la inteligencia artificial (IA) con una puntuación de 0,80 sobre 1 según el FMI.[135] Su tasa de desempleo es del 1,9 %.[136] Dinamarca es el segundo, y tiene una tasa de paro del 4,9 %. Estados Unidos y China ocupan el tercer lugar y su tasa de desempleo es

---

135. *AI Preparedness Index (AIPI)*, International Monetary Fund, <https://www.imf.org/external/datamapper/datasets/AIPI>.

136. Tasas de paro a cierre de 2023.

del 3,9 % y del 5,2 %, respectivamente. Países Bajos es cuarto en el ranking y su tasa de paro es del 3,6 %.

España, que tiene la tasa de paro más alta de la Unión Europea y de la OCDE, además de la tasa de infraempleo más elevada en 2024, según Eurostat, no tiene ninguna empresa puntera en inteligencia artificial y, sin embargo, el gobierno de Sánchez creó la primera agencia europea para regularla, la Agencia Española para la Supervisión de la Inteligencia Artificial (AESIA). El organismo tiene un presidente, un director, dos subdirectores, un secretario general y diez departamentos, entre los que se incluyen algunos como el «Departamento de Instrumentalización de los Mecanismos de Identificación de Tendencias y Evaluación de Impactos» o el «Departamento de sensibilización, difusión, formación y concienciación».[137] Para que luego digan que en Europa no se innova.

La inteligencia artificial no sólo no destruye empleos, sino que genera una amplia gama de nuevos puestos de trabajo y oportunidades laborales,[138] desde desarrolladores de modelos de IA hasta científicos de datos o especialistas en ciberseguridad. Es más, lo realmente revolucionario de las inteligencias artificiales es que no requieren de una compleja formación para la inmensa mayoría de los trabajos, especialmente los de menor cualificación. Las inteligencias artificiales no exigen que el trabajador haga complicados cursos, sólo que aprenda a hacer las preguntas adecuadas.

Estas IA eliminan la carga burocrática y transforman empleos existentes.[139] Automatizan tareas repetitivas y rutinarias

---

137. *Agencia Española de Supervisión de Inteligencia Artificial*, España | Digital, <https://espanadigital.gob.es/lineas-de-actuacion/agencia-espanola-de-supervision-de-la-inteligencia-artificial>.

138. «La inteligencia artificial y su impacto en el empleo: ¿una amenaza o una oportunidad?, *M&T*, 28 de octubre de 2024, <https://www.myt.connectab2b.com/post/la-inteligencia-artificial-y-su-impacto-en-el-empleo-una-amenaza-o-una-oportunidad>.

139. «Beneficios de la Inteligencia Artificial en el lugar de trabajo», The Adecco Group Institute, 7 de febrero de 2024, <https://www.adeccoinstitute.es/futuro-del-trabajo-y-tecnologia/beneficios-inteligencia-artificial/>.

permitiendo a los trabajadores enfocarse en actividades más creativas y estratégicas, mejoran la productividad y eficiencia de los empleados al proporcionarles herramientas y análisis avanzados y complementan las habilidades humanas en lugar de reemplazarlas. Son especialmente positivas en sectores como la educación, la sanidad o la seguridad.

Las inteligencias artificiales están ayudando a las empresas a ser más productivas y eficientes.

El hecho de que las inteligencias artificiales sean privadas y no controladas por los Estados es una garantía de seguridad y privacidad y una ventaja competitiva que mejora la productividad y la calidad del trabajo, no un riesgo.

Precisamente porque son miles de IA privadas compitiendo, sabemos que los riesgos que puedan generarse por el avance revolucionario de la tecnología se mitigan gracias a la competencia.

Si hay riesgo de desinformación o manipulación en una, el resto de las inteligencias artificiales lo identifican inmediatamente. El riesgo de desinformación, mal uso o manipulación sólo existe cuando la IA la controla y la impone el Estado.

El uso de la IA para el control social representa el mayor riesgo para la libertad individual y los derechos civiles. Por eso debemos luchar contra las veleidades regulatorias de Estados que buscan el control y la represión del discrepante.

El Estado puede utilizar la IA para llevar a cabo actividades de vigilancia masiva y acumular la información a su disposición de varias fuentes a la vez, como información tributaria, civil y penal, cámaras de seguridad, dispositivos móviles y actividad online.[140] Esto permite crear perfiles políticos y sociales de los ciudadanos y vigilar su actividad, eliminando la privacidad y la libertad. «La recopilación indiscriminada de datos personales por parte de las autoridades plantea serias preocupaciones éti-

---

140. Hernández Borges, María Teresa y Baquero Pérez, Juan, «Datos policiales e inteligencia artificial: un equilibrio delicado entre la privacidad, la utilidad y la ética», *Revista Canaria de Administración Pública*, 143-147, 2024, <https://revistacanarias.tirant.com/index.php/revista-canaria/article/view/24>.

cas, especialmente cuando se realiza sin el consentimiento explícito de las personas. El uso de tecnologías como el reconocimiento facial en espacios públicos ejemplifica cómo la IA puede facilitar una vigilancia omnipresente y potencialmente abusiva.»[141]

Tú pensarás que eso lo pueden hacer las empresas privadas. No. Las empresas privadas no disponen de todos tus datos fiscales, penales y personales; y además pondrían en peligro su propia existencia si se comprobase que se utilizan los datos contra los intereses de los ciudadanos. Cualquier servicio de IA privado garantiza la privacidad y la anonimidad en su modalidad de pago.

Los sistemas de IA no son neutrales y aprenden con los ciudadanos. Si el Estado los usa para la propaganda y para difundir su sesgo, generan resultados discriminatorios. Cuando el Estado usa la IA para discriminar a ciudadanos según su bondad social, es decir, si son dóciles o no, su acción amplifica el riesgo de desmonetización, desbancarización y asesinato civil, y convierte al ciudadano incómodo en un paria digital.

El riesgo de discriminación algorítmica es particularmente alto cuando la IA se utiliza en el ámbito policial y judicial. Los algoritmos sesgados pueden perpetuar o exacerbar desigualdades existentes, como el perfil político, el racial o la discriminación basada en género, religión u orientación sexual.[142]

El riesgo de que los gobiernos intenten utilizar la IA para reprimir, adoctrinar y controlar las opiniones y acciones de los ciudadanos no es elevado. Es total.

No puedes confiar en que la regulación, que impone el mismo Estado que te quiere vigilar y reprimir, sea la solución al riesgo de vigilancia y eliminación de libertades civiles. Lo único que puede frenar el uso de la IA para el control social es el avance de muchas más IA privadas.

141. Ibídem.
142. Ibídem.

12

La Agenda 2030 como caballo de Troya del totalitarismo

La Agenda 2030, el wokismo, el control social, la eliminación de la propiedad privada y el estatismo son caras del mismo polígono.

Cualquier persona que lea los diecisiete objetivos de desarrollo sostenible de la famosa Agenda 2030 entiende que son titulares perfectamente aceptables y aparentemente inocuos. ¿Quién va a estar en contra de «acabar con la pobreza y el hambre» o «fortalecer la industria, innovación e infraestructuras»? El truco, como en el caballo de Troya, es que esos objetivos claramente compartidos por todos han sido secuestrados por el intervencionismo más abyecto y por burócratas embebidos de arrogancia e ignorancia para implementar el control político de todas las áreas económicas.[143]

La Agenda 2030 se presenta como un plan benevolente para mejorar el mundo, pero en realidad es un programa totalitario y liberticida que aspira a controlar todos los aspectos de la vida de los individuos. «Bajo la apariencia de objetivos nobles, oculta un programa empobrecedor y misántropo que nos dirige hacia un mundo con permanentes cartillas de racionamiento. Afirma querer poner

---

143. Lacalle, Daniel, «La Agenda 2030 como caballo de Troya del totalitarismo», *Daniel Lacalle*, 18 de febrero de 2024, <https://www.dlacalle.com/la-agenda-2030-como-caballo-de-troya-del-totalitarismo/>.

fin al hambre, pero propone medidas que reducirán la producción de alimentos y crearán hambruna; dice buscar el uso eficiente de recursos hídricos, pero promueve la destrucción de presas que merman la capacidad de riego y habla de combatir la pobreza, pero sus políticas la aumentarán al suprimir la libertad y la propiedad privada.»[144]

Primero destruyeron la misma industria que la Agenda 2030 se compromete a fortalecer y ahora van a por la agricultura, la ganadería y la actividad privada en general. La realidad del asalto a la Agenda 2030 por los políticos más intervencionistas es que, además, sus políticas siempre generan el resultado opuesto a lo que fingen defender.

En los últimos años, el número de explotaciones agrícolas se ha ido hundiendo en la Unión Europea de manera alarmante. En 2020, quedaban 9,1 millones de explotaciones, una disminución estimada del 37 %, o alrededor de 5,3 millones menos que en 2005, según Eurostat. Desde 2020 esa tendencia no ha hecho más que acelerarse. En la última década, en España se han destruido alrededor de 70.000 explotaciones y se han perdido más de 18.000 agricultores y ganaderos. En los dos últimos años esa tendencia se ha acelerado, y se han destruido 8.000 empresas y 70.000 empleos, según el INE.[145]

En 2025 y a mitad del plazo para lograr sus objetivos, la Agenda 2030 es un fracaso absoluto reconocido incluso por la ONU[146] y el Banco Mundial.[147] Las políticas intervencionistas han hecho que muchos países hayan frenado el proceso de reducción de la

---

144. Del Pino Calvo-Sotelo, Fernando, «La verdad sobre la Agenda 2030», *Confilegal*, 23 de marzo de 2024, <https://confilegal.com/20240323-agenda-2030/>.

145. Kaisser, Vanessa, «Lo malo de la Agenda 2030», *El Libero*, 31 de julio de 2023, <https://ellibero.cl/columnas-de-opinion/lo-malo-de-la-agenda-2030/>.

146. «Halfway to 2030, world "nowhere near" reaching Global Goals, UN warns», United Nations, 17 de julio de 2023, <https://news.un.org/en/story/2023/07/1138777>.

147. «Poverty overview», World Bank Group, <https://www.worldbank.org/en/topic/poverty/overview>.

pobreza y el hambre y las decenas de miles de millones de dólares destinados a estas causas se han utilizado de manera politizada y contraproducente. «El mundo está lejos de cumplir la Agenda 2030. Ni los fondos disponibles ni las medidas políticas que se están adoptando son suficientes para cumplir la promesa de construir un mundo mejor que no deje a nadie atrás.»[148]

La mortalidad por malaria ha aumentado debido al veto de pesticidas por razones «medioambientales» y la reducción de la pobreza se ha frenado tanto que el Banco Mundial considera que el período 2020-2030 es «una década perdida» en este terreno, en el que se había avanzado de manera admirable. El Banco Mundial recuerda que la ralentización en el crecimiento económico es el principal factor de empeoramiento en el proceso de eliminación de la pobreza. Enhorabuena. Los líderes que impusieron el intervencionismo disfrazado tras la Agenda 2030 han perjudicado a los que fingen proteger. Como siempre.

Se prevé que en el período 2015-2030 la tierra agrícola de la UE se reducirá un 1,1 %, impulsada principalmente por la disminución de las tierras cultivables y pastos para ganado (los dos grupos principales) de un 4,0 % y un 2,6 % respectivamente.[149] Esto es destruir nuestro futuro y hacer a Europa más dependiente y pobre.

Según el informe de la ERT (Vision Paper 2024-2029),[150] que, además, da soluciones constructivas, la cuota de mercado de la industria de la Unión Europea en el mundo ha pasado de ser un 21 % en 2001 a un mísero 14,5 %. En ese mismo período, EE. UU., que también tenía un 21 % de cuota, ha bajado mucho

---

148. Massobrio, Julia y Rodríguez, Alain, «The world is failing to meet SDG 8: how to achieve decent work for all by 2030?», *Equal Times*, 6 de octubre de 2023, <https://www.equaltimes.org/the-world-is-failing-to-meet-sdg-8?lang=en>.

149. Perpina Castillo, Carolina, *et al.*, 2018. «Trends in the EU agricultural land within 2015-2030», *JRC Research Reports*, 2018, <https://publications.jrc.ec.europa.eu/repository/handle/JRC113717?mode=full>.

150. Ekhart, Gerard, «ERT Vision Paper 2024-2029 Highlights», *Revitalize Industry*, 6 de mayo de 2024, <https://www.revitalizeindustry.nl/ert-vision-paper-2024-2029-highlights/>.

menos, a un 16,5 %. «La industria es el alma de una economía sana. La industria representa el 16 % del PIB de la UE. Proporciona una cuarta parte del empleo directo y millones más indirectamente. Más allá de generar riqueza y empleo, es fundamental en la mejora de las capacidades de la fuerza laboral y el impulso de la innovación. Siempre que se den las condiciones adecuadas, su potencial para estimular el crecimiento y la prosperidad es fenomenal. Por estas razones, la necesidad de hacer Europa más atractiva para la inversión privada es evidente.»[151]

¿Y qué se ha hecho? Asfixiar con más burocracia, impuestos y normativas contraproducentes.

La utilización de la Agenda 2030 para imponer medidas intervencionistas no sólo ha asfixiado la agricultura y la ganadería. Ha hundido la industria automovilística europea.[152]

¿A qué viene esta redundancia de los diecisiete objetivos de la Agenda 2030? Todos se cumplen con el capitalismo de libre mercado sin hacer propaganda. Todos esos objetivos en realidad sólo se cumplirán con más libertad económica y capitalismo.

El intervencionismo en realidad esconde un sistema de represión y cancelación del que se queja.

Criticar la equivocada imposición de esta agenda no es ser antieuropeo. Defender el proyecto de la Unión Europea no es tragar con todas las locuras que se les ocurran a un grupo de burócratas.

La planificación centralizada no funciona. No ha funcionado nunca. Pero siempre hay algunos que no sufren las consecuencias y que piensan que va a funcionar si la implementan ellos.

¿Cuál es el truco? Usar objetivos aparentemente inocuos y que todos defendemos para atacar al que produce y penalizar al que crea riqueza. Así, si alertas sobre el peligro, te dicen que es-

---

151. «ERT Vision Paper: Europe's corporate leaders call for renewed EU integration as focus for EU from here to 2030», *Euroean Round Table for Industry*, 26 de octubre de 2023, <https://ert.eu/documents/vision2024/>.

152. Wilmot, Stephen, «Why Europe's Vaunted Car Industry Is in Crisis, in Charts», *The Wall Street Journal*, 3 de diciembre de 2024, <https://www.wsj.com/business/autos/european-car-industry-tariffs-volkswagen-stellantis-e0cac3d5>.

tás en contra de reducir la pobreza, el hambre y la desigualdad. ¿Ves el truco?

El objetivo número dieciocho es el empobrecimiento de la gente y la destrucción de la demanda. No es ni siquiera un objetivo escondido.[153] Saben que la única pieza que hace cuadrar la ecuación de destrucción empresarial y oferta hundida es imponer la contracción de la demanda haciéndonos más pobres y menos libres.

Si queremos que se cumplan los diecisiete objetivos de desarrollo sostenible y que no se imponga el dieciocho de suprimir la libertad individual, debemos dar a Europa más libertad económica, empresas más fuertes y Estados facilitadores con regulaciones sencillas, predecibles y que promuevan la inversión.[154]

Más agricultura, más ganadería y más industria.

---

153. Actis, Andrés, «La Unión Europea financia por primera vez investigaciones científicas sobre la viabilidad del decrecimiento», *La Política Online*, 2 de diciembre de 2022, <https://www.lapoliticaonline.com/espana/europa-es/la-union-europea-financia-por-primera-vez-investigaciones-cientificas-sobre-la-viabilidad-del-decrecimiento/>.

154. Lacalle, Daniel, *op. cit.*

13

Redistribución política. Acabar con la propiedad privada

La vivienda cara e inaccesible es una política, no una casualidad. Es la manera de convertir a los ciudadanos en dependientes del Estado. Hacer la vivienda cara es un factor clave para imponer el Estado depredador.

¿Cómo se convierte la vivienda en un bien de lujo?

Ahogando la oferta, que lleva a que se dispare el precio ante el aumento de la demanda y poniendo leyes que perjudican a los propietarios, lo que encarece el alquiler y reduce los pisos en oferta.[155] Los gobiernos se lucran a través de impuestos cre-

---

155. En Dinamarca, el estudio «Negative Impact of Danish Rent Control» (<https://www.frpo.org/wp-content/uploads/2015/09/Negative-impact-of-Danish-rent-control.pdf>) muestra el fracaso de la medida. Lo muestra también en Alemania (<https://www.economist.com/europe/2021/03/09/after-a-year-berlins-experiment-with-rent-control-is-a-failure>) *The Economist*. Los ejemplos de políticas de control de precios desde Estados Unidos hasta Irlanda son elocuentes. En cuanto se imponen controles, empeora la oferta y suben los precios, y se genera un mayor problema para jóvenes y nuevos inquilinos que buscan piso. «Why rent control does not work» (<https://freakonomics.com/podcast/why-rent-control-doesnt-work/>), «Rent controls do more harm than good» (<https://www.bloomberg.com/view/articles/2018-01-18/yup-rent-control-does-more-harm-than-good>), «It's not just Ireland, rent controls don't work In Germany either» (<https://www.irishtimes.com/business/econo

cientes con la subida de los precios de los inmuebles, y limitan el acceso a suelo y la construcción porque es la mejor manera de eliminar la libertad individual.

Te explico el proceso:

- El Estado depredador imprime mucha más moneda y hace que el valor de los inmuebles en la divisa que emite se dispare. El sector inmobiliario se convierte en una de las pocas formas de protegerse de la inflación.
- El Estado limita el suelo que se puede construir, pone enormes impuestos a toda la cadena de valor inmobiliaria y además frena el desarrollo de vivienda asequible mediante la regulación.
- El Estado dispara los impuestos a la clase media usando el engaño de que sólo los sube «a los ricos» y hace más difícil para las familias acceder a comprar una vivienda o alquilarla.
- El gobierno te anuncia que va a entregar miles de viviendas sociales que, por supuesto, no entrega, para que te creas que tu acceso a una vivienda depende de tu adhesión al partido que gobierne. Votas al que promete más viviendas, aunque sepas que tu voto no te va a dar acceso a una casa y que, en cualquier caso, lo pagas tú en más impuestos.
- El mismo gobierno se presenta como solución anunciando la expropiación parcial de la propiedad privada por cuestiones de emergencia o disfrazada como medida social.

Así, sin darte cuenta, has interiorizado la expropiación y el robo de la propiedad privada como algo aceptable. Empiezas por echar la culpa de la escasez de vivienda al que ha comprado dos o más casas, y aceptas que le roben una. Con ello has abierto la puerta a que te roben a ti.

La imposición de trabas al sector inmobiliario es una forma perfecta de enfrentar a la sociedad. Propietarios contra los de-

---

my/it-s-not-just-us-rent-controls-aren-t-working-in-germany-either-1.3543256>).

más. Si eres propietario, eres un privilegiado, aunque te hayas deslomado a trabajar para comprar una casa para vivir o invertir. Si inviertes en vivienda, eres el enemigo y un especulador. Así, los inquilinos y las familias sin casa en propiedad culpan a los propietarios privados en vez de al gobierno que les hace imposible el acceso a vivienda abundante y asequible.

Si lo piensas, el proceso de hacer la vivienda inasequible es el mismo que el de la inflación, porque la vivienda «cara» no deja de ser la manifestación más evidente de la inflación, de la pérdida del poder adquisitivo de la moneda. El gobierno intervencionista, que se beneficia de contraer compromisos financieros imprimiendo una moneda cuyo poder adquisitivo siempre cae, se beneficia de prometer unas viviendas que hace imposibles de conseguir para que te des cuenta de que se lo debes todo y, por lo tanto, debes rendir pleitesía.

Si crees que el gobierno es el que te va a dar acceso fácil a vivienda y bienestar a cambio de apoyo político, deberías saber que no tendrás ni vivienda ni bienestar.

Obviamente, el estatismo culpará a los especuladores de la subida de los precios de la vivienda.

Piénsalo un momento.

Te dicen que si no hay vivienda es porque hay un montón de propietarios, tontos obviamente, que las retiran del mercado y no las alquilan para especular. La solución sería dejar que se construyan más viviendas, y esos especuladores «tontos» venderán o alquilarán.

Culpar al enemigo externo, como ya hemos explicado, es lo más fácil. ¡La culpa es de los fondos de inversión! Pero dichos fondos tienen menos del 1 % de las viviendas. Bueno, ¡la culpa es del alquiler vacacional! Y ese alquiler supone menos del 2 % de las viviendas. Bueno, ¡la culpa es de los grandes tenedores de pisos! Y esos grandes tenedores suponen menos del 1 % de las viviendas. Fascinante, la excusa de los «especuladores».

¿Quién es el mayor especulador? El gobierno, que limita la oferta, el suelo, la construcción y la promoción de vivienda, se lucra en toda la cadena vía impuestos y, si se disparan los precios, recauda más. Por tanto, el Estado, mediante el gobierno, es el mayor especulador inmobiliario que existe y, a la vez, podría solucionar el problema de la vivienda inmediatamente eliminando limitaciones, regulaciones e impuestos.

Si lo miras bien, el objetivo último es ir contra la propiedad privada. Dado que estar en contra de la propiedad privada no da votos, porque la mayoría de los votantes tienen o aspiran a tener un piso en propiedad, es más fácil vender el totalitarismo poniendo en la diana al que tiene más de un inmueble. Luego irán a por ti igualmente.

Es todo mucho más sencillo. El robo es inmoral, sea a alguien que tiene uno o diez pisos.

Nos dicen que la solución no es construir más porque en la burbuja inmobiliaria se construía mucho y los precios subían. ¿Y qué pasó después cuando la demanda se redujo y la oferta aumentó? Que bajaron los precios a plomo.

Nos dicen que no es la solución construir en el extrarradio porque lo que quiere la gente es vivir en el centro. ¿Y qué están proponiendo? Expropiar.

Si te preocupa el problema de acceso a la vivienda, debe indignarte saber que los gobiernos limitan el acceso a suelo y ponen todo tipo de trabas a la construcción. No es una casualidad o incompetencia, es una política para eliminar la propiedad privada y crear ciudadanos serviles y dependientes.

Si al gobierno le preocupase la vivienda, no crearía otro monstruo burocrático, sino que liberalizaría el suelo, facilitaría la construcción y la promoción. Pero es más fácil poner trabas a la inversión y presentarse con medidas populistas. Una suerte de peronismo inmobiliario.

Cuando el gobierno habla de redistribución, siempre hace un cálculo falaz: redistribuir entre contribuyentes llevándose una gigantesca comisión por el camino.

La redistribución ya existe en un mercado libre y una sociedad abierta. Ocurre de manera natural al crear riqueza y a la vez aumentar la contribución de los ciudadanos a la comunidad que facilita su desarrollo como individuos libres y fomentar la solidaridad voluntaria frente a la imposición.

Es curioso que los políticos más intervencionistas se presenten como adalides de la redistribución de la riqueza, como si fuera una tarta estática, en nombre de la lucha contra la desigualdad. En España existe un refrán que dice «el que parte reparte y se lleva la mejor parte». Eso es lo que hace el que expolia en nombre de la redistribución.

Hay muchas razones para estar en contra de la redistribución del estatismo depredador. La primera es moral: con su política crean la peor desigualdad de todas, la desigualdad y el privilegio por adhesión política.

La segunda razón para rechazar la redistribución como política es la ineficacia y el despilfarro. Se comprueba año tras año cómo el poder político despilfarra los ingresos y recursos que administra y después exige más.

La tercera razón para rechazar la redistribución confiscatoria es la inmoralidad de elevar a unos políticos a decidir qué es justo e injusto, qué parte de tu trabajo y de lo que has ganado debes darles para que ellos decidan quién debe recibirlo y cómo.

Enfrentar a ricos y pobres, a empresarios y trabajadores, a autónomos y funcionarios sólo tiene un objetivo: debilitar la sociedad civil mientras los que se enriquecen de verdad a costa de los demás —los estatistas extractivos— se hacen más poderosos.

No es una casualidad que, en muchos debates, se escuche a la gente decir: «¿Y nosotros qué podemos hacer?». Es evidente la indefensión de los creadores de riqueza y de los contribuyentes ante una clase política estatista y extractiva que utiliza la represión y la imposición. La regulación se convierte en un arma contra la libertad, en vez de en una herramienta para facilitar la convivencia en libertad.

La regulación y los impuestos se usan contra la libertad. El contribuyente paga por lo que compra, por lo que vende, por lo que genera, por lo que hereda... Los españoles pagan un 50 % de sus ingresos en impuestos, aunque el gobierno dice que no llega al 20 % porque sólo habla del IRPF, como si el resto de los impuestos no importaran. La OCDE en su informe *Taxing Wages 2024*[156] muestra que la cuña fiscal al salario medio en España supera el

---

156. «Taxing Wages 2024: Tax and gender through the lens of the second earner», *OECD Publishing*, 2024, <https://doi.org/10.1787/dbcbac85-en>.

40 %. Si incluimos todo el resto de los impuestos —indirectos y especiales—, resulta que el informe del Instituto Juan de Mariana tiene razón: al considerar todas las figuras tributarias, el contribuyente medio paga más del 50 % de lo que gana a Hacienda.[157] El estatista seguirá pidiendo que sólo se fijen en el IRPF.

Es falso que las rentas altas paguen poco. Aunque apenas hay un 5,2 % de contribuyentes con rentas de más de 60.000 euros, aportan el 41,7 % de la recaudación por IRPF. El 56,1 % de menos renta aporta solamente el 8 % del total, como muestra el informe.

No es cierto que los ricos españoles sean cada vez más ricos, puesto que el peso del 1 % de mayores ingresos sobre la renta nacional bruta ha bajado un 26 % de 2009 a 2022. En cambio, el conjunto de los españoles sí son cada vez menos ricos en comparación con Europa, puesto que la brecha de renta que nos separa del promedio europeo ha crecido en más de cuatro puntos entre 2019 y 2024.

La cuña fiscal al trabajo en Bélgica llega al 52,7 %, en Alemania o Francia supera el 47 % y sigue aumentando mientras los países de la UE engañan a sus ciudadanos hablando de redistribución y estado de bienestar.

La salvaje cuña fiscal no es para garantizar un estado de bienestar sólido y sostenible. Y los impuestos altos nunca han sido una herramienta para reducir la deuda, sino para justificarla.

Si al socialismo le preocupase lo más mínimo el estado de bienestar, no gastaría decenas de miles de millones de euros anuales en gasto político. De hecho, es el mismo gobierno confiscatorio que te dice que bajar impuestos pone en peligro los servicios públicos, pero cuando los baja se vanagloria de recaudar más, dando la razón a Arthur Laffer. Por supuesto que los responsables económicos del gobierno saben que la única manera de reducir la deuda es gastando menos y que las bajadas de impuestos fortalecen la economía, dinamizan el crecimiento y generan mejores ingresos.

---

157. «Impuestómetro 2024», Instituto Juan de Mariana, <https://juandemariana.org/el-ijm/notas-de-prensa/impuestometro-2024/>.

Sin embargo, a ellos no les importan la sostenibilidad de las cuentas públicas ni el crecimiento económico, sino el control. Por eso disparan el gasto y los impuestos. Es el robo por norma.[158] Las bajadas de impuestos dan poder a los contribuyentes y las subvenciones, al político. Por eso rechazan bajar impuestos.

Cuando el Estado pasa de un agente administrador a uno que expolia a los ciudadanos para enfrentarlos, se pone en marcha la maquinaria contra la propiedad privada.

Conclusiones

- Las políticas de redistribución no buscan reducir la pobreza, sino incrementar el poder de quien gestiona las ayudas.
- La carestía de vivienda no es una casualidad, es una política.
- Eliminar la propiedad privada es esencial para debilitar a la sociedad civil.
- La redistribución extractiva crea la desigualdad más perniciosa: la desigualdad por adhesión política.
- La mayor desigualdad no existe entre ricos y pobres, sino entre contribuyentes y burócratas estatistas.

---

158. Lacalle, Daniel, «El Gobierno miente de nuevo con la reforma fiscal. Otro hachazo a la clase media», *Daniel Lacalle*, 17 de noviembre de 2024, <https://www.dlacalle.com/el-gobierno-miente-de-nuevo-con-la-reforma-fiscal-otro-hachazo-a-la-clase-media/>.

Parte III

Libertad contra feudalismo

14

Los BRICS. ¿Amenaza o anécdota?

Don't tread on me. Liberty or death, what we so proudly hail. Once you provoke her, rattling of her tail.

JAMES HETFIELD

La polarización global no es una novedad, una anomalía ni mucho menos una característica de la época 2016-2024. Es lo habitual. Parte de eso que llamamos polarización viene de la realidad de que en el mundo sólo el 12 % de los países son democracias plenas, según el Democracy Index de *The Economist* (2023). Hay más regímenes autoritarios que democracias. La democracia liberal no es lo habitual. Es lo más difícil de encontrar.

Si entendemos el privilegio que supone vivir en una democracia plena, con separación de poderes y libertad de expresión, debemos también comprender por qué la democracia liberal está constantemente amenazada, y el mayor peligro lo constituyen esos que se llenan la boca con la palabra *democracia* para prostituirla, como ocurre con las causas del feminismo, el cambio climático y los derechos humanos. Aquellos que llaman «democratizar» la justicia a politizarla, «democratizar» la información a reprimir la libertad de expresión.

Es fácil. Si quieres identificar quién miente, busca a quien se pasa el día acusando a los demás de desinformación. Si quieres saber quién quiere acabar con la democracia, no tienes más que mirar a aquellos que dedican todo el tiempo a presentarse como los verdaderos demócratas.

La democracia liberal molesta porque es maravillosamente diversa, tiene contrapesos independientes y garantiza las libertades de los individuos para defenderse del Estado. Por eso debemos luchar cada día para que no se limite nuestra libertad económica y de expresión.

Pues bien, cuando hablamos de polarización, en realidad de lo que hablamos es de democracia liberal enfrentada al avance del socialismo. El ministro de la Comunicación y la Información de Venezuela, Freddy Ñáñez, es decir, el ministro de la represión y la desinformación chavista, definía la creación de los BRICS como «el acontecimiento más importante del último siglo», necesario «para salvar a la humanidad».[159] Cualquiera debería sospechar cuando un ministro de una narcodictadura asesina alaba así una iniciativa de unión entre países.

Fue en 2001 cuando Jim O'Neill, economista de Goldman Sachs, acuñó el acrónimo BRIC (Brasil, Rusia, China, la India) agrupando a las economías que, en su momento, lideraban el crecimiento global. Como el acrónimo PIIGS (Portugal, Grecia, Italia, Irlanda, España), es una simplificación gigantesca típica de analistas centrados en datos agregados. En 2001, esos países registraban fuertes tasas de crecimiento. Sin embargo, cuando se celebró la primera reunión de la cumbre BRIC en Ekaterimburgo, Rusia, en 2009, ya no se trataba de países con el denominador común de liderar el crecimiento global. Añadieron posteriormente a Sudáfrica y, con el tiempo, a Egipto, Irán, Emiratos Árabes Unidos y Etiopía. En 2024, Argelia, Bielorrusia, Bolivia, Cuba, Indonesia, Kazajistán, Malasia, Nigeria, Tailandia, Tur-

---

159. «Ministro Ñáñez: "Los BRICS surgen en el momento necesario para salvar a la humanidad"», TeleSUR, 22 de octubre de 2024, <https://www.telesurtv.net/ministro-nanez-los-brics-surgen-en-el-momento-necesario-para-salvar-a-la-humanidad/>.

quía, Uganda, Uzbekistán y Vietnam se unieron a este grupo. Brasil vetó la entrada de Venezuela tras el golpe de Estado que perpetró Maduro al proclamarse vencedor de unas elecciones que ganó la oposición.

Estas naciones tienen pocas cosas en común, y en muchos casos podríamos considerar que son antagónicas, pero permea un deseo compartido por sus líderes políticos: intentar crear un sistema global que sea distinto al que se conformó alrededor de Estados Unidos y las democracias liberales. Todo el sistema global que incluye el Banco Mundial, el FMI y otros organismos multilaterales, aunque percibidos desde el discurso anticapitalista como controlados por Estados Unidos.

En realidad, como veremos en este capítulo, BRICS es la gran victoria de China, que ha convencido a parte del mundo de que se puede librar del supuesto e inexistente yugo del FMI y el Banco Mundial entregándose a ella como financiadora e inversora de primer recurso. Muchos líderes políticos de países no democráticos piensan que China presta barato y sin las exigencias de los malvados países desarrollados, como si fuera una especie de ONG. Creen que van a acceder a financiación preferencial y a un desarrollo industrial y tecnológico excepcional sin las contrapartidas que demanda el sistema bancario y de financiación actual. Se equivocan. Muchos se engañan mirando las reuniones del Partido Comunista de China, pensando que va a ser una especie de Papá Noel rojo que regala dinero a cambio de apoyos políticos. No es así. China presta a países con historial de devaluaciones consecutivas e impagos de deuda, poca o nula seguridad jurídica y gobiernos autoritarios, igual que lo hace cualquier otro financiador a emisores de alto riesgo. Exigiendo. China está atrayendo a su entorno a estos países, pero no tiene la menor intención de perder dinero, sino todo lo contrario.

Los países integrantes de esta alianza suponen casi el 45 % de la población mundial en 2024, el 33 % de la producción mundial y casi un 20 % del comercio internacional.

Sin embargo, a la importancia relativa de estos países debemos añadir la baja concreción de los acuerdos a los que han llegado. El odio de la izquierda al sistema de democracias liberales es tan profundo que se ha lanzado gran parte de ella a alabar las cumbres de BRICS como una alternativa al modelo capitalista cuando es, en realidad, la consagración de un sistema de corporativismo autoritario, más cercano a lo que la izquierda de los países desarrollados llama «capitalismo salvaje» que a nada que se parezca a lo que fingen proteger.

Si analizamos los acuerdos de estas cumbres, se mantienen los compromisos y la colaboración con el FMI y el Banco Mundial. De hecho, consagran el sistema de capitalismo bancario y de crédito a través del Banco de Desarrollo creado en 2015. Adicionalmente, suscriben los compromisos medioambientales de las cumbres multilaterales. Pero mantienen, por supuesto, todo su sistema empresarial semiestatal y controlado por el Estado, centrado en las energías fósiles. Además, defienden el libre comercio como garante del desarrollo de los sectores primario y secundario y apoyan y desarrollan las zonas económicas especiales, que permiten a las empresas evitar el riesgo jurídico y regulatorio de los países involucrados. Lo miremos como lo miremos, el espacio BRICS no es una alternativa al capitalismo; es un grupo de países que buscan un sistema que mantenga los beneficios del capitalismo, pero en el que no se exijan sistemas políticos democráticos ni exigencias de transparencia, libertad de capitales e instituciones independientes y contrapesos como los que se dan en las democracias liberales.

Es fascinante ver a los políticos y opinadores vender BRICS como una alternativa al capitalismo y al libre mercado cuando sólo es alternativa en cuanto a que muchos de sus miembros simplemente quieren evitar las exigencias de un sistema transparente y con contrapesos. Es decir, la izquierda global se ha lanzado a defender la idea de los BRICS simplemente porque puede suponer una amenaza a Estados Unidos, aunque suponga un retroceso a un sistema de corporativismo autoritario en el que los derechos y las libertades de trabajadores y ciudadanos estén limitados.

Durante décadas la academia y los supuestos intelectuales nos han vendido que «hay que superar el capitalismo»; y su odio a los sistemas liberales los ha llevado, tan feministas ellos, a defender teocracias que asesinan a homosexuales y lapidan a mujeres. Su desprecio a las democracias liberales ha hecho que ellos, tan defensores de los derechos de los trabajadores y el medioambiente, adoren sistemas corporativistas autocráticos en los que los trabajadores no tienen derechos y los ríos son mares de plástico.

Gráfico 14.1. Evolución de monedas BRICS versus USD (2010-2024)

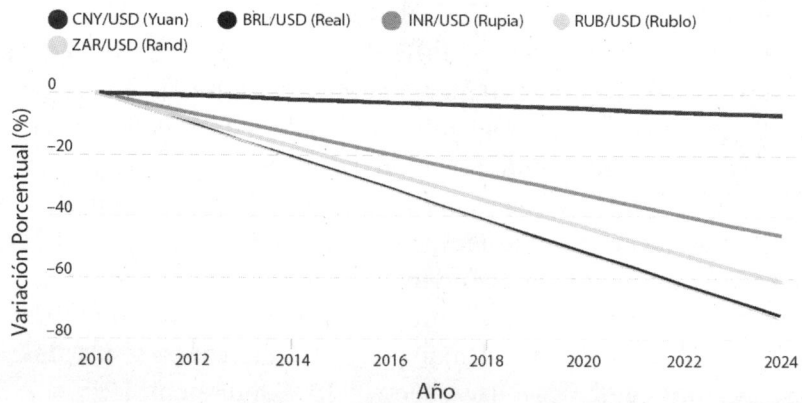

Fuente: Bloomberg.

El odio de la izquierda a las democracias liberales es tan profundo que está encantada de defender los acuerdos corporativistas de un grupo de países que buscan retroceder al siglo XIX en derechos laborales, protección del medioambiente, rendición de cuentas y transparencia con tal de atacar a EE. UU. y a Israel. Fascinante.

Los BRICS son una oportunidad perfecta para China, que es sin duda la gran ganadora de este acuerdo. Unir a países con debilidades institucionales y crediticias alrededor de un supuesto financiador generoso e ilimitado es la manera de extender el poder económico y tecnológico del gigante chino.

¿Querías un sistema alternativo a EE. UU.? Aquí lo tienes. Cuidado con lo que deseas.

El Estado chino no es una alternativa al capitalismo. Es capitalismo «salvaje», pero sin libertades civiles a la europea. Para gobiernos como el de Cuba y otros sistemas autoritarios, eso no es un problema. Por fin pueden acceder a un socio comercial y económico que no les demanda cosas tan fastidiosas como respetar los derechos humanos o las libertades civiles. Para China, es una manera fabulosa de hacer que estos países dependan del gigante asiático, acepten el yuan y adopten sus sistemas de información.

En realidad, China está haciendo lo mismo que hicieron hace décadas la Unión Soviética y Estados Unidos: globalizar su poder económico y crear satélites dependientes de su influencia.

¿Te sorprendes de que los BRICS no hayan acordado emitir una moneda común? Si yo fuera el gobierno chino, jamás aceptaría absorber las tentaciones inflacionistas de devaluadores seriales. ¿Para qué iba China a aceptar pasarles a sus ciudadanos el inflacionismo de sus socios, que han destruido sus monedas locales? Mejor llevarlos lentamente hacia una inexorable yuanización, que además fortalece el poder económico de las empresas chinas, genera actividad industrial y trabajo para los ciudadanos chinos y encima los enriquece si el yuan pasa de utilizarse en el 4 % de las transacciones globales a hacerlo en el 20 %, por ejemplo.

¿Te parece una teoría de la conspiración? El Banco Popular de China ha disparado entre 2022 y 2024 sus compras de oro a niveles récord con el objetivo de equilibrar sus activos entre bonos de EE. UU. y oro. Si de verdad quisiera crear una moneda común con la India o Brasil, atesoraría bonos del Estado de esos países en el banco central. Sin embargo, no sólo no lo hace, sino que presta a los países de los BRICS con colateral garantizado por materias primas.

El gobierno de China es muy listo. No intenta crear un sistema alternativo al que se desarrolla alrededor de Estados Unidos, sino un sistema paralelo hecho a imagen y semejanza del estadounidense.

China sabe que la Unión Soviética colapsó porque el socialismo no funciona y siempre empobrece. El gobierno de China sabe que la única manera de conseguir sus objetivos a largo plazo y evitar una revuelta social es enriquecer a sus ciudadanos y fortalecer su economía. Por eso, ni Rusia ni China tienen el menor interés en abandonar el capitalismo; de hecho, si algo las caracteriza, es un modelo corporativista en el que las empresas son el motor de crecimiento y los trabajadores mejoran sus condiciones por enriquecimiento de arriba abajo.

Rusia y China enriquecen a sus multimillonarios y les dan poder a cambio del apoyo sin fisuras al gobierno y, con ello, garantizan que sus ciudadanos sean más ricos. Rusia y China saben que sólo se perpetuará su sistema de gobierno si la población prospera y, por ello, el socialismo sólo lo aplican para el control social.

Sin embargo, esta apuesta de China puede tener los mismos problemas que la apuesta de EE. UU. en los años setenta: acumular riesgo y dilapidar dinero público en economías que luego no florecen. No sorprende que la iniciativa de la Nueva Ruta de la Seda (BRI, Belt and Road Initiative) se haya frenado en seco ante el fracaso del sistema de préstamos y el consiguiente impago o pérdida patrimonial.[160] Como explica Milton Ezrati, «el problema desde el principio fue que los proyectos se eligieron por razones políticas y diplomáticas, no económicas».

> Muchos de estos proyectos siempre fueron comercialmente dudosos, y ahora está claro que no pueden generar suficientes ingresos para respaldar los préstamos contraídos para construirlos. En Sri Lanka, por ejemplo, incluso antes de que la pandemia de COVID-19 paralizara el comercio, el puerto construido por la BRI carecía del tráfico necesario para cumplir con los términos del préstamo. Ese préstamo se ha vuelto incobrable, aunque los bancos estatales chinos involucrados aún no están listos para hacer tal declaración. Están ocurriendo cosas similares en toda la BRI. Pakistán, uno de los mayores participantes de la BRI, ha incumplido tanto con sus obligaciones que ha tenido que recurrir al FMI en busca de ayuda.

---

160. Ezrati, Milton, «China's vaunted Belt And Road Initiative seems to have come a cropper», *Forbes*, 21 de noviembre de 2022, <https://www.forbes.com/sites/miltonezrati/2022/11/21/chinas-vaunted-belt-and-road-initiative-seems-to-have-come-a-cropper/>.

Ahora entiendes por qué los BRICS no han acordado salir del FMI ni del Banco Mundial. El gobierno de China no es tonto. Mientras perfecciona un sistema de alcance global y se cimenta su poder económico, es esencial que sus socios puedan acudir al malvado y criticado FMI cuando las cosas se ponen feas. Toma «alternativa al capitalismo».

Los BRICS son la demostración empírica de que el socialismo es miseria. No lo adoptan ni los países que dicen defenderlo. Es más, los BRICS son la evidencia de que el socialismo fracasa de tal manera que China está consiguiendo expandir su poder tecnológico y económico a precio de ganga al atraer a países devastados por el socialismo.

Los BRICS son también la prueba de que tienes a tu disposición dos sistemas económicos y políticos: libertad de expresión, derechos civiles y capitalismo o socialismo, represión y miseria para después, cuando destruye la economía, entregarte al capitalismo salvaje y sin libertades civiles. Elige.

Conclusiones

- El gran ganador de los BRICS es China.
- Los BRICS adoptan un sistema capitalista corporativista.
- El nuevo orden económico no es la polarización, es la batalla entre democracia liberal y el autoritarismo corporativista.

15

El fracaso del socialismo. Latinoamérica y el avance de la libertad en Argentina

Latinoamérica es un ejemplo perfecto de error de diagnóstico y antiliberalismo. Adoptar el socialismo ha condenado a muchas de sus naciones, ricas y con enorme potencial, a la miseria.

Diagnóstico equivocado: desde Venezuela hasta Ecuador o Brasil, se vendió la ideología del socialismo del siglo XXI a finales de los años noventa como alternativa al inexistente liberalismo. Un grave error fue considerar un estatismo moderadamente centrista como «liberalismo» y acuñar el falso concepto de «neoliberalismo». La mejor definición de neoliberalismo que he leído la hizo el doctor Alberto Mingardi, que lo definía como «lo poco que hay y lo mucho que falta».[161] Un error todavía más grave fue creer que el socialismo iba a atraer la riqueza y prosperidad que le faltaba a la región, asumiendo que lo conseguido hasta entonces estaba garantizado. Error. El socialismo siempre entra por la puerta bajo la promesa de enorme riqueza y de que lo conseguido hasta ahora es un mínimo, y con el socialismo sale la riqueza futura y pasada por la ventana.

Leonardo Favio Osorio Bohórquez hace un análisis perfecto:

---

161. Mingardi, Alberto, *La verdad sobre el neoliberalismo*, Ediciones Deusto, Barcelona, 2022, <https://www.planetadelibros.com/libro-la-verdad-sobre-el-neoliberalismo/356422>.

El socialismo del siglo XXI en realidad mantiene los mismos principios clásicos del marxismo tradicional, el cual limita la acción del mercado y atenta contra la propiedad privada. En el caso venezolano, por medio de una política de controles, asfixias al mercado y expropiaciones de empresas, seguido de una serie de políticas sociales con fines clientelares, ha producido la consecuente debacle de la economía nacional con el fin de mantener a una cúpula en el poder. [...] La crisis actual es la consecuencia natural de una serie de políticas socialistas, siempre produciendo los mismos resultados de escasez, inflación, y amenaza a la libertad de los individuos por los crecientes niveles de autoritarismo.[162]

El socialismo no fracasa porque lo aplique una u otra persona. Fracasa porque es una ideología inmoral y destructiva.

El socialismo del siglo XXI se presentó como una alternativa al capitalismo y al socialismo tradicional que proponía una «economía de equivalencias» y una democracia participativa. Sin embargo, en la práctica, su implementación en países como Venezuela, Argentina, Bolivia y Ecuador ha mantenido todos los principios del marxismo clásico, limitando la acción del mercado y atentando contra la propiedad privada, además de acudir primero a la propaganda y después a la represión.

Una característica fundamental de este modelo ha sido la intervención excesiva del Estado en la economía, usando la falacia de «democratizar», que en realidad se convierte en supeditar la economía y las instituciones al gobierno. Algunos elementos esenciales comunes a estos gobiernos son los mal llamados controles de precios, que lo único que hacen es aumentar la escasez y disparar la inflación; las expropiaciones de empresas privadas con el objetivo de politizarlas y llenarlas de empleados afines al poder; y las regulaciones que asfixian al sector privado para someterlo.

Recuerda: el objetivo no es el progreso, sino el control.

---

162. Osorio Bohórquez, Leonardo Favio, «El socialismo del siglo XXI y la crisis de la sociedad venezolana», *Telos*, vol. 21, núm. 1, 2019, Universidad Privada Dr. Rafael Belloso Chacín, disponible en: <https://www.redalyc.org/articulo.oa?id=99357718024>.

Estas políticas llevaron al hundimiento de la inversión privada y la productividad.

Como no podía ser de otra manera, el socialismo del siglo XXI se comportó como el de los siglos XX y XIX: caída de la producción en sectores estratégicos, escasez de bienes y servicios básicos, dependencia creciente de las importaciones y empobrecimiento generalizado.

Decía Milton Friedman que, si pones al gobierno a cargo del desierto, te quedarás sin arena. En Venezuela, por ejemplo, la producción petrolera, principal fuente de ingresos del país, se desplomó a mínimos históricos debido a la mala gestión estatal y a la falta de inversión.[163]

Disparar el gasto público e imprimir moneda llevó a déficits fiscales crónicos, un endeudamiento insostenible y el rápido agotamiento de las reservas internacionales.

Otro pilar esencial del socialismo es la destrucción de la moneda, como hemos comentado antes. No se hace por incompetencia, sino por diseño, para expropiar la riqueza del país pagándola en una moneda sin valor y, además, enriquecer a los líderes políticos que se quedan los dólares que entran en la economía. El resultado: tasas de inflación extremadamente altas allá donde el gobierno tuvo capacidad de imprimir moneda sin control (en Ecuador o Bolivia no pudieron), destrucción del poder adquisitivo de la moneda nacional incluso cuando el banco central se mantenía fuera del control del gobierno y la dolarización informal de la economía porque los ciudadanos hacen lo posible por escapar del desastre inflacionista y defender sus ahorros.

No podemos olvidar un elemento clave: el odio a la inversión y las políticas hostiles hacia el sector privado generaron salidas masivas de capitales —porque los propios ciudadanos del país intentaron defenderse de la expropiación directa e indirecta—,

---

163. Torres Osorio, Arcadia Josefina, «Reflexiones en torno al socialismo del siglo XXI en Venezuela desde una perspectiva de la economía política», *Contribuciones a las Ciencias Sociales*, mayo de 2023, <https://www.eumed.net/rev/cccss/24/socialismo-venezuela.html#google_vignette>.

cierre de empresas nacionales y multinacionales y, por supuesto, reducción drástica de la inversión extranjera directa.

¿Cuál fue el resultado? Un socialismo que tenía como objetivo la reducción de la desigualdad y la pobreza, como siempre, sólo consiguió reducir la desigualdad empobreciendo a casi todos, menos a los líderes políticos. Así, son evidentes el incremento de la pobreza, el aumento brutal de la desigualdad por adhesión política —el gobierno se lucra de manera obscena— y la demolición de la clase media.[164]

El socialismo del siglo XXI, lejos de cumplir sus promesas de justicia social y desarrollo económico, ha contribuido significativamente al empobrecimiento de América Latina. Las políticas implementadas bajo este modelo han demostrado ser ineficaces y contraproducentes y han acarreado crisis económicas profundas, aumento de la pobreza y deterioro de las condiciones de vida en los países que las adoptaron.[165]

La experiencia latinoamericana con el socialismo del siglo XXI sirve como una advertencia sobre los peligros de adoptar modelos económicos que ignoran los principios básicos de la economía de mercado y la importancia de las instituciones democráticas sólidas.

Tras una década perdida por culpa del socialismo del siglo XXI, la región se enfrenta a una segunda pérdida de oportunidad con algunos elementos de esperanza: Argentina y El Salvador.

América Latina y el Caribe están en la mira de organismos internacionales como el Banco Mundial y el FMI, que ya en 2024 revisaron sus pronósticos de crecimiento a 1,9 % y 2,1 % respectivamente. Para 2025, las expectativas también se recortaron.

La región sufre los efectos del socialismo: bajos niveles de

---

164. «Socialismo siglo XXI: los casos de Ecuador, Bolivia y Venezuela», <https://www.academia.edu/3231985/Socialismo_siglo_XXI_los_casos_de_Ecuador_Bolivia_y_Venezuela>.

165. Hamburger Fernández, Álvaro Andrés, «El socialismo del siglo XXI en América Latina: características, desarrollos y desafíos», *Revista de Relaciones Internacionales, Estrategia y Seguridad*, v. 9, n. 1, p. 131-154, junio de 2014, disponible en: <http://www.scielo.org.co/scielo.php?script=sci_arttext&pid=S1909-30632014000100007&lng=en&nrm=iso>.

inversión, productividad estancada y desafíos estructurales que complican un despegue sostenido. Por si fuera poco, la inversión extranjera directa se estanca, y las oportunidades del *nearshoring* —ese fenómeno de recuperar actividad manufacturera desde China a países más cercanos a los centros de consumo— no se aprovecharon. ¿La razón? Entre otras cosas, los impuestos corporativos en las grandes economías de América Latina eran más altos que en regiones como Asia o los países líderes de la OCDE.

¿Podrá la región superar estos obstáculos y dar el salto que tanto necesita? Sólo si abandona el socialismo.

La región se enfrentaba en 2024 a altos niveles de deuda y déficits fiscales. Economías como Chile, Brasil, México o Argentina con el kirchnerismo pasaban de registrar crecimiento de países emergentes a estancarse y empeorar con el socialismo.

Aunque las tasas de interés bajaron rápidamente en muchos países, desde Colombia hasta México, la inversión sigue siendo limitada y las reformas estructurales quedaban, en muchos casos, aún pendientes. En otros casos, se avanzaba en contrarreformas, como es el caso de Colombia con Petro.

La inflación y el bajo crecimiento afectaban a los más desfavorecidos, y las políticas de intervención cercenaban el potencial de las economías. Flexibilizar las políticas monetarias sólo aumentaba los desequilibrios estatales y dejaba a los pobres más lejos de mejorar.

El socialismo ha hecho que Brasil y Chile, dos países que deberían crecer por encima de la tasa mundial, pierdan crecimiento y a la vez sufran inflación persistente. La decisión de Lula de disparar el gasto público en Brasil llevaba al desplome de la moneda local, el real, en 2024. Las perspectivas para 2025 reflejaban un crecimiento de las principales economías de la región que se situaba entre el 2,2 % y el 2,5 %, por debajo de la media global y de la media de Asia. Dos países mostraban la diferencia entre la libertad y el socialismo: Argentina, tras reducir la pobreza en 2024, cercenar la inflación y crecer con fuerza en el tercer trimestre de dicho año, iba a crecer cerca del 5 % en 2025. México, imponiendo más restricciones a la seguridad jurídica y más políticas socialistas, se quedaría en un 1,3-1,5 %.

Brasil

¿Funcionó el socialismo del siglo XXI en Brasil? En realidad, no. Lo único que ocurrió, como pasó con Chávez en Venezuela en los primeros años, es que coincidió con un alza continuada de los precios de las materias primas que disfrazaron los desequilibrios estructurales. Al terminar el período de bonanza petrolera, la economía empeoró rápidamente.

La política económica inicial de Lula tenía poco que ver con el socialismo del siglo XXI, era más bien un keynesianismo ortodoxo que mantenía superávits primarios elevados y un gasto público moderado. Sin embargo, la sostenibilidad de las cuentas públicas dependía en gran medida del *boom* de las materias primas y la inversión petrolera, que desapareció tan rápido como llegó. Desde entonces, el elevado déficit estructural y las trabas al crecimiento de la inversión privada dejaron una moneda en constante depreciación.

En 2024, Lula duplicó el déficit fiscal de Brasil en un solo año. Típico. El déficit fiscal de Brasil en 2023 llegó al 7,9 % del PIB. El déficit primario (excluyendo el pago de intereses) fue del 2,12 % del PIB, equivalente a 230,5 mil millones de reales brasileños, lo que representa el peor dato desde 2020 y el segundo peor en la serie histórica del Tesoro Nacional desde 1997.[166] El aumento del déficit tuvo consecuencias muy significativas: la moneda brasileña se depreció más de un 28,2 % en 2024 y la inflación anual aumentó del 4,2 % al 4,9 % entre agosto y noviembre de 2024.

Otra evidencia del fracaso de las políticas de gasto. Se dispara el gasto político, se hunde la moneda y se hace a todo el mundo más pobre.

---

166. «Informe de riesgo país, Brasil», CESCE, Madrid, 25 de septiembre de 2024, <https://www.cesce.es/documents/20122/212162/INFORME+BRASIL+-+25+septiembre+2024.pdf/b842fb07-2536-b48d-12f5-9078c3937850?t=1727346448888>.

México

México es otro ejemplo de cómo el socialismo frena el crecimiento. Tanto el Banco Mundial como el FMI recortaron sus proyecciones de crecimiento para 2024 y 2025 y las situaron en niveles modestos: entre 1,5-1,7 % para 2024 y algo menores, entre 1,3-1,5 %, para 2025. Este ajuste refleja una demanda interna debilitada, que está impactando tanto el consumo como la inversión en sectores clave.

México, que antes crecía más que Estados Unidos en períodos de expansión, se queda en estancamiento con las políticas socialistas.

El frenazo en el consumo privado lo reflejaba el Indicador Oportuno del Consumo Privado del INEGI, con un crecimiento interanual proyectado de apenas 1,79 % en septiembre de 2024, un contraste significativo con el 5,61 % registrado en el mismo mes de 2023.

Estancamiento con elevada inflación. La inflación superaba el 4,5 % en 2024. El bajo crecimiento y la elevada inflación dejaban unas tasas fijadas por el banco central que no bajarían del 8 % en 2025. La presidenta de México, Claudia Sheinbaum, recibió el mayor desequilibrio entre ingresos y gastos en treinta y seis años, pero mantenía el objetivo de seguir aumentando el gasto público.

Chile

Uno de los trucos del socialismo es convencer a los ciudadanos de que la prosperidad y el crecimiento adquiridos durante años están garantizados. Los ciudadanos sólo aceptan probar el socialismo cuando piensan que el bienestar actual está asegurado. Y caen en la trampa.

El PIB de Chile creció apenas un 0,2 % en 2023, lo que representa un estancamiento significativo comparado con el crecimiento del 11,7 % en 2022. Este bajo crecimiento se debió a varios factores, entre los que se incluyen una contracción en el consumo de los hogares del 5,2 % y una caída en la inversión. De hecho, la economía chilena permaneció estancada durante todo el bienio 2022-2023, con el nivel del PIB desestacionalizado manteniéndose casi igual desde el inicio del gobierno del Frente Amplio.[167]

Inversión paralizada y mercado laboral débil[168] no son casualidades. Son el resultado de imponer la inseguridad jurídica y el intervencionismo y el ataque político a las empresas.

Durante 2024, el gasto gubernamental se incrementó un 5,3 %, mientras el resto de la demanda interna permanecía estancada.

Chile es un ejemplo típico de cómo se frena una economía desde el socialismo. Pensaron que el progreso y el crecimiento estaban garantizados a pesar de los ejemplos de países cercanos, y votaron gestos en vez de gestores.

Colombia

Imagina por un momento a un país, Colombia, que ve cada día cómo miles de ciudadanos de la vecina Venezuela emigran escapando de la miseria chavista y deciden votar a alguien que defiende el chavismo y sus políticas. Las políticas del presidente Gustavo Petro en Colombia han enfrentado numerosas críticas desde su llegada al poder en 2022. Aumento de gasto público e impuestos, como siempre, e intervencionismo en los sectores estatales. No es fácil destruir una petrolera, pero Venezuela y Colombia lo han conseguido con gobiernos socialistas: el precio de las acciones de Ecopetrol cerraba en mínimos históricos en noviembre de 2024.

El impacto de las políticas intervencionistas no se hizo esperar. El equipo de investigaciones económicas del Banco de Bogotá alertó que los saldos de depósitos del Tesoro Nacional en el

---

167. González, Hermann, «Dos años de estancamiento económico», *La Tercera*, 22 de marzo de 2024, <https://clapesuc.cl/en-los-medios/dos-anos-de-estancamiento-economico>.

168. «Chile: Declaración final del personal técnico sobre la misión de consulta del Artículo IV a Chile correspondiente a 2024», Fondo Monetario Internacional, 26 de noviembre de 2024, <https://www.imf.org/es/News/Articles/2024/11/26/mcs-112624-chile-staff-concluding-statement-of-the-2024-article-iv-mission>.

Banco de la República alcanzaron mínimos históricos a inicios de noviembre de 2024, con 12,7 billones de pesos colombianos.[169]

El peso colombiano experimentó una fuerte depreciación en 2022 y se convirtió en la cuarta moneda más devaluada a nivel global y la segunda en Latinoamérica, sólo superada por el peso argentino con el kirchnerismo.[170]

El peso colombiano se depreció un 11,53 % a lo largo del año 2024.[171] En el último trimestre de 2024, la Tasa Representativa del Mercado (TRM) promedió 4.411 pesos por dólar, lo que representa una depreciación del 5,6 % frente al trimestre anterior.[172]

El peso colombiano ocupó un lugar destacado entre las monedas latinoamericanas más depreciadas, al perderse la confianza global en la solvencia de las cuentas públicas. Otro elemento típico del socialismo son las reformas tributarias, que siempre son subidas de impuestos, que siempre recaudan menos de lo que anuncian.[173]

El socialismo promete y siempre incumple. El empeoramiento de las condiciones de vida por la elevada inflación, una política

---

169. «Colombia: caja del Gobierno en el Banco de la República cayó a mínimos históricos en noviembre», *Finanzas Digital*, 15 de noviembre de 2024, <https://finanzasdigital.com/colombia-caja-banco-minimos-historicos/>.

170. «El peso colombiano es la cuarta moneda más devaluada en el 2022», *Noticias RCN*, 13 de diciembre de 2022, <https://www.noticiasrcn.com/economia/el-peso-colombiano-es-la-cuarta-moneda-mas-devaluada-en-el-2022-435876>.

171. Alguero, Miguel Orlando, «Dólar imbatible: 11,53 % fue la depreciación del peso colombiano en 2024», *El Colombiano*, 22 de diciembre de 2024, <https://www.elcolombiano.com/negocios/dolar-imbatible-1153-fue-la-depreciacion-del-peso-colombiano-en-2024-KE26113393>.

172. Escobar Fernández, Juan, «La razón por la que el peso colombiano está cada vez más devaluado y lo que hará que el dólar siga subiendo de precio», *Infobae*, 26 de diciembre de 2024, <https://www.infobae.com/colombia/2024/12/26/la-razon-por-la-que-el-peso-colombiano-esta-cada-vez-mas-devaluado-y-lo-que-hara-que-el-dolar-siga-subiendo-de-precio/>.

173. «Dólar alto, reforma tributaria, protestas y más: 5 polémicas de Gustavo Petro en sus primeros 100 días de gobierno», *CNN Español*, 15 de noviembre de 2022, <https://cnnespanol.cnn.com/2022/11/15/gustavo-petro-100-dias-gobierno-colombia-orix/>.

presupuestaria irresponsable y una estrategia de destrucción de sectores clave como el petrolero deteriora la posición de los colombianos, especialmente de los más desfavorecidos. La ingeniería social del gobierno de Petro llevaba a prometer acabar con el sector petrolero y sustituirlo por el turismo y la tecnología utilizando la excusa del cambio climático... como si los turistas llegasen a Colombia por teletransporte.

Otro factor que comparte Colombia con Venezuela, Nicaragua o Cuba es el del aumento de la inseguridad: 137 masacres y 438 víctimas en los primeros 583 días de gobierno, el asesinato de 300 líderes sociales durante el mismo período y el fortalecimiento de grupos guerrilleros como las FARC, el ELN y el Clan del Golfo en treinta y dos departamentos.[174] En un país asolado por el terrorismo, no nos sorprende que el socialismo nombre a dieciocho exjefes paramilitares, individuos acusados de crímenes de lesa humanidad, como gestores de paz.

Ésta es otra pata clave del socialismo del siglo XXI, blanquear a los verdugos y convertir a las víctimas en molestos efectos secundarios. La política de «paz total» ha sido un fracaso incuestionable por su ineficacia y por permitir el fortalecimiento de grupos armados ilegales.

La gestión de Petro refleja el peligro de creer en la política de gestos vacíos. Constantes cambios en el gabinete, con doce de diecinueve ministros reemplazados en el primer año, y constantes casos de corrupción.[175]

Las políticas de Petro han fracasado en lo económico, en lo social, en la seguridad y en la gestión. Bajo crecimiento, déficit estructural, empeoramiento de las condiciones generales de vida por la inflación, inseguridad jurídica, blanqueamiento de la violencia terrorista y gestión plagada de casos de corrupción.

174. «Duras críticas a las políticas de seguridad del Gobierno Nacional en Plenaria del Senado», Senado de la República de Colombia, 13 de marzo de 2024, <https://www.senado.gov.co/index.php/el-senado/noticias/5278-duras-criticas-a-las-politicas-de-seguridad-del-gobierno-nacional-en-plenaria-del-senado>.

175. Ariza, Hubert, «Petro, dos años nublados por corrupción», *El País*, 10 de agosto de 2024, <https://elpais.com/america-colombia/2024-08-10/petro-dos-anos-nublados-por-corrupcion.html>.

Colombia, como México y Brasil, es un país con enorme potencial, buenos empresarios y un pueblo que quiere progresar. El socialismo sólo frena y desgasta el progreso.

Recomendación futura para Colombia: si ves a miles de ciudadanos de Venezuela escapar de la miseria, no votes por las mismas políticas en tu casa.

Argentina

Argentina muestra la importancia de implementar medidas quirúrgicas e innegociables a la hora de inocular la vacuna contra el virus del socialismo. La victoria de Javier Milei empezó a sacar a Argentina de la miseria impuesta por el socialismo del siglo XXI.

Las perspectivas para Argentina en los próximos años muestran que la economía crece y la pobreza cae cuando se abandona el socialismo. Tanto el FMI como el Banco Mundial estimaban que el PIB caería un 3,5 % en 2024 y, ya en su tercer trimestre, se registraba un fuerte crecimiento del 3,9 %.[176] Con la información recibida, Argentina cerraría 2024 recuperando el 100 % del agujero económico heredado del kirchnerismo, el socialismo del siglo XXI. Para 2025, el FMI y el Banco Mundial estimaban un crecimiento del 5 %. Incluso BBVA Research era más optimista y estimaba un salto de hasta el 6 % para ese año.[177]

De todos los elementos del éxito del primer año de gobierno de Javier Milei, el que más molesta a la izquierda es la reducción de la pobreza.

---

176. «Argentina sale de la recesión por todo lo alto: el PIB crece al mayor ritmo en cuatro años y el riesgo país se desploma», *El Economista*, 17 de diciembre de 2024, <https://www.eleconomista.es/economia/noticias/13137019/12/24/argentina-sale-de-la-recesion-por-todo-lo-alto-el-pib-crece-al-mayor-ritmo-en-cuatro-anos-y-el-riesgo-pais-se-desploma.html>.

177. «BBVA Research: La consolidación fiscal es el pilar del programa económico», BBVA, 25 de junio de 2024, <https://www.bbva.com/es/ar/economia-y-finanzas/bbva-research-la-consolidacion-fiscal-es-el-pilar-del-programa-economico/>.

Los datos son contundentes. La pobreza de Milei en su primer año cerraría por debajo de la que dejaron Alberto Fernández y Cristina Fernández de Kirchner.[178] Las políticas liberales de Milei sacaron a ocho millones de ciudadanos de la pobreza y bajaron el nivel de indigencia más que en muchos años, un 8,6 %.[179]

Según los datos del Instituto Nacional de Estadística y Datos (INDEC) en su encuesta permanente a hogares (EPH), el peronismo disparó la pobreza de un brutal 36 % al 54,9 %. En su período de gobierno, el cuarto kirchnerismo sumó 3,5 millones de nuevos pobres, 19,5 millones de pobres en total, de los que 6,5 millones eran niños.[180]

La tasa de indigencia aumentó del 10 % al 20,3 %. Una inflación desbocada que se disparó del 10 % mensual al 25,5 % mensual empobrecía a velocidad inusitada al ciudadano argentino.

¿Viste alguna vez a la izquierda plañidera abrir titulares diarios con estos datos? No.

Esa vergonzosa secta repetía una y otra vez que la pobreza en Argentina estaba mal calculada y que la inflación era multicausal, mientras hacía campaña a favor del maltratador Fernández y la corrupta Cristina Fernández de Kirchner. Lo llamaban «políticas sociales inclusivas para todos». Pedro Sánchez y Yolanda Díaz hicieron campaña por el kirchnerismo.[181]

---

178. Jueguen, Francisco, «La pobreza de Milei en su primer año cerraría por debajo de la que dejaron Alberto y Cristina», *La Nación*, 19 de diciembre de 2024, <https://www.lanacion.com.ar/economia/estiman-que-la-pobreza-de-milei-en-su-primer-ano-cerrara-por-debajo-de-la-que-dejaron-alberto-y-nid19122024/>.

179. «La Universidad Católica Argentina asegura que cayó la cantidad de personas pobres en Argentina», *0221*, 5 de diciembre de 2024, <https://www.0221.com.ar/nacional/la-universidad-catolica-argentina-asegura-que-cayo-la-cantidad-personas-pobres-argentina-n101958>.

180. Lacalle, Daniel, «Milei reduce la pobreza en Argentina y la izquierda se enfada», *Daniel Lacalle*, 17 de diciembre de 2024, <https://www.dlacalle.com/milei-reduce-la-pobreza-en-argentina-y-la-izquierda-se-enfada/>.

181. Criales, José Pablo, «Pedro Sánchez respalda al peronista Sergio Massa en las elecciones argentinas: "Frente a la estridencia, representa la tolerancia y el diálogo"», *El País*, 14 de noviembre de 2023, <https://elpais.com/argentina/2023-11-14/pedro-sanchez-respalda-al-peronista-sergio-massa-en-las

Massa, el candidato perdedor, sabía que dejaba una bomba de relojería de pobreza y destrucción y quería pasarle el problema a Milei. Le salió mal.

Alberto Fernández dejó una herencia envenenada. Un banco central quebrado con 13.000 millones de dólares de reservas netas negativas. ¿Qué significa eso? Mayor impresión de moneda a futuro, que es mayor inflación y pobreza a futuro. Dejó un déficit descomunal, de más del 4,4 % del PIB, y un agujero comercial y fiscal casi inasumible.

Además, con once tipos de cambio falsos, la brecha cambiaria —el diferencial entre el tipo de cambio falso oficial y el real de mercado— llegó al 300 % y cerró 2023 en un 150 %, y el riesgo país a más de 2.000 puntos.

Pensaban que esa herencia iba a hacer colapsar al siguiente gobierno y se vanagloriaban de que, antes de junio de 2024, estarían de nuevo en el gobierno para continuar con su proceso de camino a Venezuela. El kirchnerismo no hundió la moneda, la economía y la renta de los argentinos por incompetencia, sino por diseño, por crear una sociedad dependiente y esclavizada al Estado depredador como en Venezuela, Cuba y Nicaragua con el aplauso de toda la secta izquierdista de España y el Grupo de Puebla.

Milei implementó sus medidas quirúrgicas en abril de 2024 con la Ley Bases y Puntos de Partida para la Libertad de los Argentinos, conocida como Ley ómnibus.

Pues bien, con datos del INDEC-EPH, la tasa de indigencia en diciembre de 2024 sería del 8,6 %, es decir, menos de la mitad del 20,3 % heredado del kirchnerismo. La tasa de pobreza ha caído del 54,9 % al 38,9 % y, según la Universidad Católica de Argentina, bajará aún más en diciembre.

Los datos del primer año de Milei son espectaculares.[182]

-elecciones-argentinas-frente-a-la-estridencia-representa-la-tolerancia-y-el-dialogo.html>.

182. «"Milei, año 1": así avanza Argentina», Instituto Juan de Mariana, <https://juandemariana.org/investigacion/archivo-de-publicaciones/milei-ano-1-asi-avanza-argentina/>.

El principal factor de empobrecimiento, la inflación, se ha cercenado. Milei heredó una inflación del 25,5 % mensual y una brecha cambiaria del 300 %. La inflación mensual a noviembre de 2024 ya estaba en el 2,4 %, el nivel más bajo desde 2003. En términos anualizados, el ritmo de incremento de precios se ha demolido del 324 % al 38 % entre 2023 y 2024.

¿Cómo? Eliminando el déficit fiscal y la impresión de pesos sin control.

Superávit fiscal durante doce meses, con un ajuste del gasto político y del clientelismo estatal sin precedentes. En un mes se redujo el déficit a cero, y eso con la herencia envenenada de la bomba de relojería dejada por el kirchnerismo.

Al eliminar el déficit, se cercenan el desequilibrio del banco central y la impresión de moneda sin control. La brecha entre el tipo de cambio oficial y el real que superaba el 150 % cuando Milei llegó al poder se redujo a cero en diciembre de 2024.

La motosierra presupuestaria aplicada por Milei rompió con doce años de déficits públicos ininterrumpidos. En 2024, Milei acumuló un superávit del 0,5 % del PIB entre enero y octubre de 2024, frente a déficits del 3,6 %, 3,8 % y 4,4 % del PIB para el conjunto de los ejercicios 2021, 2022 y 2023.

¿En qué se ha aplicado la motosierra? En el gigantesco gasto político y clientelar, desde una administración tributaria duplicada hasta centenares de organismos sin competencias donde había empleados que nunca fueron a trabajar.

¿Y los salarios reales? Desde la Ley ómnibus, los salarios reales crecieron y ya estaban en diciembre por encima del nivel preelectoral, según la UCA.

¿Recesión? Argentina ya estaba en recesión con el peronismo. Milei adoptó un ajuste fiscal de casi un 3 % del PIB y un ajuste inflacionario del 9,2 % del PIB, pero el PIB solamente se contrajo un 0,6 % durante el mismo período. Es un precio más que asumible a cambio de evitar la hiperinflación y el camino a otro impago de deuda. Ya en el tercer trimestre de 2024, la economía creció un 3,9 %.

Esta política quirúrgica ha cercenado el riesgo país, que se ha desplomado de 2.000 a 750 puntos y debe seguir bajando. Gracias a ello, el crédito y la inversión empezaron a fluir y los préstamos y depósitos en dólares alcanzaron en diciembre de 2024 el nivel más alto en dos décadas. Tras el ajuste, llegaba la mayor bajada de impuestos de la historia y el camino de la prosperidad.[183] El milagro de Milei es devolver la esperanza a un país maravilloso y recordarles a toda América Latina y al mundo que el gradualismo es la perpetuación de la miseria, y que no se negocia con quien quiere el mal. La libertad avanza.

Pues bien. Esa secta del expolio que es la izquierda ha descubierto ahora la pobreza en Argentina. Ahora sí está bien calculada y ahora la inflación sí es culpa de Milei. Por supuesto, ni consideran la tendencia de desastre en la que estaba sumida Argentina, que iba camino de Venezuela, ni la bomba de relojería de las LELIQ y los PASE que dejaron en un banco central quebrado.

Argentina no vive un experimento con Milei. Vive la vuelta a la cordura. Lo que fue un experimento fue el vomitivo socialismo del siglo XXI, que hundió un país rico como Argentina para enriquecer de manera obscena a su casta clientelar política.

En 2025, Argentina será una de las economías que más crezca del mundo y recuperará el 100 % del agujero heredado del socialismo, según el consenso de Bloomberg.

Conclusiones

- El socialismo del siglo XXI ha arruinado Latinoamérica.
- El diagnóstico equivocado llevó a los ciudadanos a creer que habían vivido políticas liberales en el pasado.
- El camino de la libertad se abre en Argentina y crea un ejemplo para el mundo.

183. <https://efe.com/economia/2024-12-11/argentina-impuestos-milei-2025/>.

16

El ataque a Occidente usando el antisemitismo

Los valores de la democracia liberal y los valores occidentales están estrechamente relacionados y se basan en principios fundamentales, que podemos resumir en los siguientes:

- Capitalismo: economía de libre mercado
- Elecciones libres y justas
- Estado de derecho
- Igualdad ante la ley
- Independencia judicial
- Libertad de asociación
- Libertad de expresión
- Libertad de movimiento
- Libertad de prensa
- Libertad de religión
- Libertad individual
- Pluralismo político
- Propiedad privada
- Rendición de cuentas
- Separación de poderes
- Sistema político democrático
- Transparencia gubernamental

¿Qué autócrata quiere esa lista? Ninguno.

No nos debe sorprender, por lo tanto, que el estatismo depredador se una a la ultraizquierda y ambos a las dictaduras teocráticas. Todos tienen un objetivo común: acabar con los valores occidentales y la democracia liberal desde dentro. Esa izquierda que repite constantemente su supuesta defensa de los derechos humanos, la democracia y los derechos de la mujer y el colectivo LGTBIQ está a la vez encantada de unirse a un régimen que ejecuta a mujeres y homosexuales.

Cuando entendemos esta alianza de intereses perversos, comprendemos por qué se ataca constantemente al Estado de Israel.

La defensa de Israel no es un ataque a los países árabes, todo lo contrario. Las naciones árabes saben que hay una gran diferencia y que, para gran parte de ellas, el problema es el régimen de Irán, no Israel.[184] «Irán debe darse cuenta de que es un objeto extraño en el cuerpo árabe que le ha causado grandes daños y que debe separarse [del mundo árabe].»[185]

La Liga de Países Árabes[186], que incluye a veintidós naciones, está cada vez más separada de los objetivos del régimen iraní, y no debemos caer en el error de identificar a todos los países árabes con el apoyo a Hamás o Hezbolá, ni mucho menos con el régimen iraní. De hecho, no podemos olvidar la intensidad de la agresividad de los satélites terroristas del régimen iraní contra países y gobiernos de la Liga Árabe.

El futuro de Oriente Próximo y de los países árabes es de coo-

---

184. Cook, Steven A., «Arab countries have Israel's back—for their own sake», *Foreign Policy*, 18 de abril de 2024, <https://foreignpolicy.com/2024/04/18/israel-jordan-egypt-uae-saudi-iran-attack-war/>.

185. «Saudi journalist: Iran is a foreign object in the Arab body; its interference in the Palestinian-Israeli conflict is a danger to Arab countries», MEMRI, 14 de agosto de 2024, <https://www.memri.org/reports/saudi-journalist-iran-foreign-object-arab-body-its-interference-palestinian-israeli-conflict>.

186. Sayeh, Janatan, «Analysis: Iran's waning influence in the Arab world», *Long War Journal*, 28 de diciembre de 2024, <https://www.longwarjournal.org/archives/2024/12/analysis-irans-waning-influence-in-the-arab-world.php>.

peración con Israel y paz. Los únicos que buscan la imposición de un sistema totalitario son los líderes políticos del régimen actual de Irán.[187]

Ahora, piensa por un momento por qué el estatismo autocrático y la izquierda radical se alían con el régimen iraní y los grupos terroristas que financia. ¿No sería lo normal apoyar la paz y la cooperación entre los países árabes e Israel y promover el final del régimen iraní que reprime a mujeres y homosexuales y financia el terrorismo?

Blanquear el peligro del régimen iraní y atacar a la única democracia liberal de Oriente Próximo sólo tiene un objetivo: promover un sistema autoritario dentro y fuera de nuestras fronteras.

Uno de los estandartes de ese antisemitismo disfrazado de buenismo es el gobierno español de Pedro Sánchez y sus socios de ultraizquierda. El objetivo es dinamitar políticamente la única democracia liberal de Oriente Próximo con un objetivo, para mí, evidente: destruir el Estado de derecho desde dentro.

La defensa de Israel y su derecho a existir no son un ataque a los países árabes, sino todo lo contrario. No podemos olvidar que el ataque terrorista a Israel del 7 de octubre de 2023 tenía como uno de sus objetivos sabotear un acuerdo entre Israel y Arabia Saudí.[188]

En 2024, tuve el honor de unirme al consejo asesor de la Fundación MEMRI,[189] donde comenté lo siguiente, que se refiere al gobierno español, pero es asimilable a tantos gobiernos occidentales que están adoptando mensajes antisemitas:

---

187. Mustafa, Himdad, «Only united ethnic groups can defeat the islamic republic of Iran», MEMRI, 11 de noviembre de 2024, <https://www.memri.org/reports/only-united-ethnic-groups-can-defeat-islamic-republic-iran>.

188. Álvarez-Ossorio Alvariño, Ignacio, «Israeli-Saudi normalization: A collateral victim of 7 October», IEMed, julio de 2024, <https://www.iemed.org/publication/israeli-saudi-normalization-a-collateral-victim-of-7-october/>.

189. Lacalle, Daniel, «The antisemitism of the Sánchez government does not reflect the reality of Spain», MEMRI, 8 de julio de 2024, <https://www.memri.org/reports/antisemitism-s%C3%A1nchez-government-does-not-reflect-reality-spain>.

España no es un país antisemita, pero nuestro gobierno ha adoptado las posiciones antisemitas más radicales como estrategia política. Tomar una posición a favor de las demandas de Hamás no es defender a los palestinos, es defender su sumisión a un grupo terrorista. Tomar una posición a favor de Hamás también es tomar una posición en contra de los árabes de la región que quieren paz y libertad.

Es vergonzoso que el gobierno de España utilice el término *genocidio* para hablar de la legítima defensa de Israel ante los ataques de un grupo terrorista que exige la aniquilación del Estado de Israel. Ése es el significado de la frase «del río al mar», que algunos jóvenes españoles repiten con una ignorancia infantil. ¿Genocidio? Debe de ser el más incompetente de la historia. En 1948, 156.000 árabes vivían en Israel. A finales de 2020, el número de ciudadanos árabes de Israel era de 1.595.300, y constituían aproximadamente el 17,2 % de la población. Además, en 2022, el gobierno de Estados Unidos estimó la población total palestina en tres millones en Cisjordania y dos millones en la Franja de Gaza. Según datos de 2023, Gaza tiene una tasa de crecimiento poblacional anual del 1,99 %, mientras que Cisjordania tiene una tasa de crecimiento poblacional del 2,07 %. Por lo tanto, éste sería el primer genocidio en el que la población está aumentando en lugar de disminuir.[190]

Además, durante la guerra en Gaza, para minimizar las bajas civiles, el ejército israelí (FDI) hizo llamadas telefónicas y envió mensajes de texto a los residentes de los edificios que iban a ser atacados.[191] Dar advertencias de un ataque con anticipación, ayudar a evacuar a los civiles y proporcionar ayuda es lo opuesto a un genocidio.

Algunos gobiernos acusan paternalistamente a Israel de una

---

190. «Israel, West Bank and Gaza: West Bank and Gaza», U.S. Department of State, <State.gov/reports/2022-report-on-international-religious-freedom/israel-west-bank-and-gaza/west-bank-and-gaza/>.

191. Cuddy, Alice, «'I'm calling from Israeli intelligence. We have the order to bomb. You have two hours'», BBC News, 8 de noviembre de 2023, <https://www.bbc.com/news/world-middle-east-67327079>.

respuesta «desproporcionada» a los ataques del 7 de octubre de 2023. Sin embargo, ¿cuál es una respuesta proporcional al asesinato, la violación y la quema de bebés? ¿Algún gobierno exigió alguna vez una «respuesta proporcionada» de los Aliados en la Segunda Guerra Mundial contra la Alemania nazi o de Ucrania contra la Rusia de Putin? ¿Cuál es la respuesta proporcionada a los incesantes ataques con misiles diarios en el territorio israelí? ¿Qué debería haber hecho Israel? ¿Violentar, torturar, secuestrar y asesinar a inocentes en los mismos números que lo hizo Hamás?

El alto número de bajas es el resultado, ante todo, del hecho de que Hamás utiliza a los civiles como escudos humanos y esconde a terroristas y armas en hospitales y escuelas.[192]

Si los miembros del gobierno español y sus aliados políticos creen las cifras de mujeres y niños muertos proporcionadas por Hamás, deberían hacerse varias preguntas. ¿De quién es la culpa por mantener, supuestamente, a miles de niños y mujeres en una zona de guerra donde se ha anunciado un ataque? Cabe señalar que la Convención de Ginebra prohíbe el uso de centros civiles para actividades militares. Usar instalaciones civiles para lanzar ataques es un crimen de guerra.

No obstante, el miembro del buró político de Hamás, Mousa Abu Marzouk, afirmó en una entrevista transmitida el 27 de octubre de 2023 en Russia Today TV que los túneles en Gaza fueron construidos para proteger a los combatientes de Hamás de los ataques aéreos, y no a los civiles. En un discurso del 26 de octubre de 2023, el líder de Hamás, Ismail Haniya, también dijo: «La sangre de las mujeres, los niños y los ancianos [...], somos nosotros quienes necesitamos esta sangre, para que despierte en nosotros el espíritu revolucionario, para que despierte en nosotros la determinación».[193] Más recientemente, el líder de Hamás

---

192. Ecanow, Natalie, «Hamas officials admit its strategy is to use Palestinian civilians as human shields», FDD, 1 de noviembre de 2023, <https://www.fdd.org/analysis/2023/11/01/hamas-officials-admit-its-strategy-is-to-use-palestinian-civilians-as-human-shields/>.

193. «Hamas leader Ismail Haniyeh: We need the blood of women, children, and the elderly of Gaza — So it awakens our revolutionary spirit», MEMRI, 27 de octubre de 2023, <https://www.memri.org/reports/hamas

en Gaza, Yahya Sinwar, exaltó las muertes de los palestinos como una forma de aumentar la presión sobre Israel.[194]

Es vergonzoso que el gobierno español repita, como si fueran válidos, los números de muertos publicados por el Ministerio de Salud de Hamás, y no tome en consideración las cifras proporcionadas por entidades independientes o incluso por la ONU, que revisó a la baja las cifras de víctimas.[195] ¿Te imaginas el conflicto diplomático que se habría generado si se hubieran aceptado las cifras de «tortura» que inventó Batasuna en la guerra de España contra ETA? Difundir cifras falsas proporcionadas por una organización terrorista debería ser vergonzoso en un país como España, que ha luchado durante décadas para que la desinformación proporcionada por ETA y Batasuna no fuera aceptada por los medios extranjeros.

Por otro lado, no es cierto que exista el bloqueo israelí. Gaza también vive de Israel. En 2021, la Coordinación de Actividades Gubernamentales en los Territorios de Israel anunció que, desde el 31 de enero de 2021 hasta el 6 de febrero de 2021, 2.116 camiones habían ingresado a Gaza desde el cruce de Kerem Shalom transportando 61.858 toneladas de bienes y equipos y 3.229.601 litros de combustible y diésel. Además, la Administración de Coordinación y Enlace de Gaza en la primera mitad de 2023 se centró en llevar dinero a Gaza —en una suma que supera los 110 millones de séqueles—, aumentar el número de trabajadores de la Franja de Gaza en Israel —la cuota aumentó a 18.500 trabajadores—, agilizar el procedimiento de aceptación para tratamiento médico en Israel y operar a heridos.

Si alguien está bloqueando Gaza y no quiere tener nada que

-leader-ismail-haniyeh-we-need-blood-women-children-and-elderly-gaza-%E2%80%93-so-it-awakens>.

194. Said, Summer y Jones, Rory, «Gaza Chief's Brutal Calculation: Civilian Bloodshed Will Help Hamas», *The Wall Street Journal*, 10 de junio de 2024, <https://www.wsj.com/world/middle-east/gaza-chiefs-brutal-calculation-civilian-bloodshed-will-help-hamas-626720e7>.

195. Horton, Jake; Sardarizadeh, Shayan; y Durbin, Adam, «Gaza war: Why is the UN citing lower death toll for women and children?», BBC, 16 de mayo de 2024, <https://www.bbc.com/news/world-middle-east-69014893>.

ver con Hamás, es Egipto, que, junto con muchos otros países árabes como Jordania, no está dispuesto a acoger a los refugiados palestinos de Gaza. No es casualidad que Egipto haya construido un gran muro a lo largo de la frontera con Gaza, ya que el régimen de El-Sisi no quiere importar terrorismo ni fortalecer la ideología fundamentalista de los Hermanos Musulmanes en el país.

Cuando escuchamos consignas pro-Hamás en una protesta LGTBIQ o feminista, no podemos dejar de pensar en el hecho de que Gaza, bajo la dictadura de Hamás, una organización terrorista que se ha negado a celebrar elecciones desde 2006, ejecuta a los homosexuales y oprime a las mujeres y los niños. Como preguntó Bill Maher, «¿me puedes decir dónde hay un bar gay en Gaza?».[196] Israel tiene libertad y celebraciones del Orgullo,[197] pero en Gaza, si eres gay, te ejecutan.[198] Aparece en Gaza con una pancarta de *Queers For Palestine* y verás qué pasa.

Resulta irónico: si los miembros de movimientos como «Gais por Palestina» y «*Queers* por Palestina» vivieran en Gaza, probablemente necesitarían buscar asilo en Israel. En febrero de 2024, en medio de la actual guerra en Gaza, un tribunal israelí decidió que los individuos LGBTIQ palestinos pueden hacerlo. La jueza del Tribunal de Distrito de Tel Aviv, Michal Agmon-Gonen, dictaminó que «los palestinos amenazados debido a su orientación sexual pueden solicitar asilo».[199]

---

196. «New Rule: From the River to the Sea | Real Time with Bill Maher (HBO)» [vídeo], YouTube, 16 de diciembre de 2023, <https://www.youtube.com/watch?v=KP-CRXROorw>.

197. «Tel Aviv Gay Pride: Friday, June 13th, 2025», *Tourist Israel*, <https://www.touristisrael.com/tel-aviv-gay-pride-parade/3809/>.

198. Schröder, Ilka, «Persecution of homosexuals in the Palestinian autonomous areas», European Parliament, <https://www.europarl.europa.eu/doceo/document/E-5-2003-1346_EN.html>.

199. Peleg, Bar, «Israeli Foreign Ministry boasted LGBTQ Palestinian Asylum Ruling; Interior Minister seeks reversal», *Haaretz*, 7 de febrero de 2024, <https://www.haaretz.com/israel-news/2024-02-07/ty-article/.premium/foreign-ministry-boasts-lgbtq-palestinian-asylum-ruling-interior-minister-seeks-reversal/0000018d-83fb-dfd5-adff-dbfbc7a00000>.

Muchos manifestantes dicen que no son antisemitas, sólo antisionistas, como si eso fuera una justificación. ¿Y qué es el sionismo? El sionismo es la lucha y la defensa de un Estado judío independiente, y proviene de Sion, una colina de la ciudad de Jerusalén. Es antisemitismo exigir que una democracia como Israel —que ofrece libertad de expresión y de religión para todos, como se establece en la Declaración de Independencia del Estado de Israel de 1948— justifique su defensa de su derecho a existir, mientras se aceptan todas las mentiras difundidas por la dictadura terrorista de Hamás.

Es vergonzoso que el gobierno español haya anunciado su reconocimiento del inexistente Estado palestino, cuando no se han dado las condiciones de acuerdo para tal Estado. Hamás no ha renunciado a su objetivo de aniquilar y destruir el Estado de Israel ni ha demostrado su voluntad de llegar a un acuerdo de paz. Además, Hamás y su aliado Hezbolá siguen atacando a Israel. En esta etapa, el reconocimiento de un Estado palestino es una recompensa al terrorismo. Llamar a esto un paso esencial para la paz es una sandez.

Los árabes han rechazado compartir la tierra con los judíos cinco veces, en 2008, 2000, 1967, 1947 y 1936.[200] Mientras los líderes palestinos sigan defendiendo el lema «del río al mar» —lo que significa la destrucción de Israel—, no será posible creer que aceptarán una solución de dos Estados.

Es ridículo que la segunda vicepresidenta del gobierno de España, Yolanda Díaz, haya dicho que el lema «del río al mar» respalda la solución de dos Estados.[201] Esto es simplemente una forma de blanquear a Hamás, que considera que Palestina comprende todo

---

200. Emewu, Ikenna, «5 times in the past Palestine rejected offer to have its own state», *Africa China Economy*, 13 de octubre de 2023, <https://africachinapresscentre.org/2023/10/13/5-times-in-the-past-palestine-rejected-offer-to-have-its-state-they-want-israel-out-of-existence/>.

201. «Yolanda Díaz aclara que cuando dijo "del río al mar" se refería tanto a Palestina como a Israel», Onda Cero, 24 de mayo de 2024, <https://www.ondacero.es/noticias/mundo/yolanda-diaz-aclara-que-cuando-dijo-rio-mar-referia-tanto-palestina-como-israel_2024052466506ffa6a0d130001e19b9a.html>.

el territorio desde el río Jordán hasta el mar Mediterráneo. No hay derechos para el pueblo judío. Esto aparece claramente en la Carta de Hamás, un documento religioso y antisemita que llama a una guerra intransigente contra los judíos hasta el Día del Juicio y rechaza ceder incluso una pulgada de la tierra que llaman Palestina.[202]

El reconocimiento de un Estado palestino sin una mayoría cualificada en el Parlamento español, y sin un acuerdo de que Hamás debe poner fin a sus políticas terroristas y renunciar a su objetivo de eliminar a Israel, es antisemita y recompensa el terrorismo.

Sí, el gobierno español y sus aliados políticos son antisemitas. España en sí misma no lo es. Cuando el gobierno español toma partido con una dictadura terrorista que asesina a homosexuales, oprime a las mujeres y ataca a la única democracia en Oriente Próximo, significa que el gobierno de Sánchez se está aliando con los enemigos de Occidente y de las democracias liberales en beneficio de sus propios intereses políticos.

Defender a Israel y luchar contra Hamás significa defender la libertad, especialmente para los palestinos, que están siendo intimidados y mantenidos como rehenes por una dictadura islamista. Por lo tanto, para que musulmanes, judíos y cristianos vivan en libertad, necesitamos que desde el río hasta el mar estén libres de Hamás.

Conclusiones

- La lucha de Israel por defender su existencia es nuestra lucha por defender los valores occidentales y la democracia liberal.
- Defender a Israel no es atacar a los países árabes.

---

202. «The Hamas charter — The ideology behind the massacre», MEMRI, 23 de octubre de 2023, <https://www.memri.org/reports/hamas-charter-%E2%80%93-ideology-behind-massacre>.

- La principal amenaza para la Liga Árabe es la injerencia del régimen iraní.
- La lucha de Israel contra el ataque de Irán es la lucha de la libertad contra el feudalismo.
- El estatismo antiliberal mira al régimen de Irán y al comité central de China como ejemplos que hay que seguir.

17

Elon Musk contra el sesgo del pensamiento único

El desarrollo de las redes sociales ha sido un factor esencial para democratizar el conocimiento y promover el debate y la libertad de expresión. Sin embargo, desde 2019 se amplificaron las críticas a algunas redes sociales por sesgo anticonservador. La más evidente es Wikipedia, cuyo sesgo está documentado[203] en decenas de estudios[204] y análisis empíricos[205] y en las declaraciones del cofundador de la página, Larry Sanger («nadie debería confiar en Wikipedia»),[206] ya que el proceso de edición

---

203. «¿Existe sesgo político de izquierdas en Wikipedia-español?», *El Debate*, 31 de mayo de 2024, <https://www.eldebate.com/cultura/20240531/existe-sesgo-politico-izquierdas-wikipediaespanol_201340.html>.

204. Rozado, David, «Is Wikipedia politically biased?», Manhattan Institute, 20 de junio de 2024, <https://manhattan.institute/article/is-wikipedia-politically-biased>.

205. Norton, Jim, «'Wikipedia is as biased as the BBC': How the Left took over the platform», *The Telegraph*, 27 de noviembre de 2024, <https://www.telegraph.co.uk/news/2024/11/27/wikipedia-biased-bbc-how-left-took-platform/>.

206. Aggarwal, Mayank, «Nadie debería confiar en Wikipedia, dice uno de sus creadores», *The Independent*, 16 de julio de 2021, <https://www.independent.co.uk/news/world/americas/us-politics/wikipedia-founder-larry-sanger-democrats-b1885138.html>.

está controlado por unos supuestos «editores estrella» que sistemáticamente escoran las páginas, especialmente biografías de personas vivas, embelesando o eliminando controversias en los perfiles de izquierda y añadiendo un sesgo negativo en los perfiles conservadores. «Las biografías de Wikipedia en español son editadas por personas que, ocultándose tras cuentas anónimas de editor, aprovechan para realizar activismo político, bien sea incluyendo datos erróneos o falsos, bien seleccionando noticias de medios de comunicación con un claro sesgo político e ideológico, que remiten a informaciones controvertidas, tergiversadas, insidiosas o inexactas que, a todas luces, quiebran la exigencia de neutralidad en la que se funda Wikipedia.» Es parte de lo que denunciamos más de 2.500 firmantes en un manifiesto.[207]

El sesgo hacia la izquierda no sólo afecta a una supuesta enciclopedia que debería ser neutral y centrarse en hechos, en vez de resaltar elementos negativos, esconder los positivos y aceptar fuentes no neutrales de los perfiles conservadores. En el caso de la red social más importante del mundo, Twitter, ahora X, se encontró que entre 2005 y 2016 la mayoría de las cancelaciones de cuentas eran de perfiles conservadores. Por ejemplo, se cerró la cuenta del presidente[208] de Estados Unidos, Donald Trump,[209] mientras se mantenía la cuenta de Maduro, de los líderes de la dictadura cubana y nicaragüense, de dictadores teocráticos como Alí Jamenei (aparentemente, llamar a la destrucción «del Estado sionista» no violaba las reglas de incitación a la violencia)[210]

---

207. Lacalle, Daniel, «Manifiesto. Contra la ausencia de neutralidad y el evidente sesgo político en las publicaciones de Wikipedia», *Daniel Lacalle*, 8 de septiembre de 2022, <https://www.dlacalle.com/manifiesto-contra-la-ausencia-de-neutralidad-y-el-evidente-sesgo-politico-en-las-publicaciones-de-wikipedia/>.

208. «Permanent suspension of @realDonaldTrump», *X blog*, 8 de enero de 2021, <https://blog.x.com/en_us/topics/company/2020/suspension>.

209. Allyn, Bobby y Keith, Tamara, «Twitter permanently suspends Trump, citing 'Risk of further incitement of violence'», NPR, 8 de enero de 2021, <https://www.npr.org/2021/01/08/954760928/twitter-bans-president-trump-citing-risk-of-further-incitement-of-violence>.

210. Keating, Joshua, «After Trump, should Twitter also ban all the dicta-

y de líderes de organizaciones que defienden el terrorismo islamista radical y antisemitas.[211]

Una investigación de la Cámara de Representantes de Estados Unidos («Proteger la libertad de expresión de la interferencia gubernamental y el sesgo de las redes sociales. Parte 1: El papel de Twitter en la supresión de la historia de las computadoras portátiles de Biden») revelaba:

> Bajo la supervisión de antiguos empleados de Twitter, Twitter se convirtió en una empresa privada en la que el FBI y el gobierno federal se infiltraron para limitar deliberadamente la libertad de expresión, en particular el discurso conservador y las noticias contrarias al discurso dominante. Los antiguos empleados de Twitter admitieron que la historia del *New York Post* sobre la computadora portátil de Hunter Biden no violó ninguna política de Twitter, pero fue eliminada de todos modos. También admitieron que no hicieron ningún intento por verificar la autenticidad del contenido de la computadora portátil de Hunter Biden.[212]

Lo más alarmante es que, como hemos visto, se cancelaron cuentas y se silenciaron perfiles por difundir información que se tildaba de «desinformación» y que después ha sido confirmada. Hay centenares de ejemplos: el ordenador de Hunter Biden, las razones para el confinamiento en la pandemia, etc.

---

tors?», *Slate*, 11 de enero de 2021, <https://slate.com/technology/2021/01/twitter-trump-dictators-iran-china.html>.

211. Oliveira, Alex, «Talk about double standards! Latest Twitter Files reveal how woke staffers banned Trump but let Iranian Ayatollah call Israel 'cancerous tumor' and Malaysian PM say Muslims had 'right' to kill millions», *Daily Mail*, 13 de diciembre de 2022, <https://www.dailymail.co.uk/news/article-11530873/Twitter-files-Trump-banned-world-dictators-allowed-call-mass-murder.html>.

212. «The cover up: Big tech, the swamp, and mainstream media coordinated to censor Americans' free speech», Committee on Oversight and Government Reform, <https://oversight.house.gov/release/the-cover-up-big-tech-the-swamp-and-mainstream-media-coordinated-to-censor-americans-free-speech-%EF%BF%BC/>.

Y en eso llegó Elon Musk.

Elon Musk compró Twitter el 27 de octubre de 2022 por 44.000 millones de dólares. Desde entonces, implementó varias medidas con la intención de mejorar la libertad de expresión en la plataforma, ahora conocida como X: limitar la capacidad de los empleados de X de tomar decisiones sobre cuentas, eliminar los bots[213] y las cuentas falsas utilizadas por algunos para multiplicar sus seguidores, hacer públicos parte de los algoritmos de X para aumentar la transparencia sobre cómo se muestran y priorizan los *posts* y potenciar las «notas de la comunidad» que permiten a los usuarios añadir notas o contextos a los mensajes en X para combatir la desinformación.

¿Por qué ha molestado la llegada de Elon Musk a X? Porque ha equilibrado la balanza. Los gobiernos están especialmente molestos con las «notas de la comunidad» porque rápidamente desmontan su desinformación y propaganda cuando ponen mensajes erróneos o fuera de contexto. La ultraizquierda populista, que vio su plataforma crecer exponencialmente con las redes sociales, está molesta porque sus mensajes compiten con los de personas que piensan diferente; la derecha estatista está molesta porque Musk expresa sus opiniones personales y toma partido; y la derecha radical está molesta porque considera que la izquierda sigue dominando las redes.

La evidencia de que la compra de Twitter ha sido un éxito para la libertad de expresión es que están enfadados todos los que la quieren limitar.

Es fascinante. Cuando George Soros financiaba de manera abierta (y legítima) todas las causas de izquierda, incluso las más radicales, *The Guardian* lo llamaba «filántropo» que «gastó miles de millones en defender la democracia».[214] Cuando los milmillonarios se alineaban con las políticas del estatismo de izquierdas,

---

213. «¿Qué es un bot?», AWS, <https://aws.amazon.com/es/what-is/bot/>.

214. Walker, Shaun, «George Soros: 'Brexit hurts both sides — my money was used to educate the British public'», *The Guardian*, 2 de noviembre de 2019, <https://www.theguardian.com/business/2019/nov/02/george-soros-brexit-hurts-both-sides-money-educate-british-public>.

al laborismo[215] o a la candidata demócrata,[216] la izquierda estaba encantada. ¿Todo el apoyo e injerencia en el debate político por parte de Hollywood? ¿Control de la inmensa mayoría de los medios tradicionales? ¿Manipulación y control de las televisiones públicas? Con todo eso, la izquierda no veía ninguna amenaza a la democracia. Eso es porque la izquierda considera que todo lo que no sea pensamiento socialista es antidemocrático.

Ya sabes, esos que piensan que los que piensan diferente son una amenaza para la democracia son la verdadera amenaza para la democracia.

La izquierda no considera que el control y manipulación de los medios sea un problema siempre que le sirva. Por eso le molesta que una red social equilibre la balanza. No considera injerencia si se tapan escándalos que no convienen a ese pensamiento único que se intentó imponer.

Cuando Musk expresa su opinión y elección política, es injerencia; pero, cuando los medios tradicionales reflejan un sesgo constante y la opinión la dan los multimillonarios de Hollywood y los que apoyan el estatismo, entonces es defender la democracia. Qué cosas. La nueva Inquisición quiere acabar con Elon Musk porque es molesto. Esa nueva Inquisición controla la mayoría de los medios, pero no le parece suficiente.

La realidad es que las redes sociales y la tecnología son una bendición, todas, incluso si existe sesgo en alguna. Es precisamente el avance de la libertad y de otras redes sociales lo que permite desvelar lo que es la verdadera desinformación: la propaganda y censura gubernamentales.

Para mí es mucho mejor que estas redes estén en manos pri-

---

215. Dalton, Jane, «Starmer wins backing of billionaire BlackRock chief: 'He offers hope to British politics'», *Independent*, 19 de octubre de 2023, <https://www.independent.co.uk/news/uk/politics/labour-starmer-blackrock-support-fink-b2432113.html>.

216. Saul, Derek, «Kamala Harris has more billionaires prominently backing her than Trump-Bezos and Griffin weigh in (Updated)», *Forbes*, 30 de octubre de 2024, <https://www.forbes.com/sites/dereksaul/2024/10/30/kamala-harris-has-more-billionaires-prominently-backing-her-than-trump-bezos-and-griffin-weigh-in-updated/>.

vadas, porque es la mejor manera de que el sesgo sea menor. Efectivamente, imagina por un momento lo que sería el sesgo antes mencionado si esas páginas y redes fueran estatales.

El 7 de enero de 2025, el director general de Meta, Mark Zuckerberg, anunciaba que abandonaba el sistema de control de contenido que había generado controversia durante años[217] con el objetivo de restaurar la libertad de expresión en Facebook e Instagram.[218] «Más libertad de expresión y menos errores», afirmaba el comunicado. Zuckerberg lo explicaba: «Algunas personas creen que dar voz a más personas genera división en lugar de unirnos. Existen personas que creen que lograr los resultados políticos que consideran importantes es más importante que dar la posibilidad de que cada persona tenga voz. Creo que eso es peligroso». En el comunicado, Zuckerberg reconocía que «los gobiernos y medios tradicionales quieren censurar más y más». «Los verificadores de datos se han convertido en demasiado sesgados políticamente y han destruido más confianza de la que han creado.» «Lo que empezó como un movimiento para ser más inclusivos se ha convertido en un movimiento para censurar opiniones e ideas.» Por fin. La libertad avanzaba.

Lo que ha demostrado Musk es que la libertad avanza y que tú eres la nueva prensa.

La compra de X no ha reducido la impronta e influencia de la izquierda y sus influenciadores. Una mirada a tu *timeline* diario lo evidencia. Lo que ha hecho ha sido eliminar el sesgo y la política de silenciar y cancelar a los discrepantes.

No olvides que la ultraizquierda estaba encantada cuando los milmillonarios financiaban su expansión por toda Europa y las redes sociales escoraban el mensaje hacia la izquierda, silenciando y cancelando cuentas conservadoras. Recuerda que la emer-

---

217. «Zuckerberg says the White House pressured Facebook to 'censor' some COVID-19 content during the pandemic», *PBS News*, 27 de agosto de 2024, <https://www.pbs.org/newshour/politics/zuckerberg-says-the-white-house-pressured-facebook-to-censor-some-covid-19-content-during-the-pandemic>.

218. Kaplan, Joel, «More speech and fewer mistakes», *Meta*, 7 de enero de 2025, <https://about.fb.com/news/2025/01/meta-more-speech-fewer-mistakes/>.

gencia de Podemos y los partidos comunistas desde 2016 llegó amplificada por las redes sociales. Lo que les molesta es que se haya equilibrado la balanza. Como siempre.

Conclusiones

- Las redes sociales y la tecnología se consideran una amenaza a la democracia cuando no perpetúan el poder del estatismo.
- El Estado depredador está encantado con el avance de la ultraizquierda en medios porque sirve a sus intereses de control, pero considera una amenaza a los que discrepan de ese pensamiento único.
- La izquierda estaba encantada con las redes sociales cuando su mensaje era preponderante y se cancelaba y silenciaba a perfiles conservadores, pero no tolera estar en igualdad de condiciones.

18
¿Quiénes son los líderes del nuevo orden económico mundial?

> La verdad no teme la confrontación. La mentira no permite ser desafiada.
>
> Cita atribuida a Friedrich Nietzsche

Llegados a este punto, debemos entender en qué consiste el nuevo orden económico mundial que nos quieren imponer.

En pocas palabras: «uniformidad y Estado por encima de todo». No tendrás nada y se lo deberás todo al Estado.

Éstos son los pilares fundamentales:

- Sistema monetario y financiero que tenga como prioridad al Estado y ponga a las empresas y familias a su servicio, y no al revés.
- Eliminación de la libertad monetaria y financiera.
- Socavación de la propiedad privada y la libertad económica para crear ciudadanos dependientes.
- Demolición de la democracia liberal y los contrapesos para imponer un «capitalismo de Estado» autoritario «por tu bien».

- Uniformidad y pensamiento único. Una élite cercana a los poderes políticos que perpetúa su poder a través de la eliminación del discrepante.
- Utilización de la tecnología para la censura y la cancelación civil para eliminar el disenso.

No es globalización ni concordia mundial. Es fascismo-comunismo disfrazado de supuesto buenismo, consenso y progresismo.

Para convencerte, se usa el argumentario neomarxista, que te habla de igualitarismo. Una sociedad en la que la ingeniería social crea a un nuevo ser humano, completamente idílico, bueno, generoso y solidario, que sólo administra bienes comunes abundantes y asequibles para satisfacer necesidades básicas y que piensa lo mismo que todos los demás. El comunismo vende que, al llegar a esa sociedad, no habrá necesidad de autoridades políticas... Eso sí, en el camino hacia esa supuesta arcadia feliz de seres que piensan todos igual, se necesitan un Estado represor y un poder político que impongan esa ingeniería social.

Para crear un hombre nuevo, hay que destruir al antiguo y eliminar a los que desvirtúan ese camino, que, por supuesto, decide un líder mesiánico que sabe exactamente lo que necesita todo el mundo. Lo explica brillantemente Emmanuel Rincón en su libro *El hombre jugando a ser Dios. ¿Cómo luchar contra los adoradores de la religión del Estado?*[219]

Rincón explica la ideología *woke* como un intento de normalizar lo ilógico y alejarse de conceptos tangibles y naturales, una nueva religión inquisitorial que busca imponer un pensamiento único e igualdad de resultados artificial. Así, los líderes «progresistas» modernos son más parecidos a los monarcas feudales y buscan legitimarse a través de supuestas causas justas. La verdadera lucha actual, por lo tanto, no es entre izquierda y derecha,

---

219. Rincón, Emmanuel, *El hombre jugando a ser Dios*, Gaveta Ediciones, Santa Cruz de Tenerife, 2023, <https://www.todostuslibros.com/libros/el-hombre-jugando-a-ser-dios_978-84-127607-0-5>.

sino entre libertad y autoritarismo, y entre la realidad y las falsas realidades manipuladas.

Fascismo y comunismo son lo mismo: la destrucción del individuo libre. Sin embargo, son palabras difíciles de vender: *progresista* suena mejor. Y es todavía mejor si se impone el pensamiento único introduciendo el miedo a pensar diferente y a opinar.

La autocensura es una característica esencial de la Neoinquisición. Así se disfraza de libertad de expresión. No prohíben por ley, sólo te cancelan y asesinan civilmente.

Por supuesto, te repetirán constantemente que «el Estado somos todos», una de las mayores falacias jamás repetidas. Si el Estado fuéramos todos, no necesitaríamos instituciones independientes y contrapesos privados para defendernos de los intentos de imposición y políticas autoritarias de los gobiernos.

No es cierto que el Estado seamos todos. El Estado es un aparato burocrático que nosotros aceptamos para regular y facilitar la actividad y colaboración entre individuos libres. Es un sistema que sólo se convierte en facilitador si se le ponen límites constantes.

El Estado tiene el monopolio de la violencia, la capacidad ilimitada de coaccionar a los ciudadanos y el poder de prohibir y limitar actividades individuales y colectivas. Por ello, el Estado debe ser siempre limitado por la sociedad civil. La separación entre sociedad civil y Estado es crucial para delimitar ámbitos en los que el Estado no debe intervenir.

El Estado es un administrador. Si el poder del administrador se acrecienta, se vuelve contra los administrados. Por eso hay que frenar siempre al Estado, igual que hay que monitorizar y limitar el poder militar.

La idea de que «todos somos Estado» es, en realidad, el caballo de Troya para imponer ideologías totalitarias que buscan eliminar la distinción entre lo público y lo privado y justificar la expansión del poder gubernamental, además de diluir la responsabilidad por sus fracasos. Así, cuando el Estado fracasa en la respuesta a una inundación o un terremoto, se culpa a que no hay suficiente poder estatal.

Cuando nos dicen «el Estado somos todos» en realidad significa que tú no eres nada.

Parafraseando a George Orwell, el Estado somos todos, pero unos más que otros. El gobierno y los sectores cercanos se convierten en «más» Estado y, a medida que sabotean y limitan el poder de los contrapesos independientes, se convierten en el Estado depredador.

La necesidad de contrapesos independientes y de una constitución y un tribunal constitucional que defiendan los derechos fundamentales demuestra que el Estado es una entidad separada que puede potencialmente abusar de su poder sobre los ciudadanos.

Debemos entender que muchos líderes económicos y políticos creen que la mejor manera de progresar es un mundo planificado y gestionado de manera centralizada por equipos de personas que piensan y dicen lo mismo. A veces parece que han visto *La invasión de los ultracuerpos*, de Don Siegel, y les ha parecido una idea estupenda.

Este avance parecía imparable cuando el gobierno de Estados Unidos empezó a adoptar una enorme cantidad de políticas antilibertad individual y a incentivar el wokismo, la cancelación, el veto y la desbancarización.[220] En 2024 se ha frenado, pero no ha desaparecido. Sin embargo, no podemos pensar que el avance de la nueva Inquisición se ha acabado por unas elecciones.

Cómo se conforma el nuevo orden mundial

El liderazgo tecnológico, energético, financiero e ideológico conforma dos bloques separados y antagónicos: Estados Unidos y China. Los Estados se adhieren a esos dos liderazgos por una combinación de incentivos económicos y políticos.

---

220. Weingarten, Ben, «Biden 'Equity' plans make wokeism core to U.S. National Security», *Newsweek*, 27 de abril de 2022, <https://www.newsweek.com/biden-equity-plans-make-wokeism-core-us-national-security-opinion-1700866>.

Este nuevo orden económico mundial tiene algunas similitudes con los bloques del siglo XX, Occidente y los países de influencia de la Unión Soviética (URSS), pero las diferencias son mucho más significativas.

Al contrario de los bloques creados alrededor de EE. UU. y la URSS, no se trata de dos sistemas económicos e ideológicos radicalmente distintos. La URSS y sus satélites eran comunistas y de planificación centralizada absoluta. China y los países que se unen a su bloque tienen sistemas políticos diferentes por completo y todos adoptan el capitalismo, con un sistema de planificación que no se diferencia significativamente del de la Unión Europea, por ejemplo. En realidad, lo curioso de este nuevo bloque es que es un sistema capitalista y corporativista más cercano al Reino Unido del siglo XIX o al EE. UU. de Roosevelt. Un sistema capitalista de Estado.

China atrae a Estados cuyo sistema legal, regulatorio y de poderes estatales difiere significativamente de las llamadas democracias liberales, las cuales se alinean alrededor de Estados Unidos.

El poder de China se fortalece al atraer a Estados con monedas tradicionalmente débiles y sistemas de seguridad jurídica e inversora diferentes a los occidentales; y pasa a ser el gran financiador de economías emergentes. Al llevar a cabo esta estrategia, China se convierte en el gran centro neurálgico del acceso a materias primas esenciales para la industria y la tecnología, y se asegura el suministro.

China es el principal consumidor de materias primas a nivel global. En mineral de hierro, supone el 59 % del total mundial; en níquel refinado, el 50,3 %; en cobre refinado, el 43,8 %; en mineral de cobre, el 26,9 %; en trigo, el 16,3 %; en petróleo, el 13,7 %; y en gas natural, el 4,7 %. China consume más acero y hierro que el resto del mundo junto, y su gasto en petróleo sólo lo supera Estados Unidos.[221] Atraer a su entorno a países con acce-

---

221. «El impacto de China en las materias primas», CaixaBank, 9 de diciembre de 2015, <https://www.caixabankresearch.com/es/economia-y-mercados/materias-primas/impacto-china-materias-primas>.

so a esas materias primas garantiza un suministro continuado a precio competitivo.

Además, el mundo le ha regalado a China el futuro del transporte y la energía con las políticas de la Agenda 2030 y la transición energética. China domina la cadena de suministro de varios metales críticos para la transición energética. Procesa casi el 58 % del litio a pesar de poseer sólo el 8 % de las reservas globales. Es el mayor productor y exportador mundial de grafito y el líder en minería, producción y procesamiento de tierras raras. Además, produce el 80 % de los paneles solares del mundo, domina el mercado global de baterías[222] y fabrica el 58 % de los vehículos eléctricos del mundo.

Estados Unidos es ya el mayor productor de petróleo del mundo,[223] es líder global en minería y renovables y se fortalece al atraer inversión global, liderar en tecnología y defensa y unirse a Estados que defienden el sistema occidental de democracias liberales.

Estados Unidos supone más del 10 % de toda la oferta global de petróleo, y con las políticas de Trump se estima que superará los 18 millones de barriles por día en 2026. Además, se convertirá en el principal exportador de petróleo del mundo para el año 2050.[224] En gas natural, lidera la producción mundial —supera a Rusia y China—, y ya era el mayor exportador de gas natural licuado del mundo en 2023.[225]

Las energías solar y eólica representan más del 21 % de la capacidad de generación de Estados Unidos.

---

222. Crownhart, Casey, «La nueva baza de China para presionar a EE. UU. pasa por restringir la exportación de litio», *MIT Technology Review*, 16 de diciembre de 2024, <https://www.technologyreview.es/s/16949/la-nueva-baza-de-china-para-presionar-ee-uu-pasa-por-restringir-la-exportacion-de-litio>.

223. IEA, 2024.

224. Latienda, Fernando, «Estados Unidos desafía a Arabia Saudí y podría convertirse en el principal exportador de petróleo del mundo», *20minutos*, 2 de septiembre de 2024, <https://www.20minutos.es/lainformacion/economia-y-finanzas/estados-unidos-desafia-arabia-saudi-principal-exportador-petroleo-5629090/>.

225. «Natural gas supply», IEA, <https://www.iea.org/countries/united-states/natural-gas>.

La ideología es la de la sumisión al poder político, y el poder económico es el factor esencial. A China le da igual unirse a países con gobiernos de derechas o de izquierdas, aunque es cierto que, por las circunstancias de debilidad jurídica, institucional y monetaria que los caracterizan, suelen tener gobiernos izquierdistas. El liderazgo de China no es a través de la represión o la imposición, sino de aceptar cooperar con países con regímenes de libertades cuestionables.

En el caso de Estados Unidos, el liderazgo no es por imposición, sino a través del ejemplo.

Se ha acabado ser el policía del mundo, tanto para un bloque como para el otro, y pasan a ser los dos banqueros del mundo.

Sin embargo, estos bloques no rechazan la cooperación ni cierran sus fronteras, simplemente reasignan sus prioridades comerciales de manera que su liderazgo se perpetúe.

En el caso de China, ese liderazgo incluye un barniz de planificación estatal y un gobierno omnipresente en lo social pero extremadamente liberal en lo corporativo y laboral. En el caso de Estados Unidos, el gobierno es menos relevante y el sector privado y la sociedad civil más importantes.

Los nuevos bloques en realidad se conforman alrededor de un modelo de Estado capitalista y de control social contrapuesto a un modelo de Estado capitalista y de separación de poderes. Si lo piensas, es la consecuencia lógica tras intentar imponer la globalización, el multilateralismo y las democracias liberales en países que, por cultura, religión o tradición, rechazan el sistema de contrapesos.

El nuevo orden mundial, por lo tanto, no es un nuevo sistema económico, sino el avance inexorable de un bloque que abraza el capitalismo de Estado —que, en aspectos como las libertades civiles, se parece más a un sistema feudal— y otro que lidera desde el capitalismo de libre mercado.

Lo fascinante de este nuevo orden económico mundial es que los países «no alineados» se desdibujan y las alianzas son flexibles; los dos polos no son tan opuestos como parece, y el sistema económico es muy similar.[226]

226. «FMI explica efectos de la relación EE. UU. — China en la economía

El nuevo orden económico mundial es más parecido a la competencia entre dos financiadores globales, Goldman contra JP Morgan, o a la de Coca-Cola contra Pepsi que a sistemas económicos opuestos.

A pesar de las tensiones, existe una creciente interdependencia entre las dos principales potencias: China es uno de los mayores tenedores extranjeros de deuda estadounidense y necesita el dólar para sostener su sistema financiero,[227] mientras que EE. UU. depende de las importaciones chinas para muchos productos, y no puede eliminarlas.

El nexo entre los dos bloques es el intento de concentrar el poder monetario, energético, social y geopolítico. China y EE. UU. ostentan el liderazgo. Son los dos emperadores. ¿Y qué pasa con los señores feudales y con el resto de los Estados, que dependen financiera y tecnológicamente de estos dos líderes imperiales? Dado que la tecnología desdibuja las fronteras y diluye el poder de los Estados, estos nuevos señores feudales tienen que perpetuarse imponiendo un sistema uniforme y represor, un Estado controlador y liberticida, con el apoyo de una élite económica que espera beneficiarse de la cercanía al poder.

Conclusiones

- El nuevo orden económico mundial se conforma alrededor de los dos grandes financiadores globales tras el fracaso de las organizaciones multilaterales, convertidas en torres de Babel cooptadas por regímenes antiliberales.
- No es una batalla entre sistemas económicos, ya que ambos son capitalistas, sino de liderazgo supranacional.

---

mundial a futuro», *Amcham Colombia*, 12 de diciembre de 2023, <https://amchamcolombia.co/noticias-eeuu/fmi-explica-efectos-de-la-relacion-ee-uu-china-en-la-economia-mundial-a-futuro/>.

227. Lacalle, Daniel, «La guerra de divisas muestra la debilidad de China», *Daniel Lacalle*, 2 de septiembre de 2019, <https://www.dlacalle.com/la-guerra-de-divisas-muestra-la-debilidad-de-china/>.

- El nuevo orden económico mundial busca la supresión del individuo y la libertad individual. El gobierno de Estados Unidos estaba en esa misma política hasta 2024.
- El poder financiero, el tecnológico, el monetario y el energético son los cimientos del nuevo orden económico mundial.

19

La energía crea imperios y los destruye

No existe liderazgo económico ni progreso sin energía abundante, limpia y competitiva. De la misma manera, imponer un mix energético caro, volátil e intermitente, plagado de impuestos, destruye economías. Ya entiendes por qué EE. UU. y China lideran y la Unión Europea regula y pierde.

Lo que fortalece el liderazgo de China y de Estados Unidos es tener muy claro que sin energía abundante y barata sólo pueden perder. Ninguna de las dos potencias se permite el lujo de burócrata rico de rechazar tecnologías o el desarrollo de sus fuentes de energía. Eso sólo se le ocurre a un político europeo.

China y Estados Unidos aprovechan todas las tecnologías y fuentes de energía y, por supuesto, no se dedican a dispararse en el pie prohibiendo el desarrollo de sus recursos naturales.

Estados Unidos y China saben que deben desarrollar todo y ganar en aquello que sea más competitivo. Por eso tienen líderes empresariales y capitalistas. Saben que la mejor política energética no es tener política energética excluyente, sino crecer en todas las áreas.

¿Qué hace que ganen por goleada las dos potencias? Poner la seguridad de suministro y la competitividad por encima de la ideología y el sectarismo.

China lidera en crecimiento de renovables, pero no renuncia

al carbón ni a la nuclear o el petróleo. Estados Unidos también lidera en renovables, y no renuncia a la nuclear ni al petróleo.

En Estados Unidos, la participación del carbón en la generación eléctrica disminuye del 17 % en 2023 al 14 % en 2025. En China, es la mayor fuente de generación eléctrica y representa el 42 % del mix energético. Aunque la IEA estima que el consumo de carbón alcanzará su nivel máximo en 2025, China no renuncia a ninguna fuente de energía. La capacidad de las centrales de carbón aumentó en 19,5 gigavatios (GW) en 2022 y elevó su capacidad total a 1.089 GW.[228]

Estados Unidos cuenta con el mayor parque nuclear, con noventa y cuatro reactores, y la energía nuclear representa alrededor del 18 % del mix de generación de electricidad. China tiene cincuenta y cinco reactores nucleares en funcionamiento con una capacidad neta total de 53,2 GW en abril de 2024, según la IEA. Además, tiene veintitrés reactores adicionales en construcción.

Yo he tenido la oportunidad de asistir a congresos de energía y sostenibilidad en EE. UU. y en China, y a nadie se le ocurre hablar de energía en términos ideológicos y sectarios como ocurre en Europa, sino como hay que hablar: en términos de competitividad y apoyo a la inversión.

Por eso las empresas chinas y estadounidenses pagan por la electricidad y el gas una fracción de lo que pagan en la paternalista y arrogante Unión Europea,[229] y encima reducen las emisiones de CO_2 sin comprometer el crecimiento económico,[230] en vez de reducir emisiones por estancamiento económico, que es lo que hace la Unión Europea.

---

228. Roca, José A., «China continúa el rápido crecimiento de su capacidad nuclear», *El Periódico de la Energía*, 9 de mayo de 2024, <https://elperiodicodelaenergia.com/china-continua-rapido-crecimiento-capacidad-nuclear/>.

229. «Europe risks losing more jobs over energy costs, ABB CEO warns», Bloomberg, 26 de noviembre de 2024, <https://www.bloomberg.com/news/articles/2024-11-26/europe-risks-losing-more-jobs-over-energy-costs-abb-ceo-warns>.

230. Ritchie, Hannah y Roser, Max, «CO_2 emissions», *Our World in Data*, junio de 2020, <https://ourworldindata.org/co2-emissions>.

No sorprende, por lo tanto, que EE. UU. y China lideren también en renovables. En EE. UU., las energías solar, eólica e hidroeléctrica representaron aproximadamente el 21 % de la generación eléctrica en 2023, y aumentaron al 24 % en 2024. En China, las renovables ya superaron al carbón en capacidad de generación durante la primera mitad de 2024, y se estima que la participación de eólica y solar alcance el 40 % de la capacidad instalada para finales de 2024.[231]

La batalla por el liderazgo global sólo puede venir ganando en crecimiento, prosperidad, inversión y empleo.

Cuando se intenta ganar liderazgo energético eliminando la posibilidad de desarrollar los recursos propios y cerrando nucleares y presas, lo único que se consigue es empobrecimiento y, encima, más consumo de carbón,[232] como el caso de Alemania; y multiplicar las importaciones de gas ruso, como ocurre en España.[233]

En energía, la ideología sale muy cara.

Estados Unidos ha demostrado que lo primero que hay que hacer en energía es desobedecer las predicciones catastrofistas. Ya hemos comentado que, si el país hubiera hecho caso al expresidente Jimmy Carter cuando dijo, en 1977, que el petróleo se iba a acabar inminentemente,[234] no habría sido el mayor productor del mundo en 2023.

China ha demostrado que el crecimiento, la seguridad de suministro y la competitividad no pueden ser desplazados por los

---

231. Zavia, Matías S., «China ha seguido abriendo centrales de carbón, pero ya no son un problema: las renovables acaban de superar su capacidad», *Xataka*, 11 de octubre de 2024, <https://www.xataka.com/energia/sorpasso-historico-china-renovables-superan-al-carbon-pais-contaminante-mundo>.

232. «Germany turns to coal power to keep the lights on», *Techxpore*, 17 de mayo de 2024, <https://techxplore.com/news/2024-05-germany-coal-power.html>.

233. Zoido Álvarez, Juan Ignacio, «Alarming rise in Spanish imports of Russian gas», European Parliament, 25 de abril de 2024, <https://www.europarl.europa.eu/doceo/document/P-9-2024-001309_EN.html>.

234. «Transcript of Carter's address to the Nation about energy problems», *The New York Times*, <https://www.nytimes.com/1977/04/19/archives/transcript-of-carters-address-to-the-nation-about-energy-problems.html>.

objetivos climáticos. Ambos países lideran en renovables y cumplen con sus objetivos medioambientales y de transición energética sin expoliar a impuestos a los ciudadanos y empobrecerlos.

Mientras tanto, nuestra Agenda 2030 ha regalado a China el futuro del transporte y ha hundido a la industria europea. En 2023, China fue responsable del 58 % de los 13,7 millones de vehículos eléctricos de batería y automóviles híbridos enchufables vendidos a nivel mundial.[235]

China representa casi tres de cada cinco vehículos eléctricos vendidos en todo el mundo. En términos de fabricación, el 59 % de los vehículos eléctricos producidos globalmente en 2023 fueron fabricados en China.[236] La penetración de mercado de vehículos eléctricos en China alcanzó el 22 % en 2023, comparado con el 15 % en Estados Unidos.[237]

«Los vehículos eléctricos son productos de la era digital. Sus márgenes provienen de las baterías y el software. Asia tiene el control de toda la cadena de suministro de baterías y Asia y Estados Unidos tienen el control de la del software. Europa no está en ninguna parte. Los fabricantes de automóviles alemanes, franceses e italianos son como Nokia, después de los smartphones.»[238]

Conclusiones

- El nuevo orden económico mundial gira alrededor de los dos gigantes que han entendido que la energía crea impe-

---

235. Els, Frik, «Charts: China's global electric car dominance», Adamas, 19 de abril de 2024, <https://www.adamasintel.com/charts-china-global-electric-car-dominance/>.

236. «Chinese electric cars are in the fast lane», DWS, 13 de septiembre de 2024, <https://www.dws.com/en-es/insights/cio-view/charts-of-the-week/cotw-2024/chart-of-the-week-20240913/>.

237. Els, Frik, *op. cit.*

238. Hardigree, Matt, «How screwed is the european car industry?», *The Autopian*, 9 de septiembre de 2024, <https://www.theautopian.com/how-screwed-is-the-european-car-industry/>.

rios; que la política debe garantizar la seguridad de suministro, la abundancia y la competitividad energética; y que el futuro se lidera desde la tecnología.
- La Unión Europea se queda como una anécdota, un daño colateral condenado a depender de China en vehículos eléctricos y metales para la transición energética; de Rusia y Estados Unidos en gas natural; de Estados Unidos y China en tecnología. Y todo por la obsesión burocrática de frenar y regular.

20

Tecnología para la libertad o para el control social

Sin energía abundante y barata no hay liderazgo económico. Sin poder tecnológico no hay liderazgo en productividad y, con ello, en progreso social.

El nuevo orden económico mundial es el del liderazgo en la revolución tecnológica, y no existe ese liderazgo sin un sistema claro de incentivos que promueva la innovación, como ya hemos comentado.

China y Estados Unidos lideran la revolución tecnológica de manera inequívoca porque sus gobiernos han entendido la importancia de premiar el éxito. La Unión Europea ni siquiera se ha presentado a esa revolución.

Ya hemos comentado el error que se comete al pensar que China y Estados Unidos son líderes tecnológicos globales por su elevada intervención pública. Si el intervencionismo estatal fuera la clave para ser líder en tecnología, España o Francia serían potencias planetarias.

El nuevo orden económico mundial se reparte entre dos financiadores globales, China y Estados Unidos, ambos con sistemas capitalistas: uno era capitalismo de Estado corporativista con control social y otro era capitalismo con libertad individual. Uno es el capitalismo que pone al país en el centro por encima del individuo y otro es el capitalismo que pone al individuo libre como elemento definitivo. En Estados Unidos, la Constitución está hecha para proteger al individuo libre del Estado.

Lo que hizo muy peligroso el nuevo orden económico mundial que se iba conformando alrededor de la uniformidad impuesta fue el gradual abandono de los principios liberales por parte de sectores económicos, académicos y políticos de Estados Unidos, que dio alas a todo un movimiento liberticida que creció rápidamente entre 2014 y 2021 utilizando precisamente la tecnología y las redes sociales.

La tecnología es una puerta a la libertad y, a pesar de esas amenazas, en el momento en el que los Estados utilizan los avances tecnológicos para promover ideas liberticidas, también crecen las oportunidades para que la libertad avance. La tecnología y las redes sociales encumbraron el wokismo[239] y también lo mataron, o al menos lo hirieron mortalmente, en un espacio de tiempo muy corto: menos de diez años.

Gráfico 20.1. Capitalización bursátil de empresas tecnológicas 2023

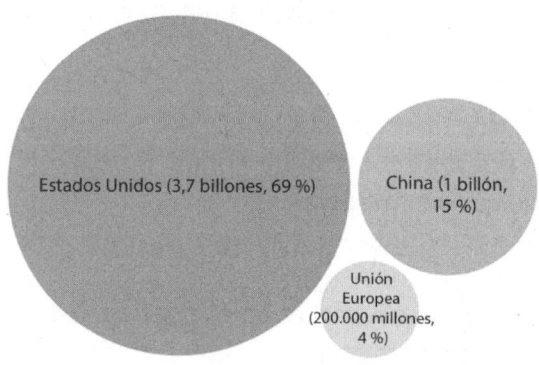

La Unión Europea (200.000 millones de dólares, 4 %) supone menos que Corea del Sur (209.000 millones de dólares, 4,2 %).
Fuente: Thomson Reuters.

---

239. Vigo, Julian, «The malaise of peak wokeism within online culture», *Forbes*, 30 de julio de 2019, <https://www.forbes.com/sites/julianvigo/2019/07/30/the-malaise-of-peak-wokeism-within-online-culture/>.

El liderazgo tecnológico en lo bursátil es claramente de Estados Unidos. El modelo tecnológico del país ha sido el de la innovación privada, la destrucción creativa, la competencia, el servicio excelente y el establecimiento del consumidor como prioridad absoluta.

Las empresas tecnológicas estadounidenses dominan claramente el ranking global. Las empresas estadounidenses suponían, a finales de 2024, el 62 % del índice global All-World Index, y la tecnología pesaba un 27 %, según Bloomberg. De hecho, las empresas tecnológicas norteamericanas eran más grandes que todo el mercado europeo en valor bursátil y tres de las tecnológicas estadounidenses eran, en 2024, más grandes que todo el mercado bursátil de China.[240]

China, sin embargo, superaba a Estados Unidos en número de patentes internacionales registradas. En 2023, China registró 69.610 patentes, mientras que Estados Unidos registró 55.678. El Instituto de Política Estratégica Australiano (ASPI) revela que China lidera la investigación en treinta y siete de cuarenta y cuatro tecnologías clave para la innovación y el crecimiento, mientras que Estados Unidos lidera en siete de estas cuarenta y cuatro tecnologías, que incluyen diseño y desarrollo de semiconductores, ordenadores cuánticos y vacunas.[241]

Conviene entender que liderar en patentes no es suficiente. Resulta esencial tener en cuenta los factores de adopción y satisfacción del consumidor, entre otros.[242]

---

240. «Nvidia, Microsoft and Apple are bigger than China's stock market», Bloomberg, 6 de junio de 2024, <https://www.bloomberg.com/news/articles/2024-06-06/nvidia-microsoft-and-apple-are-bigger-than-china-s-stock-market?embedded-checkout=true>.
241. «China supera a EE. UU. en investigación en tecnología del futuro, según informe», *Swissinfo.ch*, 2 de marzo de 2023, <https://www.swissinfo.ch/spa/china-supera-a-eeuu-en-investigaci%C3%B3n-en-tecnolog%C3%ADa-del-futuro-seg%C3%BAn-informe/48327076>.
242. Schmid, Jon, «Rethinking who's winning the U.S.-China tech competition», Rand, 16 de agosto de 2023, <https://www.rand.org/pubs/commentary/2023/08/rethinking-whos-winning-the-us-china-tech-competition.html>.

China y Estados Unidos participan en una carrera tecnológica en la que el enfoque es muy diferente: en China, la privacidad y la independencia no están garantizadas. Por otro lado, las empresas privadas de Estados Unidos, conscientes de que su liderazgo requiere de una experiencia de cliente satisfactoria y de que la tecnología no tiene barreras de entrada, ponen la privacidad, la seguridad y la independencia de los Estados como elementos esenciales de su estrategia.

En este escenario de dominio global, la posición de la Unión Europea no se entiende. Los ataques a la libertad de expresión[243] y a las empresas norteamericanas y la obsesión por el exceso de regulación están dejando a Europa en una situación precaria. La equidistancia entre un gobierno autoritario y empresas privadas no tiene lógica alguna.

La Unión Europea debería aprender del sistema de libre mercado estadounidense para conseguir participar en el liderazgo tecnológico en vez de mirar con aparente envidia el control social estatal del gobierno chino. El enfoque de la UE de regular proactivamente las tecnologías digitales para proteger los derechos de los ciudadanos, garantizar la seguridad y mantener un mercado digital justo y competitivo es encomiable, pero no funciona si a la vez se penaliza fiscalmente la inversión y la alta productividad y se desplaza la inversión por una obsesión regulatoria contraproducente.

La Unión Europea debería dejar de temer a las empresas privadas y saber que la competencia y la libertad de mercado son las mejores armas para evitar supuestos abusos. La tecnología no tiene barreras de entrada; por lo tanto, si una empresa incumple con sus objetivos de transparencia y servicio excelentes, desaparecerá.

Creerás que es imposible hacer que desaparezca un gigante tecnológico, pero la historia nos lo demuestra cada día. Hemos

---

243. Giordano, Elena, «Thierry Breton's exit is a 'good day for free speech,' says Elon Musk's henchwoman», *Politico*, 17 de septiembre de 2024, <https://www.politico.eu/article/thierry-breton-elon-musk-linda-yaccarino-free-speech-x/>.

visto a multinacionales aparentemente inexpugnables esfumarse ante el avance de pequeños negocios que crecían rápidamente por ofrecer mejores servicios y mayor calidad.

Conclusiones

- La Unión Europea teme más a las empresas privadas que a los Estados no democráticos.
- La burocracia no quiere gigantes tecnológicos privados porque minan el poder de los Estados.
- Estados Unidos y sus empresas abren hoy la puerta a la esperanza para frenar un nuevo orden económico mundial que se sustenta en el uso de la tecnología para el control social.
- Puede que se haya frenado el avance del Estado depredador, pero no podemos dar la batalla por acabada.

21
El dinero como monopolio estatal que debe imponerse

El poder absoluto del Estado no existe en un sistema de libertad monetaria. Los ciudadanos pueden elegir ahorrar en otras monedas o activos diferentes a la moneda que emite el Estado y sus bonos.

El nuevo orden económico mundial intenta que la libertad monetaria desaparezca; y, a la vez, los dos grandes líderes de los bloques tienen como objetivo que sea su moneda la que prevalezca entre sus socios comerciales y financieros. Muchos Estados se centran en atacar a las monedas independientes sin darse cuenta de que su obsesión de imposición monetaria, la evidencia de la insolvencia de las cuentas públicas y la pérdida de credibilidad crediticia de sus gobiernos los lleva inexorablemente a dos opciones: dolarizar o yuanizar.

Los gobiernos irresponsables han creado su propia crisis al ignorar los límites monetarios que hemos explicado antes y, con ello, han hecho su moneda inservible y abocado a sus ciudadanos a la dolarización *de facto*, que ahora explicaremos. China lo entiende perfectamente y busca replicar ese modelo de convertir su propia moneda en la «alternativa fiduciaria» de sus socios financieros.

El dólar estadounidense es la moneda más negociada del mundo, involucrada en el 87 % de todas las transacciones de divisas. Su volumen promedio diario es de aproximadamente 7,5 mil millones de dólares. El euro, con un volumen de transacciones que representa el 31,27 % del total, es la segunda moneda más utilizada a nivel mundial. El renminbi chino[244] es el octavo, con una cuota del 3,97 %, y creciente.[245]

A nadie le debería sorprender que los dos líderes vean un creciente aumento de su cuota de mercado por demolición de la competencia y, a la vez, la debilidad del euro como oportunidad. El euro es la única moneda del mundo con riesgo de redenominación y la única con una economía estancada, sin liderazgo tecnológico, energético ni financiero.

El renminbi chino será la moneda del bloque oriental y el dólar la del bloque occidental si los emisores del resto de las monedas continúan destruyendo la confianza en sus emisiones, porque la competencia global entre monedas no es una carrera a ver quién gana, sino a ver quién pierde primero. A ver quién destruye la confianza en su moneda primero.

Los Estados que se aferran a una moneda local cada vez menos solvente terminan en una dolarización *de facto*, como ocurre con tantos países emergentes.[246] De hecho, aunque se hable de «desdolarización»[247] con frecuencia, no deja de ser una fantasía. El mundo ha vivido una «redolarización»[248] *de facto*.

---

244. «Renminbi» es el nombre oficial de la moneda de curso legal en China. El yuan es la unidad de cuenta dentro del renminbi. Por ejemplo, cuando se habla del precio de un producto, se dice que cuesta «1 yuan», no «1 renminbi». En mercados, el código del yuan es CNY cuando se refiere al mercado *onshore* (dentro de China), mientras que CNH se utiliza para las transacciones en el mercado *offshore* (fuera de China).

245. «Annual Report 2024», Bank for International Settlements, 30 de junio de 2024, <https://www.bis.org/about/areport/areport2024.htm>.

246. Bergsten, C. Fred, «Dollarization in emerging-market economies and its policy implications for the United States», *PIIE*, 22 de abril de 1999, <https://www.piie.com/commentary/testimonies/dollarization-emerging-market-economies-and-its-policy-implications-united>.

247. Anstey, Chris, «Why the BRICS de-dollarization dream remains a fantasy», Bloomberg, 26 de octubre de 2024, <https://www.bloomberg.com/news/newsletters/2024-10-26/bloomberg-new-economy-why-brics-de-dollarization-dream-remains-a-fantasy>.

248. Disparte, Dante A., «De-dollarization or re-dollarization? The Fate of the dollar in the Internet Age», The Bretton Woods Committee, 5 de junio de

En más de una docena de países altamente dolarizados, los depósitos en dólares representaban entre el 30 % y el 50 % de la oferta monetaria nacional. En otros países, comúnmente alcanzaban el 15-20 %. Durante 1990-1995, en la mayoría de las economías en transición de Europa del Este y la antigua Unión Soviética, las ratios oscilaban entre el 30 % y el 60 %. Los países más grandes con altos porcentajes de dolarización incluyen Turquía (46 %), Argentina (44 %), Rusia, Grecia, Polonia y Filipinas (alrededor del 20 %). Aproximadamente dos tercios de toda la moneda en dólares se mantiene fuera de Estados Unidos.

El Peterson Institute distingue entre dolarización *de facto* (cuando los residentes buscan refugio en el dólar) y dolarización política (cuando un país considera adoptar oficialmente el dólar).[249] Pues bien, la dolarización *de facto* es lo más evidente en la época de elevada inflación y destrucción monetaria estatal vivida desde 2020.

El gobierno de China entiende que el futuro es también «yuanizar *de facto*».

Ante la evidencia de que la deuda estatal y los compromisos no financiados se disparan, los gobiernos entran en pánico e intentan encadenar a los ciudadanos a la moneda emitida por el Estado. Si no, se les desploma el castillo de naipes construido partiendo del falso constructo de que la deuda estatal no tiene riesgo.

El keynesianismo y la falacia de la MMT (Teoría Monetaria Moderna) han llevado la deuda pública global a niveles récord. Además, la carga de las obligaciones no financiadas es aún mayor que los billones de dólares de deuda gubernamental emitida. Las obligaciones no financiadas de Estados Unidos superan el 600 % del PIB, según el *Informe Financiero del Gobierno de los Estados Unidos* (febrero de 2024).[250] En la Unión Europea, según Eurostat, Francia y Alemania acumulan cada una pasi-

---

2023, <https://www.brettonwoods.org/article/de-dollarization-or-re-dollarization-the-fate-of-the-dollar-in-the-internet-age>.

249. Bergsten, C. Fred, *op. cit.*

250. Bureau of the Fiscal Service, febrero 2024.

vos no financiados que superan el 350 % del PIB. Según Claudio Borio, del Banco de Pagos Internacionales, un exceso de deuda gubernamental podría causar una corrección en el mercado de bonos que podría extenderse a otros activos. Reuters informa que los grandes déficits presupuestarios gubernamentales sugieren que la deuda soberana podría aumentar en un tercio para 2028 y se acercaría a los 130 billones de dólares, según el IIF.[251]

Vuelve a demostrarse la mentira de que la deuda pública no importa porque el gobierno puede emitir todo lo que necesita y tiene un poder de imposición ilimitado. Supone un enorme grillete para el crecimiento.

Cuando entendemos que los compromisos financieros de los Estados no se van a poder cumplir sin diluir el poder adquisitivo de la moneda y que los ciudadanos buscarán otras alternativas para mantener el valor en términos reales de su salario y sus ahorros, entendemos el nacimiento de las monedas independientes y también la obsesión de los Estados por prohibirlas y obligar a que se continúe usando la moneda que ellos emiten. Entra en juego la represión.

La creación de monedas independientes separadas del Estado y de su banco central no es una novedad. De hecho, es una anomalía y un constructo político que las monedas tengan que ser de curso legal porque las emita un Estado.

Friedrich von Hayek en su libro *Choice in Currency: A Way to Stop Inflation* (1976)[252] ya proponía una solución para combatir la inflación y mejorar la estabilidad monetaria: la abolición del monopolio gubernamental sobre la emisión de dinero permitiría la competencia en la oferta de dinero por parte del sector privado y daría a los ciudadanos la libertad de usar cualquier moneda de su elección. Esto proporcionaría un control de la in-

---

251. Rovnick, Naomi, «Government debt glut could rock markets in 2025, BIS says», *Reuters*, 10 de diciembre de 2024, <https://www.reuters.com/markets/global-markets-sovereign-2024-12-10/>.

252. Hayek, F. A., *Choice in Currency: A Way to Stop Inflation*, Institute of Economic Affairs, Reino Unido, 1976.

flación y permitiría a las personas mantener activos en cualquier unidad monetaria. Los gobiernos, además, tendrían mayores incentivos para evitar el exceso deficitario, el endeudamiento y la inflación, ya que una unidad monetaria en depreciación llevaría a las personas a huir hacia otras monedas. Así, sólo las monedas que garantizasen un poder adquisitivo estable sobrevivirían en el equilibrio del mercado. Hayek tiene razón al afirmar que la inestabilidad financiera global es consecuencia de la exclusión del dinero de los mecanismos tradicionales de mercado.[253]

Como te puedes imaginar, esto no les gusta a los Estados, que necesitan interferir en el proceso de mercado de dinero a su favor para disfrazar su insolvencia y multiplicar su acceso a deuda y emisión monetaria.

Las criptomonedas son molestas porque muestran que el Estado no tiene por qué tener el monopolio del dinero.

Las monedas independientes, como explicaba brillantemente Hayek mucho antes de que existiesen internet o las criptomonedas, competirán, y una gran cantidad de ellas desaparecerán si no son capaces de defender su poder adquisitivo y el público no las acepta como método de pago.

Pues bien, comentábamos antes que un líder no teme a la competencia. Un líder monetario no debería temer a un quinceañero como Bitcoin, a menos que el Estado que emite la moneda no tenga la más mínima intención de defender su poder adquisitivo. Por eso muchos países han intentado llevar a cabo la prohibición de las monedas independientes, utilizando la manida excusa de luchar contra la especulación e incluso porque las criptomonedas son malas para el cambio climático (volvemos a lo mismo de antes, usar una excusa para imponer la uniformidad).[254]

---

253. *Choice in Currency*, Mises Institute, <https://mises.org/library/book/choice-currency>.

254. «UN study reveals the hidden environmental impacts of Bitcoin: Carbon is not the only harmful by-product», *United Nations University*, 24 de octubre de 2023, <https://unu.edu/press-release/un-study-reveals-hidden-environmental-impacts-bitcoin-carbon-not-only-harmful-product>.

En septiembre de 2021, China emitió una prohibición integral de todas las actividades relacionadas con las criptomonedas, incluyendo el comercio, la minería y la oferta de servicios.[255] Esto marcó la culminación de una serie de medidas cada vez más restrictivas y, sin embargo, ante su fracaso, la victoria de Trump y la posible adopción del bitcoin por parte del Tesoro y la Reserva Federal,[256] el gobierno de China empezó a relajar las restricciones.[257]

Argelia promulgó una restricción total de las criptomonedas en 2018: prohibió el uso, comercio y posesión de monedas virtuales. En 2020, el banco central de Egipto prohibió todas las actividades relacionadas con criptomonedas enfatizando que sólo se permiten para el comercio las monedas nacionales reconocidas. El Nepal Rastra Bank declaró ilegal todo uso, minería y comercio de criptomonedas en septiembre de 2021. Bangladés ha prohibido a las instituciones financieras facilitar transacciones con criptomonedas desde 2017. Bolivia prohibió su uso en 2014 citando «preocupaciones sobre impactos económicos». Marruecos prohibió las transacciones con criptomonedas en 2017, aunque también podría revertir la decisión. La Unión Europea aprobó en abril de 2023 la regulación de Mercados en Criptoactivos (MiCA), que tiene como objetivo rastrear las transferencias de criptoactivos, prevenir el lavado de dinero y establecer reglas comunes para la supervisión y protección del cliente. En resumen, hay 103 jurisdicciones que aplican restricciones fiscales, regulatorias y legales a las criptomonedas.[258]

---

255. «Bitcoin: China declara ilegales todas las transacciones con criptomonedas y se desploma el precio de la más popular», BBC News, 24 de septiembre de 2021, <https://www.bbc.com/mundo/noticias-58683341>.

256. Chavez-Dreyfuss, Gertrude y Mattackal, Lisa Pauline, «How would a US bitcoin strategic reserve work?», Reuters, 17 de diciembre de 2024, <https://www.reuters.com/technology/how-would-us-bitcoin-strategic-reserve-work-2024-12-16/>.

257. «Could China relax its crypto ban?», <https://www.cryptonite.ae/global/china-relax-ban-trump-effect-global-market>.

258. Gonzalez, Dennys, «Éstos son los países donde las criptomonedas es-

A pesar de todas estas limitaciones y obstrucciones, el bitcoin alcanzó un máximo histórico en 2024 cuando la victoria de Donald Trump confirmó a Scott Bessent como secretario de Estado del Tesoro.

Hay esperanza.

Scott Bessent afirma que «las criptomonedas son una cuestión de libertad y la economía de las criptomonedas ha venido para quedarse». Bessent ha invertido en empresas emergentes de *blockchain* e iniciativas de finanzas descentralizadas (DeFi) en su carrera profesional. Su posición contrasta radicalmente con las amenazas y críticas a Bitcoin y las criptomonedas de Janet Yellen, secretaria del Tesoro con Joe Biden.[259]

Yellen era un claro ejemplo del estatismo que quiere imponer la moneda a través de la represión y establecer el gasto político y la deuda estatal como prioridades absolutas. Bessent habla de libertad.

La llegada de Donald Trump y Scott Bessent ha supuesto un importantísimo freno a ese sistema de uniformidad, represión y cancelación y a las aspiraciones de control social y monetario. Pero no podemos olvidar que el Estado depredador no ha desaparecido, sólo está hibernando.

Conclusiones

- Controlar el dinero, que es el elemento regulador del mercado libre, es intentar controlar a toda la sociedad.
- Por mucho que se obstinen, los Estados no pueden imponer su monopolio monetario.

tán prohibidas», *Observatorio Blockchain*, 11 de julio de 2024, <https://observatorioblockchain.com/criptomonedas/estos-son-los-paises-donde-las-criptomonedas-estan-prohibidas/>.

259. Runkevicius, Dan, «Most pro-crypto treasury we've ever seen —Trump's historic move could spark Bitcoin and crypto price boom», *Forbes*, 24 de noviembre de 2024, <https://www.forbes.com/sites/danrunkevicius/2024/11/24/most-pro-crypto-treasury-weve-ever-seen-trumps-historic-move-could-spark-bitcoin-and-crypto-price-boom/>.

- Un sistema monetario libre y abierto empodera a los ciudadanos y promueve la libertad económica y el crecimiento de la clase media.
- Un sistema monetario cerrado y controlado empodera al autócrata y elimina la propiedad privada y la libertad.
- Un elemento clave a la hora de hacer desaparecer la libertad económica es la imposición de una moneda que pierda valor constantemente porque el Estado emite deuda, que es imprimir dinero sin control. Es, literalmente, un proceso de estatalización encubierta.

22

España en el nuevo orden económico mundial

El gobierno de Pedro Sánchez es un ejemplo perfecto de un ejecutivo que abraza todo lo peor de este nuevo orden económico mundial. Un gobierno omnipresente que toma el poder de las instituciones independientes, intenta silenciar la libertad de expresión y cancelar y vetar a los incómodos, dispara impuestos y empobrece a los ciudadanos mientras maquilla y disfraza las cifras titulares con gasto público y deuda para vender un éxito económico que ningún ciudadano percibe.

El gobierno de España ha adoptado todas las políticas liberticidas e intervencionistas:

- Intento de silenciar a medios independientes.
- Intento de control y silenciamiento del poder judicial.
- Control de la Fiscalía General del Estado.[260]
- Uso de la Agenda 2030, la «emergencia climática», las directivas europeas de diversidad y el estado de alarma para imponer restricciones a la libertad civil y crear decenas de redes clientelares.
- Promoción de la censura a los discrepantes y blanqueamiento del antisemitismo.

---

260. «Pedro Sánchez: ¿De quién depende la fiscalía?» [vídeo], YouTube, 25 de septiembre de 2020, <https://www.youtube.com/watch?v=bbDsPfoE_a4>.

- Equidistancia política entre dictaduras y democracias liberales.
- Aumento continuado de impuestos directos e indirectos a la clase media.
- Aumento constante de deuda emitida y deuda de la Seguridad Social.

Sin embargo, no podemos ignorar que la administración conservadora entre 2011 y 2018 priorizó la salida de la crisis y el mantenimiento de los gastos más importantes por encima de la batalla cultural y la reversión de las políticas dañinas que llegaron desde el socialismo y el exterior.

¿Cuál ha sido la política del gobierno de Sánchez? Endeudar y hacer más dependiente a la población española. España cerraba 2024 con el mayor índice de miseria de la Unión Europea, que superaba a Grecia.

El gobierno se vanagloriaba de récord de empleo con la mayor tasa de paro de la UE y la OCDE, la mayor tasa de infraempleo y desocupación (holgura laboral) y la mayor tasa de paro juvenil.[261] En todos los aspectos superaba a países que antes lideraban la lista, como Grecia.

El gobierno de España llevó a cabo un cambio estadístico que convertía los contratos estacionales y de obra y servicio en «fijos discontinuos»; así, cuando estos contratados no trabajan o incluso reciben subsidio de paro, no aparecen en las listas oficiales como desempleados.

En noviembre de 2024, la cifra de desocupados apuntados a las listas del SEPE (servicio público de empleo estatal) superaba los 3,8 millones de personas, aunque la cifra oficial de parados «sólo» era de 2,5 millones.[262] El paro efectivo, calculado

---

261. «Labour market slack - employment supply and demand mismatch», Eurostat, diciembre de 2024, <https://ec.europa.eu/eurostat/statistics-explained/index.php?title=Labour_market_slack_-_employment_supply_and_demand_mismatch>.

262. Datos oficiales del Ministerio de Trabajo y el Gabinete de Estudios de USO, noviembre de 2024.

por Fedea, no mejoraba prácticamente entre 2019 y 2024; y la temporalidad real, medida por duración y supervivencia de los contratos, tampoco mejoraba.[263]

Lo mismo ocurría con las afiliaciones. El gobierno de Sánchez se vanagloriaba de veintiún millones de afiliados cuando la cifra incluye 600.000 pluriempleos y, además, la población en edad de trabajar en España aumentó en casi dos millones y medio por la inmigración. Así, no sorprende que la tasa de actividad (58,9 %) estuviera por debajo del nivel de 2008 (60,7 %) y prácticamente sin variación desde 2019 (58,7 %). La tasa de empleo (52,3 %) también estaba por debajo de 2008 (53,8 %) y con un repunte ínfimo desde 2019 (50,5 %). Asimismo, las horas trabajadas por ocupado en la EPA (410,4) estuvieron muy por debajo de los niveles del segundo trimestre de 2019 (438,2) y 2008 (429,3).[264]

Gráfico 22.1. Índice de miseria (diciembre de 2024)

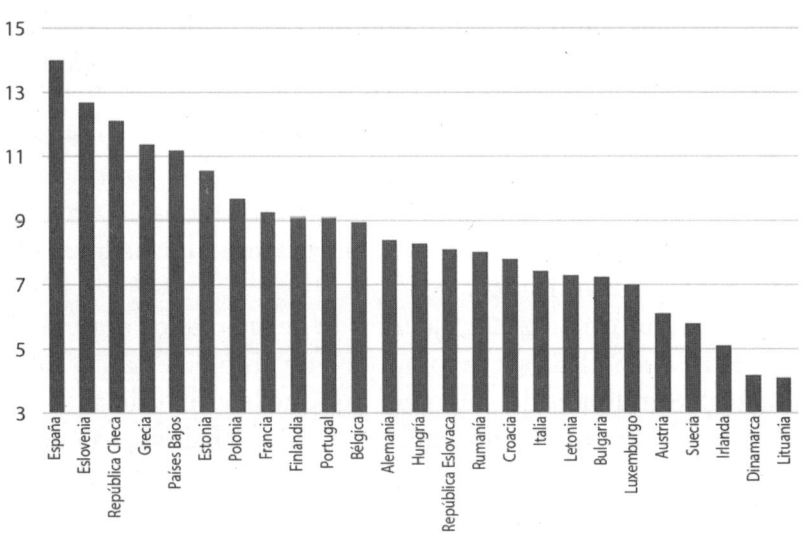

Fuente: Bloomberg.

263. «Datos Mercado de Trabajo y Migraciones», Fedea, <https://fedea.net/datos-mercado-de-trabajo/>.

264. «Encuesta de Población Activa», INE.

La afiliación se maquillaba con récord de pluriempleo e inmigración y la tasa de paro se maquillaba con el cambio normativo de los fijos discontinuos. Mientras tanto, la OCDE certificaba que los salarios reales habían caído en el período 2019-2024.

Desde 2019, el aumento del gasto público es de más del 19 %, para un aumento del PIB de sólo el 6,6 %, según el INE.[265]

Con datos de Eurostat, España pierde convergencia con la UE en PIB per cápita ajustado por poder adquisitivo y pasa de siete a nueve puntos. Además, aumenta la tasa de riesgo de pobreza al 27 %, la tercera peor de la UE.[266]

El empobrecimiento es la norma. Los españoles son cada vez más pobres en la UE: su riqueza crecía un 3,4 % en dieciséis años, 5,5 puntos menos que en la eurozona. El PIB per cápita del conjunto de los miembros de la UE creció de 2007 a 2023 un 13,4 %, diez puntos más que el de España.[267]

En 2019, el porcentaje de personas en riesgo de pobreza en España se situaba en el 25,3 %; nos superaban Bulgaria, Rumanía, Grecia, Italia, Letonia y Lituania. Los socialistas decían que era intolerable y los comunistas clamaban contra el gobierno de Rajoy.[268]

En 2023, el porcentaje de personas en riesgo de pobreza en España se situaba en el 27 %; sólo nos superaban Rumanía y Bulgaria.[269] Los comunistas y los socialistas lo llamaban políticas sociales y «cohete».

---

265. INE, contabilidad nacional 3T, 2024. <https://www.ine.es/dyngs/Prensa/CNTR3T24.htm>.

266. Lacalle, Daniel, «Los cuatro bulos del Gobierno sobre la deuda y la pobreza», *Daniel Lacalle*, 23 de diciembre de 2024, <https://www.dlacalle.com/los-cuatro-bulos-del-gobierno-sobre-la-deuda-y-la-pobreza/>.

267. Ordúñez, Roberto, «Los españoles, cada vez más pobres en la UE: su riqueza crece un 3,4% en 16 años, 5,5 puntos menos que la eurozona», *El Español*, 21 de junio de 2024, <https://www.elespanol.com/invertia/economia/macroeconomia/20240621/espanoles-vez-pobres-ue-riqueza-crece-anos-puntos-eurozona/864413595_0.html>.

268. «Over 20% of EU population at risk of poverty or social exclusion in 2019», Eurostat, 16 de octubre de 2020, <https://ec.europa.eu/eurostat/web/products-eurostat-news/-/edn-20201016-2>.

269. «People at risk of poverty or social exclusion in 2023», Eurostat, 12 de

La deuda pública según el protocolo de déficit excesivo en 2018 era de 1.209.742 millones de euros, 99,80 % sobre PIB y 25.774 euros por persona, según el Banco de España.[270] En octubre de 2024, la deuda pública según el protocolo de déficit excesivo era de 1.636.116 millones, 104,40 % sobre PIB y 33.526 euros por persona. Es decir, con Sánchez la deuda pública según el protocolo mencionado ha aumentado un 36 %, cinco puntos porcentuales con respecto al PIB y 30 % por habitante.[271]

Es peor. La deuda total de las Administraciones Públicas (pasivos totales emitidos), deuda que se debe y que se paga, ha subido a 2.111.541 millones de euros. Un aumento de 407.840 millones y una deuda sobre PIB del 135 %.[272] La deuda de la Seguridad Social se ha disparado a 116.000 millones de euros, un aumento del 9,4 % en un año, y se ha duplicado con el gobierno de Sánchez.[273]

Dopar el PIB con inmigración, gasto público y deuda no es una novedad. Es una política orientada a crear una sociedad más dependiente y sumisa. Mientras el PIB repuntaba de manera significativa, el PIB per cápita de España sólo creció un 0,1 % entre el año 2019 y el año 2023. «España está hipotecando el futuro para crecer coyunturalmente ahora. Por ejemplo, el crecimiento de la población en edad de trabajar que se

---

junio de 2024, <https://ec.europa.eu/eurostat/web/products-eurostat-news/w/ddn-20240612-1>.

270. «La deuda de las Administraciones Públicas se situó en 1.628 mm de euros en octubre de 2024 y su tasa de crecimiento interanual se moderó hasta el 3,5%», *Banco de España*, 18 de diciembre de 2024, <https://www.bde.es/wbe/es/noticias-eventos/actualidad-banco-espana/notas-banco-espana/la-deuda-de-las-administraciones-publicas-se-situo-en-1628-mm-de-euros-en-octubre-de-2024-y-su-crecimiento-interanual-se-modero-hasta-el-35.html>.

271. Lacalle, Daniel, «Los cuatro bulos del gobierno...», *op. cit.*

272. «Administraciones públicas», *Banco de España, Boletín Estadístico*, <https://www.bde.es/webbe/es/estadisticas/compartido/datos/pdf/a1104.pdf>.

273. Sánchez de la Cruz, Diego, «El déficit real de la Seguridad Social es 7 veces mayor que la cifra oficial», *Libre Mercado*, 8 de diciembre de 2024, <https://www.libremercado.com/2024-12-08/el-deficit-real-de-la-seguridad-social-es-de-56000-millones-7-veces-mayor-que-la-cifra-oficial-7193545/>.

incorpora al mercado laboral genera de forma automática un mayor producto o PIB. Esto es porque un número superior de personas está trabajando y produciendo; sin embargo, a la hora de repartir esa producción entre la población total, el PIB per cápita se mantiene o incluso puede ser inferior y la productividad presenta un crecimiento negativo.»[274]

Pero conviene entender que el gobierno de Sánchez ha abrazado todas las políticas liberticidas posibles usando el subterfugio de sus compromisos con la Unión Europea, la ONU o el foro de Davos.

Ya en la pandemia se impusieron dos estados de alarma inconstitucionales, y Sánchez ha puesto a España como laboratorio de medidas muy preocupantes contra la libertad de expresión, la independencia judicial y la libertad de empresa.

Éstas incluyen la creación de un «consejo estatal de medios» y la implementación de un plan «contra la desinformación», con el que un gobierno con amplio historial de falsedades y desinformación[275] decide qué es desinformación y bulos. Recordemos que el gobierno mintió sobre la pandemia hasta que pasó una manifestación promovida por ellos y sus socios, sobre sus riesgos, sobre la necesidad de encierros, sobre los test que se habían llevado a cabo, sobre un inexistente comité de expertos, sobre decenas de contratos opacos, sobre sus alianzas con partidos radicales, sobre la amnistía e indultos a separatistas condenados por malversación... La lista es interminable.[276]

Descalificar sistemáticamente a los medios que publican no-

---

274. Nieves, Vicente y Arcos, José Miguel, «El dato que desmonta el milagro económico de España: producir más no siempre genera prosperidad», *El Economista*, 21 de octubre de 2024, <https://www.eleconomista.es/economia/noticias/13040050/10/24/el-dato-que-desmonta-el-milagro-economico-de-espana-producir-mas-no-siempre-genera-prosperidad.html>.

275. Sanz, Segundo, «Las 52 grandes mentiras de Pedro Sánchez», *OK Diario*, 10 de mayo de 2024, <https://okdiario.com/espana/50-grandes-mentiras-pedro-sanchez-12751283>.

276. «Todos los bulos y mentiras de Sánchez, el presidente que anuncia que va a acabar con ellos» [vídeo], YouTube, 18 de julio de 2024, <https://www.youtube.com/watch?v=_i2JE_5nWWg>.

ticias desfavorables al gobierno y acusar a los demás de desinformación es típico de la deriva autoritaria del gobierno español. Esto incluye el constante señalamiento a periodistas y medios, tildándolos de «fachosfera» o «galaxia digital ultraderechista».[277]

Para Sánchez, si ofendes a los católicos y los judíos, es libertad de expresión; si dices cualquier cosa sobre otra religión, es odio. Si te burlas de la familia tradicional, insultas a los hombres o calumnias a los empresarios, es libertad de expresión. Si lanzas el menor comentario sobre los colectivos que ellos apoyan, es odio y desinformación.

Si lo piensas, el socialcomunismo considera que debe haber libertad de expresión total, excepto para defender los valores occidentales y la libertad económica. Vamos, total.

No sólo se ataca constantemente a la libertad de prensa, sino al poder judicial independiente, con el intento de reducir las mayorías necesarias para renovar el Consejo General del Poder Judicial (CGPJ). También llueven críticas y ataques verbales a jueces que investigan casos relacionados con el gobierno, el PSOE[278] o el nombramiento de personas afines en instituciones clave —como la Fiscalía General del Estado y el Tribunal Constitucional—; y no faltan las acusaciones de que algunos jueces actúan en connivencia con la oposición.[279]

El uso de la inseguridad jurídica[280] y el activismo son elemen-

---

277. Moción por la libertad de expresión y el ejercicio de la libertad de prensa (Núm. exp. 662/000065) Autor: Grupo Parlamentario Popular en el Senado.

278. Jamardo, María, «Las reformas legales que prepara Pedro Sánchez: intervención del Poder Judicial y control a la prensa libre», *El Debate*, 30 de abril de 2024, <https://www.eldebate.com/espana/20240430/reformas-legales-prepara-pedro-sanchez-intervencion-poder-judicial-control-prensa-libre_193292.html>.

279. De Palma, Carlos, «Sánchez y los síntomas contra la independencia judicial», *El Debate*, 5 de septiembre de 2024, <https://www.eldebate.com/opinion/en-primera-linea/20240905/sanchez-sintomas-contra-independencia-judicial_224613.html>.

280. Lacalle, Daniel, «Sánchez instala la inseguridad jurídica en España»,

tos muy importantes de la acción de gobierno y se utilizan para atacar a las empresas y aprovechar catástrofes[281] con el objetivo de desmantelar la labor de oposición e imponer más intervencionismo.

El gobierno de Sánchez se presenta ante el exterior como moderado, progresista y conciliador, como un ejemplo de lo que debe ser el nuevo orden económico mundial. Sin embargo, de puertas adentro lleva a cabo todas las medidas posibles para silenciar y vetar al discrepante y a la vez empobrecer a la población, haciéndola más dependiente. No es por incompetencia, es por diseño.

España llegó a la peor posición en el índice de democracia de *The Economist* en 2011, con el socialismo en el poder, y en 2023 se situaba en niveles inferiores a 2018 y 2019, una caída de 0,27 puntos entre 2006 y 2023.[282] Un gobierno que se cuelga la medalla de liderar el ranking de economías que más prosperaron en 2023 publicado por *The Economist* olvida que también alertaban de «los abruptos giros en cuestiones de Estado» del presidente «simplemente para permanecer en el poder».[283]

Sánchez ha hecho lo mismo que Trudeau en Canadá: poner el país al servicio de la élite estatista y tratar de silenciar y vetar a todo el que discrepe. No lo ha conseguido porque infravalora la solidez de las instituciones independientes de España.

Sánchez entiende perfectamente la batalla cultural. Lanza el

Daniel Lacalle, 25 de noviembre de 2024, <https://www.dlacalle.com/sanchez-instala-la-inseguridad-juridica-en-espana/>.

281. Lacalle, Daniel, «Ribera y Sánchez: activismo irresponsable, incompetente o criminal», *Daniel Lacalle*, 18 de noviembre de 2024, <https://www.dlacalle.com/ribera-y-sanchez-activismo-irresponsable-incompetente-o-criminal/>.

282. «Democracy Index by Country 2024», *World Population Review*, <https://worldpopulationreview.com/country-rankings/democracy-index-by-country>.

283. Fresnada, Carlos, «'The Economist' advierte que las "tácticas" de Pedro Sánchez están teniendo "un alto coste para la democracia"», *El Mundo*, 4 de octubre de 2024, <https://www.elmundo.es/espana/2024/10/04/66ffca5e21efa05f678b4576.html>.

comodín de la dictadura de Franco, de la ultraderecha y de la «amenaza a la democracia» para afianzar a su electorado acudiendo a unas guías morales que lo benefician políticamente. Además, debe sonreír al ver cómo los oponentes a la derecha se pelean entre ellos, unos intentando agradar a la izquierda, otros atacando al centro, todos agrandando la portería para que les metan más goles.

Sánchez lidera el relato ideológico porque sabe perfectamente que no tiene que prestar atención a lo que piensan o quieren sus contrarios y porque sabe que estos no le van a discutir el plano moral e ideológico, sino la ineficacia o el fracaso de sus políticas. Pero eso se soluciona con propaganda. Se vende por enésima vez una promesa de cientos de miles de viviendas y no pasa nada. Además, como la izquierda tiene un plan de control a largo plazo, la ineficacia hoy está subordinada al control futuro. Mientras tanto, la oposición se ve abocada a reaccionar siempre.

Tú pensarás que todo esto es una dialéctica de confrontación y que lo que hay que defender es el consenso y el acuerdo. Enhorabuena por vivir en 1977, pero Genesis y Supertramp ya no existen. Por supuesto que hay que confrontar ideologías y defenderse de los liberticidas.

No se llegará a consenso alguno con quien quiere eliminar tu libertad y tu propiedad. ¿A qué acuerdo vas a llegar? ¿A que te roben un 30 %, un 40 % o un 60 % de lo tuyo?

Cuando el centroderecha liberal abandona sus principios y valores, se centra en intentar agradar al contrario y se esfuerza en parecer cualquier cosa menos un partido de ideas, pierde aunque gane las elecciones.

Eso lo sabe Sánchez. Él sabe que una oposición debilitada ideológicamente, que abandona el debate de las ideas y que se presenta como el fontanero de la gotera del anterior, es un aliado, no un contrincante.

Sánchez es el epítome del estatista depredador. No utiliza la batalla cultural para defender la verdad o hacer el bien, sino para mantenerse en el poder. Pero la utiliza. Hace política para perpetuarse en el poder, eliminar contrapesos y contentar a sus acólitos. Se rodea de comisarios políticos que copan las instituciones y los medios de comunicación, y no le presta la más mínima atención a los que no lo votan. Para él no hay líneas rojas ni límites, aunque incluyan casos de corrupción, porque sabe que está fortaleciendo su imagen ante su electorado y sus socios. Todos los socios son buenos, incluso la «ultraderecha xenófoba»,[284] si lo mantienen en el poder.

El votante de esta Neoinquisición acepta el empobrecimiento, la carestía de la vivienda, el hachazo impositivo y el ataque a las instituciones porque «al menos no gobierna la derecha».

Se tolera la corrupción y los asaltos a las libertades porque muchos consideran que les favorecerán. Los periodistas cercanos a los gobiernos asienten ante los asaltos a la libertad de expresión porque consideran que a ellos no los afectarán, y otros porque tendrán un beneficio personal y profesional como comisarios políticos.

¿A ninguno se le ocurre que, cuando se abre la puerta del asalto a las instituciones y a los medios de comunicación, se abre para el partido amigo y el partido enemigo también?

El gran error que comete la Neoinquisición es ignorar el efecto péndulo. Mientras gobiernan, piensan que es una gran idea adoctrinar, limitar contrapesos e imponer una educación politizada y unos servicios públicos intervenidos. A eso lo llaman «defender la democracia», que se ha convertido en un mantra que significa «sólo es democracia si gana la izquierda».

Si lees esto y piensas que también lo hace la derecha, te equivocas. El votante de centroderecha no perdona cuando un gobernante de su ideología incumple. Piensa por un momento en la debacle de los partidos conservadores, que han sido abandonados por muchos de sus votantes ante la frustración por no defender sus principios y valores. El líder mesiánico incuestionable e incuestionado, cuyos cambios de opinión son dogmas y verdad

---

284. Grech, M. J., «Cuando Sánchez comparaba a Junts con Vox por su odio, su extremismo y su xenofobia», *Libertad Digital*, 13 de enero de 2024, <https://www.libertaddigital.com/espana/2024-01-13/cuando-sanchez-comparaba-a-junts-con-vox-por-su-odio-su-extremismo-y-su-xenofobia-7086862/>.

revelada, es una característica del autoritarismo estatista, sea socialismo de izquierdas o de derechas.

En cualquier caso, si piensas que hay que tolerar el asalto a las libertades civiles porque lo hace igual la derecha que la izquierda, estás condenado.

La razón por la que tenemos que defender la libertad cada día es porque, si no, la vamos a perder, y entonces no habrá marcha atrás. No se trata de defender la libertad para que Sánchez o cualquier político similar no gobierne, sino de defender los contrapesos y la libertad de expresión, económica y civil para que ningún gobernante, sea del color que sea, pueda erosionarla.

23
Lucha. Rebélate contra el Estado depredador

Don't tread on me, live free or die!

Jon Schaffer

La libertad nunca está a más de una generación de su extinción. No la transmitimos a nuestros hijos en el torrente sanguíneo. La única manera de que hereden la libertad que hemos conocido es si luchamos por ella, la protegemos, la defendemos.

Ronald Reagan

Quiero darte las gracias por haber llegado hasta aquí. No ha sido un viaje fácil, es más, hemos hablado de muchos asuntos descorazonadores, pero quiero que sepas que la batalla no está perdida. Somos muchos los que no nos rendimos y seguimos defendiendo la libertad porque no estamos equivocados. Así que lucha. De manera pacífica. Lucha por tu dinero y tu propiedad. Lucha por tu libertad de expresión. Lucha contra el Estado depredador.

La libertad es como la riqueza: o se crea o se destruye. No

permanece inmutable. Debemos avanzar cada día ganando terreno, o si no lo perderemos.

No olvides que la libertad avanza y que las acciones de algunos Estados que intentan perpetuar su represión no son más que el reflejo de su desesperación ante el avance inexorable de la libertad. Parece que son inexpugnables, pero no lo son.

Llegamos al final de este viaje con vientos de cambio y esperanza en Estados Unidos, Argentina y muchos otros países. En la Unión Europea, se empieza a cuestionar el dirigismo liberticida. Sin embargo, no podemos caer en el mismo error que cometió el centroderecha tras la caída del muro de Berlín, pensando que la libertad se había ganado para siempre. Tal y como reza la cita de Reagan que abre este capítulo, la libertad hay que conquistarla todos los días para que perviva en las siguientes generaciones. El estatismo siempre estará al acecho para ganar más terreno y aprovechará nuestra incomparecencia para arrebatarnos cuotas de libertad. Hay que ser conscientes de esto en todo momento. Cada regulación abusiva, cada nueva corriente política disfrazada de objetivos utópicos, puede esconder un auténtico caballo de Troya cuyos objetivos sean el control, la represión y el expolio. Estemos atentos a los mensajes mesiánicos y confrontemos cada idea equivocada, cada idea que tenga como fin último el robo y la miseria.

Los que quieren acabar con tu libertad «por tu bien» no descansan. Los ingenieros sociales no han desaparecido, sólo se han retirado a hibernar temporalmente. Los que te quieren convencer de que van a mantener todas tus libertades y derechos civiles si les entregas tu libertad económica y política siguen intentándolo. Lo harán con las generaciones más jóvenes, siempre buscarán la forma de convencer a una gran parte de la población de que ceder libertad a cambio de un supuesto bienestar o seguridad es una buena idea.

Por eso es tan importante dar la batalla cultural todos los días y en todos los frentes. Para que todo el colectivo de personas libres e independientes, emprendedoras y críticas sepan que no están solas. No queremos censura por nuestro bien, ni siquiera silenciar a los que nos vetan y cancelan. La verdad no teme la confrontación. No tienes que agachar la cabeza y asentir por miedo a que te afecte personal o profesionalmente. Lucha.

No vamos a dejar que los jóvenes se queden solos escuchando las falacias de los estatistas. Tienen derecho a hacer preguntas y llegar a su propia conclusión de manera libre. Tienen la obligación de asistir en todo momento y lugar a un rico debate de ideas en el que se confronten distintos modelos de sociedad y sepan cuáles son los que crean prosperidad y cuáles miseria y ruina.

¿Por qué la batalla cultural? En una conversación que tuvimos Agustín Laje y yo en mi canal de YouTube,[285] discutimos sobre la importancia de la batalla cultural en la defensa de la libertad.

El ser humano necesita regirse por unas guías morales y normas de conducta, unos principios y valores que le permiten avanzar y fijar objetivos de prosperidad y libertad. Interpretar el contexto cultural es esencial para darle sentido a la acción humana, para dar un propósito a nuestras vidas y nuestras acciones como individuos libres. Así, el ser humano actúa basándose en su interpretación del entorno cultural, y esa cultura define nuestros valores como individuos y como sociedad.

La importancia de la batalla cultural la ha entendido perfectamente el neomarxismo tras el colapso económico de su modelo. Abandonaron su objetivo fundamental —el control económico y la represión del individuo económicamente libre— buscando imponer la ingeniería social para centrarse en el aspecto emocional que persigue siempre aislar a los individuos de la toma de decisiones, aglutinarlos en torno a unas identidades creadas artificialmente y colectivizarlos para que sea más fácil propagar su mensaje.

Batallar en el campo de las ideas no es cómodo. No es fácil. Te atacan y te calumnian. Sin embargo, si tú no defiendes las ideas de la libertad, nadie lo va a hacer por ti.

La izquierda ha pasado de centrarse en la lucha de clases a promover nuevas «dialécticas de opresión» (género, raza, etc.)

---

285. «Dar la Batalla Cultural CADA DÍA, con Agustín Laje» [vídeo], YouTube, 25 de julio de 2024, <https://www.youtube.com/watch?v=YC_XaJO-cVI>.

para justificar la expansión del Estado. El progresismo promueve cada vez más derechos que en realidad limitan la libertad y la propiedad. No lo hacen con derechos fundamentales que todos tenemos más que asumidos en las democracias liberales. Convierten los deseos en derechos y convencen a mucha gente de que esos derechos se harán realidad y siempre serán positivos si se impone mayor control estatal. Ya hemos visto el daño que han causado.

La batalla del liberal y de la derecha debe dejar al descubierto cada nuevo intento de seducir a las masas de esta izquierda mal llamada progresista, ofreciendo argumentos y discursos sólidos y solventes.

No es complicado: se trata, simplemente, de defender las ideas de la libertad frente a los disparates varios a los que nos somete una izquierda radicalizada, recordando que todas estas ideas liberticidas las están adoptando principalmente clases privilegiadas y acomodadas y que no benefician a los más desfavorecidos. Al contrario, los empobrecen.

Debemos ser críticos con la derecha por enfocarse únicamente en «las cuentas» mientras la izquierda se centra en «los cuentos».

Tener un relato potente es imperativo en la batalla política y cultural. La gente necesita conocer los argumentos contra el estatismo en todos sus ámbitos de influencia, no sólo en la gestión de la quiebra que van dejando los gobiernos socialistas. El discurso no puede ser económico. Debe ser moral: no desfallecer y defender la libertad mientras se gestionan las cuentas. Ambas cosas deben hacerse simultáneamente y darse a conocer.

Por eso considero que es ridícula la división. Debemos entender que la alianza entre liberales, conservadores y soberanistas es ganadora para enfrentarse al Estado depredador, el socialismo del siglo XXI y la agenda *woke*. Resulta crucial unir fuerzas para defender la libertad, la propiedad, la familia que desees tener y las instituciones independientes. En vez de centrarse en diferencias nimias, hay que reconocer lo que hizo que las ideas de la libertad triunfaran en la época de Thatcher y Reagan: la unión entre liberales y conservadores.

A los que defienden la equidistancia entre la izquierda y la derecha hay que recordarles que es la equidistancia entre los que están contra la propiedad privada y la libertad de expresión y los que las defienden.

Debemos entender que la izquierda global se ha unido alrededor del neomarxismo y de esta nueva Inquisición —que ya no existe, porque probablemente nunca existió—, el socialismo moderado. La socialdemocracia no sólo ha fracasado económicamente, sino que se ha entregado a la Neoinquisición y a los postulados del neomarxismo con brazos abiertos. Aquellos que sí son moderados se han dado cuenta de la deriva totalitaria y defienden las ideas de la libertad sin complejos.

Es muy sencillo, un libertario puede dar un discurso ante miles de personas afines a la derecha, como ha hecho Milei en tantas ocasiones, y está hablando con gente con la que tiene dos grados de separación. Ninguno rechaza la propiedad privada ni el libre mercado. Un libertario en un congreso socialista nunca encontrará afinidad y, además, nunca será admitido ni se le permitirá expresarse porque la mentira no permite ser desafiada.

El caso de Javier Milei en Argentina demuestra que esta estrategia triunfa, al haber logrado un apoyo popular desconocido, cuando se había vendido el discurso de que no se pueden ganar las elecciones con mensajes libertarios y anuncios de fuertes recortes. A un año de la asunción de Javier Milei como presidente, el 52,2 % de los argentinos aprobaba su gestión.

La alianza entre libertarios, conservadores y soberanistas es esencial para contrarrestar la imposición cultural de la Neoinquisición, que ha ganado influencia modificando valores, lenguaje y tradiciones.

Los tres grupos comparten preocupaciones sobre temas como la igualdad ante la ley, la ideología de género y la oleada antipropiedad, que pueden articularse en torno a los valores de la libertad individual como expresión máxima de una sociedad solidaria y en progreso.

Esta alianza permite además enfrentarse de manera eficaz contra iniciativas liberticidas escondidas detrás de la Agenda

2030 o propuestas del Foro de Davos, defendiendo de manera conjunta la soberanía y la libertad.

Este reequilibrio ideológico evita el desgaste personal, fortalece a las personas que se sienten abandonadas en sus valores por las autoridades y recuerda al mundo que la mayoría se opone a las ideas mal llamadas progresistas, que en realidad son estatismo depredador.

Con ello, los verdaderos progresistas se unirán a las ideas de la libertad.

No olvidemos que los derechos civiles, sexuales, de las mujeres, de los trabajadores y el respeto al medioambiente son causas liberales, no neomarxistas.

La derecha y el llamado centroderecha tienen la oportunidad de rearmarse ideológicamente recogiendo el testigo de la mayoría silenciosa que está harta de que le impongan el pensamiento único de una minoría intervencionista. Para ello, debemos recuperar el liberalismo económico y social con propósito y determinación.

Liberales, conservadores y soberanistas ganamos en el terreno de lo económico, lo político y lo emocional si defendemos nuestros valores y principios sin complejos. Por separado, perdemos, aunque se ganen las elecciones, porque la arquitectura de expolio y ataque a la propiedad privada heredada del socialismo permanece en esos años de gobierno.

El mayor fracaso para el centroderecha es ganar elecciones y estar en el poder, pero perpetuar las medidas dejadas por el socialismo depredador.

El mayor fracaso para el centroderecha liberal es abandonar sus principios y valores y presentarse como el fontanero de la gotera del anterior, como el contable del socialismo.

«En un campo de maravillosas vacas, lo que hace más ruido son los grillos», decía Winston Churchill. Si haces caso a los grillos y te crees que son la mayoría por el ruido que hacen, te quedas sin vacas, sin carne y sin leche.

El éxito de la coalición entre conservadores y libertarios llega cuando escucha a la mayoría silenciosa, defiende los principios y valores de la libertad, sin complejos, y gana las elecciones, el progreso y la historia.

24

Cómo luchar pacíficamente

Aprovecha la ley

Durante toda tu vida te han intentado convencer de que la única manera de sobrevivir es callar y asentir. Es un grave error que beneficia a los que saben que las democracias liberales sólo caen por la inacción de las personas buenas.

Tú eres mucho más poderoso de lo que crees y ellos son mucho más débiles de lo que piensan.

Tienes que aprender una cosa. No hay ley liberticida que no se pueda sortear. Cada vez que el estatismo crea una ley intentando silenciar la molesta crítica de la mayoría de la población, esa misma ley puede usarse en su contra. Debes hacer uso de tu libertad de expresión aprovechando todas las herramientas que te ofrece la tecnología y, además, utilizar tu legítima defensa legal para que las leyes liberticidas se apliquen sobre los que las promulgan.

Recuerda que esta nueva Inquisición es la mentira, el odio y la desinformación personificada. Por lo tanto, cuando intentan silenciar a los demás a través de leyes sobre supuesta desinformación, se deben utilizar esos mecanismos para desarmarlos intelectualmente.

La censura, el veto, la destrucción de personalidad y el silenciamiento son armas de cobardes débiles que no admiten opiniones discrepantes. La inmensa mayoría de los ciudadanos saben que se están usando medios tradicionales para esos ruines objetivos. Utiliza la tecnología, aprovecha la ley y defiéndete.

Usa la ley y los mecanismos legales para defenderte. Como todavía somos iguales ante la ley, recuerda que, si promulgan una ley liberticida, han creado un arma que te da poder para luchar contra ellos también.

Conoce tus derechos y ejércelos.

Aprovecha la tecnología. Tú eres la nueva prensa

Si tus padres y abuelos pudieron defender y avanzar en libertades en períodos mucho más difíciles, con dictaduras que controlaban la prensa y la televisión, tú no tienes excusa cuando eres la nueva prensa.

Tú eres los medios de comunicación. Cuando te frustres porque piensas que esta nueva Inquisición cuenta «con todos los medios» y el poder político riega de millones a sus televisiones estatales, recuerda que eso es una señal de debilidad extrema. Saben que ya no importan.

Un líder gobierna con el poder de su ejemplo, no con la imposición de su poder.[286] Lo dijo una vez Bill Clinton. Lo triste es que el que lo repitió décadas después fue Joe Biden, que intentó todo lo contrario: usar medios de comunicación y el sistema legal para destruir al oponente. A pesar de gastar decenas de miles de millones de dólares, fracasó.

Tú eres el verificador y difusor de la verdad. No necesitas que la verdad te la valide un comisario político. Como difusor de la verdad, te puedes equivocar. También se equivocan, y constantemente, esos medios que se pasan el día alertando sobre lo que llaman desinformación. Pero equivocarte es una razón más para seguir luchando y difundiendo la verdad.

---

286. «People are more impressed by the power of our example rather than the example of our power», Bill Clinton.

Ellos utilizan el concepto de desinformación para defender la censura y la propaganda. Ellos utilizan el concepto de bulo para perpetuar sus mentiras. Recuerda que tú tienes el poder y la tecnología es tu arma para defender la verdad con mayor libertad de expresión.

La mejor manera de combatir el Estado depredador es la libertad de expresión. Cuanta más libertad de expresión hay, más rápido se alcanza la verdad.

Asóciate

La sociedad civil y los individuos libres son mucho más poderosos de lo que creen. Sin embargo, el Estado depredador tiene que convencerte de que no puedes hacer nada. Eres parte de la mayoría y no lo sabes, porque la propaganda sólo da voz a quien conviene a los gobiernos.

Como ciudadano no tienes que saber qué hacer siempre y en todo lugar, pero hay centenares de organizaciones, *think tanks* y asociaciones que defienden la libertad cada día. Únete a todas las que puedas. No tiene por qué ser una. Defender la libertad es también participar en la actividad de todas esas organizaciones con pequeñas aportaciones.

Muchas veces me preguntan qué puede hacer una persona o una familia para evitar que se sigan pisoteando sus libertades. Únete a asociaciones, participa en foros de diálogo, asiste a conferencias, y te darás cuenta de que no estás solo y no eres una especie rara. Así te darás cuenta de que eres parte de la mayoría silenciosa. Y ahora es el momento de que esa mayoría dé un golpe intelectual sobre la mesa y muestre que nosotros sí importamos.

La mayoría silenciosa no es un cajero automático para que los Estados dilapiden la riqueza de manera constante y creciente. Unirte a todas las asociaciones que defiendan los derechos del individuo es una manera esencial de dar la batalla cultural. Y, a medida que las asociaciones crezcan y se unan, se convierten en herramientas que dotan de poder a los que crean riqueza.

Aprende a votar con tu dinero

El fracaso de las estrategias de adoctrinamiento e imposición de cánones de la Neoinquisición llevadas a cabo por algunas empresas ha sido espectacular.

Durante años, grandes multinacionales se lanzaron a incluir en sus negocios y estrategias mensajes que iban contra la inmensa mayoría de sus clientes. Las empresas buscan el bien de la sociedad y, si ese bien —o la idea de lo que debe ser— está manipulado y dominado por una minoría, las empresas terminan por asumir ideas dañinas tanto para ellas como para sus clientes.

Debemos diferenciar entre las empresas que han adoptado los objetivos de desarrollo sostenible dentro de una estrategia prudente y seria de aquellas que se han lanzado a la innoble tarea de adoctrinar e imponer ideología.

En 2023, el CEO de Disney,[287] Bob Iger, recordó que su prioridad debía ser entretener, no promover agendas, durante una reunión con inversores.[288] Esta afirmación formaba parte de un cambio de estrategia más amplio, que buscaba distanciarse de temas que polarizaron la audiencia en los últimos años. Se dieron cuenta de que alienar a la mayoría de su audiencia sólo traía fracasos comerciales y, además, aburrimiento. Porque no podemos olvidar lo más importante: la agenda *woke* no se ha utilizado sólo para meter el caballo de Troya de la Neoinquisición y el totalitarismo ideológico, sino que en el camino ha hundido la creatividad, la innovación y el entretenimiento. El wokismo no es sólo moralmente criticable, sino profundamente aburrido, porque está todo el tiempo creando víctimas y ofendidos.

287. Parker, Star, «Why does Disney fight to destroy values that built the company?», *The Daily Signal*, 7 de junio de 2023, <https://www.dailysignal.com/2023/06/07/why-does-disney-work-destroy-values-that-built-company/>.

288. Huston, Caitlin, «Bob Iger: Disney's job is "not to advance any kind of agenda"», *The Hollywood Reporter*, 3 de abril de 2024, <https://www.hollywoodreporter.com/business/business-news/disney-political-agenda-bob-iger-1235865809/>.

Go woke, go broke[289] se convirtió en una realidad. Las empresas que se obstinaban en olvidar a sus consumidores y dedicarse a adoptar mensajes de esta nueva Inquisición se encontraron con el poder del consumidor enfrente. Las pérdidas han sido multimillonarias.

Sin embargo, no te creas que se ha erradicado ese virus de utilizar causas que todos defendemos para imponer el pensamiento único, la censura y el totalitarismo. Afortunadamente, duró poco. La tecnología, las redes y el poder de los consumidores lo frenaron en menos de diez años, pero no ha desaparecido. Lo vives todos los días cuando ves publicidad, televisión y películas que te tienen que hacer tragar con ruedas de molino en las que los hombres son tontos o malos, los católicos o judíos corruptos y avariciosos y los empresarios todos malvados. Debemos estar atentos.

Aprovecha tu poder como consumidor y vota con tu dinero.

Avanza en libertad y defiende tu dinero. Ahorro y fiscalidad

La destrucción monetaria y el intervencionismo estatal representan serias amenazas para la riqueza y la libertad económica de los ciudadanos. De hecho, la inflación es «el impuesto de los pobres», ya que destruye el poder adquisitivo de los salarios y consume los ahorros en depósitos de los trabajadores. Esa inflación es un fenómeno monetario, causado principalmente por políticas expansivas de los bancos centrales y el exceso de gasto público.

Luchar contra la inflación es luchar por la libertad. Tienes que defenderte ahorrando y gestionando tu carga impositiva.

Ya pagas una cantidad desorbitada de impuestos. Utilizar las opciones legales para gestionar tu factura fiscal no sólo es legítimo, sino moral. Recuerda que los mismos que te acusan de ser

---

289. Gasparino, Charles, *Go woke, go broke: The inside story of the radicalization of corporate America*, Center Street, Estados Unidos, 2024.

poco solidario son los menos solidarios contigo, los que despilfarran los ingresos públicos y disparan el gasto clientelar.

Acudir a un buen asesor fiscal es un coste muy bajo y, sin embargo, lo que consigues ahorrar y optimizar supera por mucho el coste del asesoramiento.

En fiscalidad y ahorro, tu objetivo es el mismo: defenderte de la voracidad estatal. Es por ello por lo que debes invertir en asesoramiento independiente con el objetivo de batir la inflación a largo plazo.

Muchos pensarán que la Bolsa o los mercados financieros entrañan mucho riesgo. Si lo miras a largo plazo, lo único que tiene un riesgo negativo para los ciudadanos es la gestión fiscal y monetaria del Estado. Mientras la Seguridad Social de los países con sistema de reparto está quebrada y requiere de rescates constantes de Estados deficitarios y termina pagando sus compromisos en una moneda constantemente depreciada, si las cantidades que detraen de tu nómina se invirtieran en la Bolsa, generarían mucha mayor rentabilidad. Y además se utilizarían para inversión productiva y financiarían la economía real.

Si un trabajador medio hubiese invertido sus cotizaciones en la Bolsa en vez de tirarlas a un agujero que sólo genera «derechos contingentes» —es decir, que ya verán cómo y en qué te los pagan—, su pensión de jubilación sería muchísimo mayor. En veinticuatro años cotizados, en un índice que no es precisamente un cohete, como es el IBEX 35 con dividendos, habría multiplicado por seis la inversión (2000-2024) y habría ganado poder adquisitivo y rentabilidad. Y no se habría endeudado a los jóvenes y ni se los habría condenado a la mayor tasa de paro del mundo.

Tú pensarás que la Bolsa cae a veces, y mucho. Pues bien, compáralo con la realidad inexorable de la pérdida del poder adquisitivo de la moneda en que te pagan tu sueldo.

En España, la deuda de la Seguridad Social pasó de 53.000 millones de euros en 2019 a 116.000 en 2024, según el Banco de España. El sistema de pensiones está quebrado y necesita el rescate constante de un Estado deficitario y endeudado. Además, ninguna subida de impuestos solucionará el agujero: ni el anual ni el acumulado.

Un buen sistema de pensiones necesita atraer muchos más «ricos» e inversión extranjera y evolucionar a un sistema de capitalización con componente mixto como el que tienen los países líderes. Lo que se está haciendo es lo contrario: hacerlo más insostenible y echar del país a la creación de riqueza y talento.

La derecha debe explicar todos los días y a todas horas que esto no es una casualidad ni algo que nos ha caído encima sin buscarlo. La inflación es siempre un fenómeno monetario del que se lucran los gobiernos. Este discurso debe vertebrar el mensaje económico de la derecha, porque los ciudadanos lo pueden comprobar todos los días en el supermercado, en las gasolineras, a la hora de tomar cualquier decisión económica en el propio proyecto de vida de cada uno.

Proteger los ahorros de las familias es un deber moral de la derecha.

Proteger el libre ejercicio empresarial es un deber moral de la derecha.

Proteger a las pequeñas y medianas empresas y a los autónomos es un deber moral de la derecha.

Frente a la izquierda que busca crear clientes rehenes, agigantando el Estado y disfrazándolo al hundir la moneda, la derecha debe defender a los creadores de riqueza y a los contribuyentes por convicción moral.

El liberalismo es moralmente superior y debemos defenderlo sin complejos; de lo contrario, estaremos abandonando no sólo a los votantes, sino al país entero.

Enseñar a los ciudadanos a defenderse de la destrucción monetaria y a evitar el endeudamiento excesivo debe ser un pilar del discurso económico liberal.

Muchas personas afirman que no pueden ahorrar. Es normal, ya que entre impuestos e inflación les hunden la vida. Sin embargo, en países donde un ciudadano medio dedica unos 100 o 300 dólares al año en juegos de azar y loterías,[290] tenemos una oportunidad para defendernos invirtiendo.

---

290. Cada español gastó una media de 72 euros en lotería y otros 30 en juegos de azar en 2024, según datos oficiales.

Gastar en loterías estatales es regalar tu dinero al Estado. Invertir en bonos del Estado es regalarle tu dinero al Estado que te lo quita.

Podemos defendernos de la destrucción monetaria tomando algunas de estas recomendaciones:

- Invertir en oro, acciones y activos reales que protejan contra la inflación.
- Diversificar las inversiones para reducir el riesgo.
- Considerar activos como inmuebles y bonos de empresas sólidas.[291]

Para invertir es esencial mantenerse informado sobre las políticas monetarias y fiscales y sus posibles consecuencias a largo plazo. Si no tienes capacidad o ganas, siempre tienes a tu disposición asesores independientes que velan por tu ahorro y tus inversiones.

Los mayores aliados del individuo libre contra el Estado depredador son su asesor fiscal y su asesor financiero.

No pienses nunca que la deuda no importa. Eso es lo que te quiere vender el estatismo para hacerte esclavo. La deuda pública siempre se paga con mayores impuestos, mayor inflación, menor crecimiento de los salarios reales y menor crecimiento de la productividad.

La deuda personal debe ser también una herramienta que se usa con cautela. Nunca pienses en tomar deuda esperando que bajen los tipos de interés. Analiza si la puedes pagar incluso si suben.

Una sociedad próspera no está basada en el gasto y la deuda, sino en el ahorro y la inversión prudente. Muchas veces escucharás que, si se ahorra demasiado, la economía no crece y no se consume. Es una falacia. El ahorro se invierte en el sistema financiero, financiando inversiones y empresas de la economía real. No existe el concepto de «ahorro estéril». El estatismo pe-

---

291. Lacalle, Daniel, *Haz crecer tu dinero*, Ediciones Deusto, Barcelona, 2022.

naliza el ahorro por diseño político, para crear personas dependientes y, por supuesto, para gastarse tu dinero.

La izquierda ha conseguido que mucha gente confunda consumismo con capitalismo cuando no es así. Como dice la célebre consigna de Miguel Anxo Bastos, «capitalismo, ahorro y trabajo duro».[292] Dejar que la ciudadanía abandone toda pretensión de tener ahorros y propiedad es criminal. No podemos permitir que este tipo de mensajes cale porque sólo busca tener esclavos del Estado.

Acciones que puedes llevar a cabo como ciudadano libre

- Conoce tus derechos y las leyes. Infórmate sobre tus derechos constitucionales y las leyes que limitan el poder del Estado.
- Participa activamente en el proceso democrático: vota y apoya a candidatos que defiendan la libertad individual y los límites al poder estatal.
- Apoya organizaciones que defienden las libertades civiles: colabora con grupos que trabajan para proteger los derechos individuales frente al abuso de poder gubernamental.
- Exprésate libremente y de manera responsable: usa los límites legales para defender tus ideas y derechos.
- Construye redes de apoyo y únete a ellas: forma comunidades y redes de personas con ideas afines que puedan ofrecer apoyo mutuo frente a la presión estatal.
- Utiliza la tecnología que proteja la privacidad: emplea herramientas de encriptación y comunicación segura para proteger la información personal.
- Mantente informado: estar al tanto de las políticas y acciones gubernamentales que puedan afectar a tus libertades y derechos.

---

292. <https://www.youtube.com/watch?v=Y5RzUmyq0yg>.

El Estado depredador, por muy poderoso que parezca, es una construcción artificial que se derrumba bajo el peso de sus propias contradicciones. Nuestra tarea es acelerar ese proceso y estar preparados para construir una sociedad libre y próspera.

La clave está en no ceder ante el miedo y la desesperanza. Cada pequeña acción en defensa de la libertad, por insignificante que te parezca, contribuye a socavar los cimientos del estatismo.

El avance del Estado depredador puede parecer imparable, pero no lo es. Vivimos la reacción agresiva y violenta de la burocracia extractiva que se intenta proteger ante la evidencia de su debilidad. Recuerda que un Estado violento es la evidencia de un modelo fracasado y de unos gobernantes que quieren imponer su poder cuando te das cuenta de que no los necesitas.

La historia nos demuestra que la libertad triunfa cuando la defiendes cada día, y la mejor defensa contra el estatismo es una población informada y crítica.

El camino no será fácil, pero recordemos que la libertad es el estado natural del ser humano.

Como dijo Margaret Thatcher: «No hay alternativa». No hay alternativa válida al capitalismo de libre mercado, a la libertad y la responsabilidad individual. El futuro pertenece a los valientes que se atrevan a defenderlas.

Lucha. No estamos equivocados. Sigue defendiendo la libertad.

Conclusiones

- Ahorra e invierte con inteligencia, ya que el dinero inmovilizado pierde valor frente a la inflación.
- No olvides tener una estrategia de inversión a largo plazo, bien asesorada y acorde al perfil de riesgo personal.
- No esperes a acumular grandes cantidades para empezar a invertir, pues no existe una cantidad demasiado pequeña para ahorrar.
- Aprende de los errores al invertir, pues no existen inverso-

res infalibles. Enfócate en protegerte de la inflación y lograr metas personales, no en batir al mercado.
- Mantén una disciplina de ahorro constante, no ahorres sólo lo que sobra después de gastar.
- Busca asesoramiento de especialistas independientes. Tus mayores aliados son tu asesor fiscal y tu asesor financiero.

Bibliografía

Acemoglu, D. y Robinson, J., *Por qué fracasan los países. Los orígenes del poder, la prosperidad y la pobreza*. Ediciones Deusto, Barcelona, 2012.
Artículos en *Epoch Times*: <https://www.theepochtimes.com/author/daniel-lacalle>.
Artículos en MEMRI: <https://www.memri.org/reports/antisemitism-s%C3 %A1nchez-government-does-not-reflect-reality-spain>.
Artículos en Mises: <https://mises.org/profile/daniel-lacalle>.
Artículos en *Tomorrows Affairs*: <https://tomorrowsaffairs.com/author/daniel-lacalle
Blog: www.dlacalle.com>.
Boettke, P. J., *F. A. Hayek. Economics, political economy and social philosophy*, Palgrave Macmillan, Reino Unido, 2018.
Friedman, M. y Friedman, R., *Libertad de elegir*, Gota a Gota Ediciones, Madrid, 2008.
Hayek, F. A., *Camino de servidumbre*, Alianza Editorial, Madrid, 2007.
—, *The constitution of liberty*, The University of Chicago Press, Estados Unidos, 2011.
Higgs, R., *Crisis y Leviatán: Los episodios clave en la expansión del Estado en Estados Unidos*, Deusto, Barcelona, 2021.
Hoppe, H. H., *Democracia. El dios que fracasó*, Unión Editorial, Madrid, 2013.
Huerta de Soto, J., *Ensayos de economía política*, Unión Editorial, Madrid, 2014.

—, *Socialismo, cálculo económico y función empresarial*, Unión Editorial, Madrid, 2016.
Huntington, S. P., *The clash of civilizations and the remaking of world order*, Free Press, Estados Unidos, 2002.
Kirzner, I. M., *Competencia y empresarialidad*, Unión Editorial, Madrid, 1998.
Lacalle, D., *Freedom or Equality: The Key to Prosperity Through Social Capitalism*, Posthill Press, Nueva York, 2020.
—, «The case against moderate socialism», en *The emergence of a tradition: Essays in honor of Jesús Huerta de Soto, Volume II*, editado por David Howden y Philipp Bagus, Springer, 2023, pp. 193-200.
—, *Libertad o igualdad*, Ediciones Deusto, Barcelona, 2020.
Laje, A. y Márquez, N., *El libro negro de la nueva izquierda*, Grupo Unión, Madrid, 2016.
Mingardi, A., McCloskey, D. The Myth of the Entrepreneurial State, AIER 2020
Nozick, R., *Anarquía, Estado y utopía*, Fondo de Cultura Económica, México, 1988.
Pazos, L., *Desigualdad y distribución de la riqueza. Mitos y sofismas*, Diana, México, 2016.
Rincón, E., *El hombre jugando a ser Dios*, Gaveta Ediciones, Madrid, 2023.
Rockwell, Ll. H., *Against the left. A rothbardian libertarianism*, Mises Institute, Estados Unidos, 2019.
Rothbard, M. N., *El hombre, la economía y el Estado. Un tratado sobre principios de economía*, Unión Editorial, Madrid, 2009.
—, *For a new liberty. The libertarian manifesto*, Mises Institute, Estados Unidos, 1973.
Sowell, T., *Economía básica. Un manual de economía escrito desde el sentido común*, Ediciones Deusto, Barcelona, 2016.
—, *Falacias de la justicia social. El idealismo de la agenda social frente a la realidad de los hechos*, Ediciones Deusto, Barcelona, 2024.
Von Mises, L., *La acción humana. Tratado de economía*, Unión Editorial, Madrid, 2011.